他者とつながる
外国語学習を
めざして

「外国語学習のめやす」の導入と活用

田原憲和 編著

三修社

はじめに

　本書の源流は，2012年に刊行された『外国語学習のめやす2012 高等学校の中国語と韓国語教育からの提言』（以下「めやす」）にある。公益財団法人国際文化フォーラム（以下TJF）が文部科学省からの委嘱事業として2006年1月から2007年3月までの期間に行ってきた高等学校における中国語と韓国語教育の目標・内容・方法の研究からさらにTJF独自プロジェクトとして発展させ，「めやす」の刊行に至った。その後，「めやす」の普及に資する人材養成のため，2013年度から2015年度までの三期に渡り「めやす」マスター研修が実施され，55名のマスターが認定された。
　こうして養成された「めやす」マスターらは，これまで幾度となく「めやす」理解・活用のためのワークショップの開催や，自らの研究・実践の成果の報告といった活動を行ってきた。「めやす」の存在が知られるようになってきた一方で，「めやす」マスターの間においても「めやす」がさまざまに解釈され，活用されているという現状が明らかになってきた。その過程において，「めやす」を改めて検証し，捉え直し，提示する必要性にも気づかされた。
　本書は，18名の「めやす」マスターに「めやす」提言者の一人でマスター研修の講師でもあった山崎氏を加えた19名の執筆者による論考および報告である。私たちは「めやす」から何を学ぶのか，私たちは「めやす」をどのように理解するのか，私たちは「めやす」をどのように語るのか，私たちは「めやす」をどのように用いるのかについて，19名の執筆者のそれぞれの立場や視点から示されている。とはいえ，ここで示された解釈や方法は「めやす」マスターらによる一例にすぎない。実現に際しての具体的な手法やツールの理解は実践者の置かれた環境や時の流れによっても変容しうる。それは「めやす」が広がりをもって成長してきたことの証ともいえよう。
　本書が読者の皆様と「めやす」をつなぐ架け橋の役割を果たすことができれば，編者としてこれ以上の喜びはない。読者の皆様の「めやす」理解に本書が少しでも貢献できることを願っている。

目次

第1部　学習法としての「めやす」

第1章　「外国語学習のめやす」　　　　　　　　　　　　　　　　山崎直樹
　　　　　―背景，理念，目標，方法論―　　　　　　　　　　　　　　　　6

第2章　『めやす』× CEFR の試み　　　　　　　　　　　　　　齊藤公輔
　　　　　―『めやす』と CEFR を活かす授業案―　　　　　　　　　　36

第3章　日本語教育スタンダードと『外国語学習のめやす』　　田中祐輔　58

第4章　スペイン語学習のめやす：スペイン語教育改善に向けて　大森洋子
　　　　　―言語領域の教育の位置づけ―　　　　　　　　　　　　　　　80

第5章　『フランス語の学習指針』と『めやす』　　　　　　　　茂木良治　94

第2部　理論的展開

第6章　『めやす』が示す評価と今後の課題　　　　　　　池谷尚美・中川正臣
　　　　　―教育現場における教師の声を手掛かりに―　　　　　　　　110

第7章　「つながる」と動機づけ　　　　　　　　　　　　　　　田原憲和　130

第8章　「内容」と「思考」を重視する言語教育　　　　　　　　植村麻紀子
　　　　　―「めやす」と CLIL が志向するもの―　　　　　　　　　　148

第3部　「めやす」の実践的活用

第9章　「めやす」の考え方を取り入れたスピーチ授業の実践と学び　松﨑真日　166

第10章	フランス語科目にパフォーマンス課題を取り入れる可能性	野澤 督	
	―私立高等学校における第二外国語科目の授業調査からみえてくるもの―		182

| 第11章 | 「めやす」活用交流プロジェクト | 村上陽子 | 200 |

| 第12章1 | 高等学校での学びと『めやす』 | 能登慶和 | 220 |

| 第12章2 | 私の『めやす』活用法 | 鈴木冴子 | 230 |

| 第12章3 | 高等学校の中国語教育における『外国語学習のめやす』の活用 | 柳 素子 | |
| | ―日本人生徒と中国ルーツの生徒との協働学習― | | 238 |

| 第12章4 | 「言語活動の充実」を目指して | 依田幸子 | 252 |

第4部　発展的視座

| 第13章 | 継承語教育と「めやす」との接点 | 櫻井千穂 | |
| | ―中国ルーツの文化言語の多様な子どもに対する継承中国語教育の実践を通して― | | 260 |

| 第14章 | 「社会と直接的につながる学習」を捉え直す | 中川正臣 | |
| | ―一人ひとりの社会に向き合うことの重要性― | | 278 |

| 第15章 | 日本語教員養成における『めやす』 | 澤邉裕子 | 296 |

| 第16章 | 南米の日本語教育と『めやす』 | 阪上彩子 | 314 |

参考文献　330

執筆者紹介　346

第1部

学習法としての「めやす」

1 「外国語学習のめやす」
背景，理念，目標，方法論

山崎直樹

1 はじめに

1-1 目的

　本章の目的は，「外国語学習のめやす」に示された言語学習の枠組みの要点を紹介し，それにより，読者が本書に収められた他の論考・報告を理解することを助けることにある。

　枠組みの成立の背景，理念，目標，コミュニケーション能力観，能力指標，推奨する学習設計・評価法などを簡単に紹介し，併せて，これらが，近数十年の第二言語学習・第二言語教育の研究成果をどのように取り入れているかも示す。

1-2 用語について

　枠組みとしての「外国語学習のめやす」は，『外国語学習のめやす 2012：高等学校の中国語と韓国語教育からの提言』（国際文化フォーラム，2012）でまとまった形として公表された（「参考文献」の「〈めやす〉そのものについて」を参照）。本章で，この冊子に言及するときは，『めやす』と略称し，そのなかで提案され，それに賛同する多くの実践者による実践と，その実践を支える研修やサポート用ウェブサイトなどにより作り上げられた言語学習の枠組み自体に言及するときは，〈めやす〉と略称することにする。

2 「外国語学習のめやす」の概要

2-1 〈めやす〉とは何か

　ひとことで表現すると、「「めやす」は、隣語[1]を含めた外国語教育の新たな理念、教育目標、学習目標とともに、それらを達成するためのカリキュラムデザインや授業設計の方法、さらに具体的な学習活動や学習内容を提案するもの」ということになる（『めやす』p.4）。

　後述するように、〈めやす〉が開発された背景には、日本の高等学校では中国語や韓国語が広く教えられているにもかかわらず、学習指導要領のなかにその教育内容に関する具体的な記載がないことが挙げられる。しかし、〈めやす〉は、民間の団体が中心となって作ったものであり、公的なものではない。CEFR[2]やNS[3]、あるいはJF日本語教育スタンダード[4]と同じく、一種のstandardsであり、強制力や拘束力を持つものではない。

　平高（2006）によれば、言語教育におけるstandardsとは「当該言語の普及や教育に関する一定の目的や理念とともに、その言語の教育の環境をデザインするのに必要なある種の枠組みないしは目安を提供するもの」ということになる。この意味でのstandardsは、日本語でいえば、まさに「めやす」である。

2-2　成立の背景

2-2-1　経緯と現状

　ここでは、なぜ〈めやす〉のような提案が必要になったかということを、やや詳しく述べたい。

　現在、たくさんの高等学校で英語以外の複数の外国語が教えられているが（詳

---

[1] この「隣語」については、『めやす』(pp.13-16)に詳細な説明がある。また、本章の2-3-4でも触れる。
[2] *Common European Framework of Reference for Languages: Learning, teaching, assessment*, Council of Europe (2001) で示された枠組み。
[3] National Standards in Foreign Language Education Project (eds.) (1999) で示された枠組み。
[4] 国際交流基金による第二言語としての日本語教育のためのスタンダード。http://jfstandard.jp/top/ja/render.do;jsessionid=970886C3A4BDE5AB29AB23DA3A0D79F4

細は国際文化フォーラムによる各種の報告[5]をご覧いただきたい)、「学習指導要領」のなかには、その学習目標や内容等に関して具体的な記述がなされていない。つまり、実際に教育に携わる教員が授業の実施やそれに合わせた教材の作成を行うにあたり、参照すべき枠組みが存在しない。学習指導要領の「外国語」編において具体的な記述があるのは英語のみであり、その他の外国語については「英語に準じるものとする」とされている。

このような状況では、複数の教員が、共通の目標を持って研修を行ったり、作製した教材を共有したりすることが難しい。そこで、英語以外の外国語で高校で最も広く教えられている中国語と韓国語について、この〈めやす〉が提案された。

ここで注意していただきたいことは、次の3点である。

1) 〈めやす〉は強制力を持たない。

これはあくまで民間団体による「提案」である。

2) 中国語や韓国語を教える教員が共有できる参照のための枠組みを作ることも開発の出発点の一つであったが、〈めやす〉の中身はそれのみにとどまらず、これまで第二言語の学習に関連して行われてきたさまざまな研究・実践を取り入れた「他に類の無い新しい提案」になっている。『めやす』のなかには、推奨する学習設計の方法や評価の方法についても提案があり、それらを活用した授業案のサンプルもある。

3) 中国語と韓国語の教育を出発点としたが、現在、さまざまな種類の言語を(中国語、韓国語という語種を超えて、また、母語、第二言語、継承語のような区別を超えて)教える教師が、この枠組みを使って実践を行っている。それは、この枠組みのなかには**言語個別的な要素がほとんどない**ためである。

1)は作成した団体の性格上、当然のことである。2)は、学習指導要領の欠損を補うことが開発の動機の一部であったが、できあがった枠組みがそれを超える多様な、しかし、言語教育にとって有益な内容を持つものとなっているこ

---

[5] http://www.tjf.or.jp/jp/publication/

とを示している。3)については，本書の他の章で容易にその実例を知ることができる。

2-2-2「スタンダーズに基いた言語教育」という潮流

「めやす」の開発以前に，第二言語教育／外国語教育における Standards Movement は世界的潮流になっている。CEFR や NS の策定もこの動きのなかにあるし，「めやす」もこれらに大きな影響を受けて構築された。

日本国内でも，需要のある言語では，独自にスタンダーズが策定されている。たとえば，日本での英語教育のための CEFR-J[6]，日本語教育のための JF 日本語教育スタンダード（既述）などである。〈めやす〉も，このような潮流のなかにあるといってよい。

2-3 理念，目標

2-3-1 教育理念

〈めやす〉は教育理念として，「他者の発見，自己の発見，つながりの実現」を掲げる。「他者の発見，自己の発見」は文化と言語の双方について適用される。この表現は C. Kramsch の有名な自己と他者の認識についての言及と意味するところは同じである。Kramsch の主張を北出（2010）が次のようにわかりやすくまとめている。「言語や文化を学習対象としての認識としてとらえるだけでなく，多文化共生社会では，異文化の相手との言語コミュニケーションを通して（1）他者を理解し，（2）そのプロセスによって自己の再認識をすること（Kramsch, 1993）が言語学習の目的として強調され始めている」（p. 65）。〈めやす〉の理念が主張しているのは，まさにこれである。

言語面においても，他者との比較を通して，自言語および言語一般への「気づき」を促していくアプローチが重要視されている。このようなアプローチの代表例は，欧州評議会欧州言語センターによる複言語・複文化教育のための「言語と文化への多元的アプローチのための参照枠 *A framework of reference for*

---

[6] http://www.cefr-j.org

pluralistic approaches to languages and cultures[7]」である。

　「つながり」というのは，非常に平易なことばであるが，〈めやす〉を特徴づける概念である。これについては，3節（3領域×3能力＋3連繋）で触れる。

2-3-2 教育目標

　〈めやす〉が掲げる教育目標は，「ことばと文化を学ぶことを通して，学習者の人間的成長を促し，21世紀に生きる力を育てる」である。これは「言語教育も教育の一部である以上，学習者の人格形成の一端を担うべき」という考え方に基づいている。「21世紀に生きる力」が具体的にどのような能力を指しているかは，3節（3領域×3能力＋3連繋）の説明で触れる。

2-3-3 学習目標

　〈めやす〉の掲げる学習目標は，「総合的コミュニケーション能力の獲得」である。「総合的」とは，かなり漠然とした表現であるが，その具体例は「3領域×3能力＋3連繋」の概念図に示されている。これも後述する。

2-3-4 補足：「隣語」について

　「隣語」という用語は耳慣れないかもしれないが，近代以前から使われている古いことばである。たとえば，18～19世紀に日本と朝鮮で使用された日本語・朝鮮語の教科書『隣語大方』の書名にもある。

　「隣語」は，「隣国の言語」のように「国」を単位として言語を区分するような用語でないことに注意したい。ここでいう「隣」は，必ずしも地理的な「隣」を意味しないと考えたほうがよい（実際，〈めやす〉は，日本語も含むさまざまな言語で実践されている）。

　Joseph Poth (Head of UNESCO's Language Division) は，インタビュー記事[8]のなかで言語教育政策として，3種類の言語を習得する3言語主義（trilingualism）を提唱している (p.29)。その3種類の言語の内訳は次のとおりである。

7　https://carap.ecml.at
8　The UNESCO Courier, April 2000 [http://unesdoc.unesco.org/images/0011/001194/119473e.pdf]

1. 国際的な言語 an international language
2. 隣人の言語 a "neighbor" language
3. 母語 a mother tongue

　Poth は，一般的に使われる "a foreign language" という表現の代わりに，"a neighbor language" という用語を使うことを推奨し，その意味するところは "a language spoken just over *the border*" だと述べている（イタリックによる強調は筆者による）。ここで，国際的に広く用いられる言語とは別の価値を持つ言語として "a neighbor language" が対置されていることは注目に値する。しかし，せっかくの "neighbor" が「国境の向こう」と定義されていることは，いかにも惜しい。〈めやす〉の「隣語」は「国を単位として考えない」（＝同じ国のなかでの隣人も対象になる）という点で，一歩進んだ，より積極的な意味を持つ。

2-4 〈めやす〉の実践を支える環境

　〈めやす〉の枠組みは，冊子『めやす』によって提唱されたが，〈めやす〉の実践者は，これだけを頼りに実践を行っているわけではない。

　〈めやす〉の実践を支える環境の一つは，〈めやす〉試行版の公表以降，毎年のように行われている研修である。〈めやす〉で推奨されたアプローチを理解し身につけるため，各種のテーマを設定した研修が現在もなお行われている。プロジェクト型学習の設計とその成果の評価方法を中心に学ぶ長期間の研修（「マスター研修」と呼ばれている）は，修了者のなかから多くの〈めやす〉の実践者を輩出している。

　これらの研修の成果，またそれを実践に移した成果は，〈めやす〉のサポート用ウェブサイト[9]に集積され，誰もが参照できるようになっている。これらが〈めやす〉の実践を支える環境である。

9　『めやす Web 3 × 3 + 3』http://www.tjf.or.jp/meyasu/support/

3 「3領域×3能力＋3連繋」〜〈めやす〉の要点 (1)

　本章では，〈めやす〉を特徴づける要点を，若干の理論的補足を加えつつ紹介したい。〈めやす〉の構成部分を，逐一，取り上げて解説することはしないので，全容を詳しく知りたいかたは，ぜひ，冊子『めやす』をご覧いただきたい。

　〈めやす〉のキーコンセプトとして挙げられているのが，次の「3領域×3能力＋3連繋」の表である（『めやす』p.22,以下「3×3＋3」と略称する）。「(1) さまざまな学習要素が，学習目標として，(2) 最初から折り込まれている」と要約できる。それぞれについて以下に説明する。

		3つの能力		
		わかる	できる	つながる
3つの領域	言語	A. 自他の言語がわかる	B. 学習対象言語を運用できる	C. 学習対象言語を使って他者とつながる
	文化	D. 自他の文化がわかる	E. 多様な文化を運用できる	F. 多様な文化的背景をもつ人とつながる
	グローバル社会領域	G. グローバル社会の特徴や課題がわかる	H. 21世紀スキルを運用できる	I. グローバル社会とつながる
3つの連携		連繋1: 関心・意欲・態度 / 学習スタイルとつながる		
		連繋2: 既習内容・経験 / 他教科の内容とつながる		
		連繋3: 教室外の人・モノ・情報とつながる		

表1 「3領域×3能力＋3連繋」（3×3＋3）

　2-3-3で述べたように，〈めやす〉の学習目標には「総合的コミュニケーション能力の獲得」が挙げられている。「総合的」とは何かを知るためには，この表を見るのがよい。この3×3＋3の表で，特に注意が必要な部分について説明をしていく。

3-1 「コミュニケーション能力」観の変容

　「コミュニケーション能力」というと，「言語」と直接，関係するような能

力を連想しがちだが，それはすでに時代遅れになりつつある。「人が言語を使うのは何のためか ⇒ コミュニケーションを行うためである ⇒ コミュニケーションを行うのは何のためか ⇒ ○○のためである ⇒ では，その○○を行うために必要とされる能力は『コミュニケーション能力の一部』と考えてよいのではないか」という考えかたが，現在では主流になりつつある。つまり，「コミュニケーションを行う能力」という概念がカバーする範囲が拡大しているわけである。この「拡大しつつあるコミュニケーション能力」のカバーする範囲を見るには，CEFR の §2.1.1 General competences の節を見るとよい。

このような守備範囲の広さを明確にするため，〈めやす〉では「総合的コミュニケーション能力」という用語を用いている。その「総合的」たるゆえんを以下で示したい。

3-2 「文化領域」について

3-2-1「文化」とは何か

〈めやす〉では，文化がどのような形を取って現れるかを例示している。

> 「めやす」における「文化」とは，広義の文化を意味し，人びとの生活様式や行動様式，それらの背景にある抽象化された価値観や考え方，感じ方などを含む，生活体系全体を指すことばとして使っています。(『めやす』p.26)

これが例示であれば文化とはいったい何であろうか。佐藤・熊谷 (2014) では，Duranti (1997) を援用し，概略，次のように規定している (pp.5-6)。

> コミュニティに参加したい人々が何らかの行動を表現（パフォーマンス）した結果現れるもの（中略）そのメンバー，あるいは，メンバーになりたい人，メンバーとして認められたいと思っている人が，他のメンバーに対してどのように振る舞っているか，自己を表現しているか

上述の NS は，文化を考える際に，3 つの P（Products 産物, Practice 行動,

Perspective 観点）に注意すべきことを主張している。この3つのPも「コミュニティに参加したい人々が何らかの行動を表現した結果現われるもの」のさまざまな表現形式と考えれば理解しやすい。

注意が必要なのは，「コミュニティ」は趣味を共有する数人のグループかもしれないし，地域社会かもしれないし，「民族 ethnic group」といった集団かもしれないということである。

文化を下位範疇化する試みはいろいろあり，有名なのは "Large C culture" と "Small c culture" という分類であるが，Chastain (1976) によれば，前者は，"major products and contributions of a society in general or of outstanding individuals in that"，後者は，人類学的な意味での "the way people live" で，そして，言語教育において重要なのは後者であるとのことである (p.388)。Small c culture の重要性に異論を唱える人は少なかろう。

3-2-2「文化を使う」について

3×3＋3の文化領域の「できる」の項には，「多様な文化を運用できる」という見出しが付されている（表1）。『めやす』(p.22) では，その下に次の目標が掲げられている。

E-1 学習対象文化と自文化をはじめ，多様な文化事象を比較して，知識情報を活用しながら，共通性や相違性を分析することができる。

E-2 文化事象間の共通性や相違性の事由および文化事象の背景にある考え方や価値などについて探究して調べ，自分なりの考えをまとめて表明することができる。

E-3 文化事象を分析することをとおして，文化の多様性や可変性といった文化をみる視点を身につけ，自文化を再認識したり，他の文化事象についてそれを適用したりすることができる。

E-4 自他の文化をはじめ，異文化間の相違性から生じる誤解や摩擦，緊張関係を調整したり，妥協点を探ったりして，協力して問題を解決することができる。

「文化を運用する」つまり「文化を使う」ことができる能力というのは、このような能力である。「ことばを使う」という表現は常用されるが、「ことば」を「文化」に置き換えた「文化を使う」には、違和感を感じる人も多かろう。しかし、すでに前の節で見たように、「文化」とはコミュニティが共有する何かであり、それがさまざまな産物や行動や視点を産み出すものであるなら、それらを知識として理解し、それらをスキルとして運用することも可能なはずである。また、文化が慣習的行動や物事に対する視点までも含むのであれば、それらは日々刻々と変わりうるものであることも推測できる。そう考えれば、文化領域の「できる」の項にある「自他の文化をはじめ、異文化間の相違性から生じる誤解や摩擦・緊張関係を調整したり、妥協点を探ったりして、協力して問題を解決することができる」という学習目標も理解しやすい。

上述の「調整能力」は、現在、より抽象的な高次の能力——異文化間能力 intercultural competence ——として捉え直されている。Kramsch (1993) が唱える「自己の文化と他者の文化の間にあって、自分の居場所＝第3の場所 the third place を見いだす能力」、Byram (2008) の唱える「A の文化と B の文化の間にあって、仲介役としてふるまう acting interculturally」能力などはこれに当たるといってよいのかもしれない。〈めやす〉が3×3＋3の文化領域で強調している能力もこのような考えかたのなかにある。

3-3 「グローバル社会領域」について

3-3-1 この領域が扱う2つの問題

3×3＋3の「グローバル社会領域」については、「わかりにくい」という感想がよく寄せられる。わかりにくさの原因の一つは、この領域が次の二つの問題を扱っていることにある。

1) グローバル化する社会の問題点は何か
2) グローバル化する社会で生きていくためには何が必要か、どのようにそれを身につけるか

以下で1つずつ説明していく。

3-3-2「グローバル化する社会」

まず,「グローバル化する社会」と「国際化が進行する社会」「国際社会」という表現との違いを明らかにしておきたい。

「国際化が進行する社会」とは,これまで個人の家のなかだけで活動していた人が,そこから出て,隣の家,向こう三軒両隣,さらにそのまた向こうの家の人たちと交わるようになっていく社会のようなものである。「国際社会」とは,その人たちが集う公共の広場のようなものであり,そこには,全員が合意する公共のルールがある(ことが望ましい)。しかし,個人の家のなかには,(その公共のルールの影響により変容があるにせよ)依然としてその家のルール(ローカル・ルール)がある。

「グローバル化する社会」とは,その個人の家の窓から家のなかを覗き込み,ローカルな事情を考慮せず,ローカル・ルールを批判し,「グローバルなルール」の適用を迫る社会とたとえられよう。

高度に情報化した社会では,地球の反対側の一私人の発言であれ行動であれ,それが瞬時に自分に伝わってくる。その際,元の発言や行動が埋め込まれている状況,背景,脈絡といったものは無視される。たとえば,日本の古都にある個人経営の小さなアパートが「外国人お断り」という張り紙をしていたとする。以前であれば,たまたま通りがかりにそれを見た人が「日本の古い街だからそういうこともあるよね」と思うだけだった。しかし,今では,その張り紙の写真が英語のキャプションとともに,SNSを通して一瞬にして地球の隅々にまで届けられ,「日本人の排他性」に関する議論が巻き起こる。これがグローバル化する社会の一側面である。このような社会の抱える諸問題を考えることも,3×3+3の「グローバル社会領域」の学習目標となる。

3-3-3「グローバル化する社会」で必要なもの

このような社会の価値ある成員となるために,あるいはこのような社会で生き残るために,今後,成人する子供たちはどのような能力を身につければよい

のだろうか。それに対する回答として〈めやす〉が取り入れたのが、「21世紀型スキル 21st Century Skills」[10] である。

今の子供たちが成人して職に就くころには、世界には、今はまだ存在しない職業が溢れているであろう、という未来予測がある。今後○十年の間に、○％の職業が人工知能に取って代わられるだろうという未来予測もある。このような予測がどこまで正しいのかはわからない。しかし、「現在、価値があるとされている知識やスキルは、未来には無用化してしまう」という危惧を抱く現象は、今に始まったことではなく、どの時代にも常にあった。

「21世紀型スキル」が考えられた背景には、そのような危惧への対処としての問いかけ「社会がどう変化しても対応でき、その社会の価値ある成員であるためにはどうすべきか」がある。

「21世紀型スキル」に記述されているスキルを見ると、特に奇抜に感じられるものはない。以前から、いろいろな形で、個別にその必要性が訴えられてきたものばかりという印象を受ける人も多かろう。しかし、重要なのは「なぜ、今、そのような能力が必要だという議論が起こるか」という点である（この考えかたは中村（2018）に倣った）。

3-3-4 文化領域とグローバル社会領域の違い

この2つの領域の違いがわかりにくいという声もよく耳にする。違いがわかりにくい原因は、「外国語」と聞くと「国際化、国際社会で活躍」と連想し、「文化の違い」と聞くとすぐ「我が国の文化と○○国の文化の違い」と連想する思考パターン（学習指導要領の「外国語」編に典型的に見られる思考パターン）に囚われていることにある。3×3＋3の文化領域は、基本的には、「異質な人・もの」に出会ったときのための能力を扱っており、それは、個人対個人、わたし対あなたの問題であることもあり、出会った相手と自分との対（つい）で考えられるべき問題である。

これに対し、グローバル社会領域は、前節で述べたとおり、ローカルなコン

---

10 ATC21S (The Assessment and Teaching of 21st-Century Skills, http://atc21s.org) を参照。

テクストを顧みない標準（グローバル・スタンダード）によって動いていく社会での諸問題を扱うものである。

3-4 「3つの連繋」について

〈めやす〉の3領域の3能力を根底から支えるものとして（表1の下の部分），次の3つの連繋が規定されている。
　　連繋1: 関心・意欲・態度／学習スタイルとつながる
　　連繋2: 既習内容・経験／他教科の内容とつながる
　　連繋3: 教室外の人・モノ・情報とつながる
これらも現代の言語教育学の趨勢と無関係ではない。

連繋1は広く第2言語学習における学習者要因について言及している。学習者のニーズ，コミュニケーションへの意欲，動機づけ，学習対象の言語や言語学習に対する態度 attitude，学習方略・メタ認知方略などがここで扱われる。

連繋2の「他教科の内容」は，現在，注目を浴びている CLIL (Content-Language Integrated Learning) で提唱されているアプローチを想起していただければよい。「既習の内容や自己のそれまでのさまざまな経験」との関連を意識させることの重要性は言うまでもあるまい。また，NS で外国語教育の目標領域として設定されている「5つの C (Communication, Cultures, Connections, Comparison, Communities)」のうちの Connections を考えていただいてもよい。

連繋3の「教室外の人・モノ・情報」は，NS の5つの C のうちの Connections, Communities を考えていただければよい。また，3-7-1 の「言語活動の発展のモデルへの新しい提案」で取り上げる「現実の社会との関連」を重視する昨今の潮流を反映していると考えてもよい。

3-5 「つながる」という能力について

〈めやす〉の3つの能力「わかる」「できる」「つながる」のうち，前二者は

わかりやすいが，最後の「つながる」がわかりにくいとよく指摘される。「『つながる』がどうして能力なのか？」というわけである。

「能力は『知識・スキル・態度』から構成される」という考え方がある。「つながる」はこのうちの「態度」と深く関連する。『めやす』のなかにも「つながる」について具体的で平易な説明があるが，単なる「教室の外に出かけて，その言語の話者と交流した」という行為を指しているのではないという点に注意してほしい。

〈めやす〉の監修者の1人である當作靖彦は，「コミュニケーションの目的は新しい人的ネットワークを作ること」という「ソーシャル・ネットワーキング・アプローチ Social Networking Approach」を提唱している（當作，2013）。この目的がコミュニケーションの究極の目的かどうかについては異論もあろうが，重要な目的の一つであることは疑いない。そして，この「つながる」は「ソーシャル・ネットワーキング・アプローチ」を支える重要な能力であると見なせる。参考までに，筆者（山崎）は〈めやす〉のマスター研修において，「つながる」を次のように規定した。

> その言語を使用するコミュニティに参加し，何かしらの成果物を得ようとする態度／得ることができる能力

「コミュニティ」は大きな集団を意味する「社会」でなくてもよい。数人の集団であっても，1人であってもよい。「成果物」は物とは限らない。人と人との新しい関係（＝新しいソーシャルネットワーク）であってもよい。

3-6　活動の順序に関する誤解

3×3＋3の表は，「わかる」「できる」「つながる」の順に上から下へと配列してあるので，学習活動をこの順で発展させることを想定しているように受け取られてしまうこともあるが，これは誤解である。

この順序は，授業を設計する教師がどのような教授法を採用するかによって

変わりうる。たとえば,「できる」の領域の活動から始めてもよいのだし,「つながる」から始めるアプローチもあるであろう。それらを循環的に適用する方法もあろう。

一例を挙げると,「タスクを基盤とする教授法 Task-Based Language Teaching, TBLT」では,伝統的な「PPP 型の設計」(言語形式に関する知識の提示 Presentation, 言語形式の構造を把握するための訓練 Practice, 言語形式の産出 Production, という順序で活動を進行させる設計)とは異なる手順のアプローチも試みられており(Willis(1996)などを参照),「わかる」「できる」「つながる」の順序も,さまざまな可能性が考えられる。

3-7 「3 × 3 + 3」の意義

ここでは,3 × 3 + 3 の形で示された〈めやす〉のキーコンセプトが,どのような意義を持っているかを示したい。

3-7-1 言語活動の発展モデルへの新しい提案

「つながる」をコミュニケーション能力の一部と考えることにより,〈めやす〉は,学習過程のなかにどのような性質の言語活動を何の目的で配置するかという設計のパターンに新たなステージを付け加えたと考えることができる。

たとえば,Littlewood (1981) は,言語活動の発展を次の 4 つのステージに分類している (p.86)。

Pre-communicative な活動
  1) 構造的活動 Structural activities
  2) 擬似コミュニカティブ活動 Quasi-communicative activities

Communicative な活動
  3) 機能的コミュニケーション活動 Functional communication activities
  4) 社会的インタラクション活動 Social interaction activities

これは,具体的には,下記のような活動が想定されていると思われる。

1) **構造的活動** 文の構造を理解させるための活動。「肯定形を否定形に換える」「能動態を受動態に換える」を機械的にやるような活動。
2) **擬似コミュニカティブ活動** 典型的なのは，机の上の鉛筆を取り上げて，「これは鉛筆ですか？」と聞いたり，お互いに同じ絵を見て「部屋の中には何がありますか？」と聞いたりするような活動。
3) **機能的コミュニケーション活動** 2）の活動に「インフォーメーション・ギャップ」などの要素が加わったような活動。
4) **社会的インタラクション活動** 「社会的に容認される発話」を生成できる能力を訓練するために，「役割」「場面」「目的」などの条件を加えた活動。

もし，この4つの段階をそのままなぞるとしたら，その学習設計には，現実の社会で何かを行う活動は組み込まれない。もちろん，実践をする教師はそれを念頭に置いている可能性はおおいにあるが，学習の最後のゴールとして設計に組み込まれることはない。この枠組みではそれが義務化されていない。

昨今では，言語学習において「現実社会との関連 real-world relationship」を重視する考えかたも一つの潮流をなしている。「真正の評価 authentic assessment（ある能力が現実社会での課題遂行に本当に役立つかどうかという評価）」を重視する傾向もその一つであるとも考えられるし，TBLT においても，学習者の現実社会におけるニーズからタスクの設計を出発させ，タスクの真正性 authenticity を重視する考え方もある（TBLT のこのようなアプローチについては，松村 (2017) がわかりやすい）。

また，ネウストプニー (1995) は，日本語教育の将来についての提言のなかで，日常生活の行動，経済，政治，思想行動などを「社会文化行動＝インターアクション」と規定し (Littlewood (1981) の「社会的インタラクション活動」と用語が紛らわしいが，内容は異なることに注意），「これからの日本語教育は「インターアクション教育」でなければならない」と主張している。

〈めやす〉の「現実社会での成果をゴールとするアプローチ」も，これらと軌を一にする。

上掲の Littlewood（1981）の言語活動の分類に，「その言語を使用するコミュニティにおける成果を得るための活動」を加えたものが，〈めやす〉が想定する言語活動の発展のモデルと考えてもよい。

　繰り返すが，言語活動の発展の結果，「コミュニティにおける成果」を得る活動に至るのではなく，最初からそれを最終成果物として目標に据えて，そこから学習の設計を開始することを提唱しているところが，〈めやす〉の特徴である。この「ゴールをスタート地点とする設計」を，「逆向き設計 backward design」と呼ぶ。これについては後で触れる。

3-7-2 学習要素を可視化する枠組み

　3×3＋3の概念図の価値は，目標とする学習要素をきわめて体系的に可視化したことにある。学習課程や授業を設計する者は，学習設計の目標とその学習に盛り込まれた要素を可視化して，学習者，同僚の教師，コースのコーディネイタに示す義務がある。ときには，授業を行う教育機関の管理職や監督官庁に示す必要が生じることもある。〈めやす〉の研修に参加したある教師は，実践の報告会の席上で，「ここに来れば，みんなが同じ「ことば」を使っているので，自分の考えていることを何も言わないうちにわかってもらえる」と語っていた。「みんなが同じ「ことば」を使う」＝「共通して参照できる枠組みが存在する」ことは，教師のコミュニティを形成するために不可欠であることは言うまでもない。

3-7-3 汎言語学習主義

　3×3＋3の概念図の学習要素，特に「グローバル社会領域」の学習要素に対して，「そんなことまで外国語学習のなかでやるのですか？（＝それはいったい外国語教育として適切なのですか？）」という質問がよく寄せられる。

　この質問に対しては，以下の基準を回答にしたい（山崎（2013）で示したものに加筆をした）。

学習要素の妥当性の評価基準
・周辺的かつ雑多に見える知識／スキルであっても，それを学習要素に入

れているということ自体で，その学習設計が評価されるべきではない。
・「どのような能力を養成することを目指しているか」という目標の設定に対する妥当性の評価と，「選ばれた学習要素がその目標の達成に適切かつ効率的に寄与できるか」という目標への貢献度の評価を合わせたとき，その学習要素を選択したことへの評価が可能になる。

すでに見たように，〈めやす〉では「総合的コミュニケーション能力」という表現を使い，学習要素をより豊富なものにする言語教育のありかたを提言している。このアプローチを，筆者は「汎言語学習主義」と呼んでいる。その主張をわかりやすくまとめると次のようになる。

汎言語学習主義・穏健派
1. 言語学習のなかにはいろいろな有益な学習要素が含まれうる。
2. 言語学習のなかにはいろいろな有益な学習要素を含めるべきだ。
3. いろいろな有益な学習要素を学ぶためには言語学習こそが役に立つ。

汎言語学習主義・急進派
1. 言語学習のなかにはすべての有益な学習要素が含まれうる。
2. 言語学習のなかにはすべての有益な学習要素を含めるべきだ。
3. すべての有益な学習要素を学ぶためには言語学習こそが最適だ。

3-8　補足：「3×3＋3」に存在しない学習要素

3×3＋3のキーコンセプトは，現在，言語学習に必要だと考えられるすべての学習要素を網羅しているわけではない。たとえば，「学習者オートノミー（autonomy, 自律性）」「言語学習におけるインクルージョン inclusion」など，現代の言語教育／学習における重要な課題に関する言及は，明確には見てとれない。しかし，それらは，学習を設計する教師が，必要に応じて，関係者（＝チームを組む同僚）の合意のもとに，追加／修正をすればよいだけのことである。

あるいは，「グローバル化する社会」を否定的に捉え，「グローバル社会を生きぬくための能力」という考えかたを嫌悪する向きもあろう。その場合は，何

か別の「地域性に依存しない普遍的な価値観に基づいた能力」でもって，これに代えてもよいだろう（たとえば，市民性 citizenship のような）。

　繰り返すが，重要なのは，「教育を実施する側が自身の学習設計のなかにどのような学習要素を盛り込むかを明示できる」枠組みが存在することである。どのような要素を盛り込むかという具体的なプランは，個々の状況に応じてそのつど調整／修正／補填／あるいは削除すればよい。

4　コミュニケーション能力指標〜〈めやす〉の要点 (2)

　〈めやす〉には「〜できる」という形式（いわゆる，Can-do 能力記述文）で記述されたコミュニケーション能力指標が提示されている。以下では，これを簡単に紹介したい。

4-1　コミュニケーション能力指標の概要

　CEFR といえばすぐ Can-do 能力記述文が取り上げられるように，〈めやす〉についてもこのコミュニケーション能力指標[11]が言及されることが多いが，3節で掲げた 3×3＋3 の表を見てもわかるとおり，言語を使った「できる」は，〈めやす〉が提示する学習の枠組みのほんの一部であることに注意されたい。

　この指標は，次の 15 の話題領域に分かれ，それぞれに設定されたレベル 1〜4 に配属されている（話題領域自体は難易度とは関連していない）。

> 自分と身近な人々／学校生活／日常生活／食／衣とファッション／住まい／からだと健康／趣味と遊び／買い物／交通と旅行／人とのつきあい／行事／地域社会と世界／自然環境／ことば

　指標は，「名前（姓名）や属性（高校生，学年，年齢，誕生日など）を言ったり尋ねたりできる」（自分と身近な人々，レベル 1）から始まり，「外国語を

---

[11]『めやす』pp.39-53，あるいは，http://www.tjf.or.jp/meyasu/support/resource/ でも参照できる。

学ぶことの意味や，日本と相手の国の若い人びとがお互いの言語を学ぶ意味について考え，話しあうことができる」（ことば，レベル4）に終わる約400項である。例からもわかるとおり，かなり具体的に行為の内容・対象を指示した描写文になっている。なお，中国語と韓国語で別個に設定した指標は，わずか数項であり，残りのすべては両言語に共通した指標である。ここからも〈めやす〉には「個別の言語に依存した部分が少ない」ことが見てとれる。

4-2 「話題」について

　話題領域は日本の教育機関で中国語や韓国語を学ぶ高校生を念頭に置いて設定されたものである。Estaire and Zanén（1994，p.21）で示されたTheme Generatorと比較してみるのもおもしろいかもしれない。

　なお，この話題領域の「話題」という用語は，日常の一般的な用法で使われる「話題」ではない。ひとつの「話題」領域には，その「話題」を話題にしたコミュニケーションを対象にした指標もあるが，その「話題」と関連する場面において行われるコミュニケーションを対象にした指標もある。たとえば，「食」では，食事の内容を話題にした会話を想定した指標もあれば，レストランでの会話を想定した指標もある。

- 朝食・昼食・夕食によく食べるものについて，言ったり尋ねたりできる。（食，レベル1）
- レストランなどで，従業員を呼ぶことができる。（食，レベル1）

　このような混在が指標を使いにくくしていると思う人もいるかもしれない。この混在の理由の一つは，〈めやす〉が推奨する学習単元の類型が「主題中心単元 thematic unit」であることである。逆に，「食」という主題のもとに，（他教科の内容や教室外の世界とも関連して）展開されるさまざまな学習活動を計画するときには，この「混在」がむしろ使いやすいのであるが。

4-3　三種類のコミュニケーション・モードと四技能

〈めやす〉のコミュニケーション能力指標は，3つのコミュニケーション・モード（この分類はNSに倣っている）のバランスが取れるように配慮されている。3つのモードとは以下のとおりである。

対人 interpersonal モード
接触している相手と，意味のやり取りをする双方向のコミュニケーション
解釈 interpretive モード
直接接触していない相手から，意味を受け取る受容的なコミュニケーション
提示 presentational モード
直接接触していない相手に，意味を伝える発信的コミュニケーション

注意してほしいのは，伝統的な4技能（読む・書く・聞く・話す）による分類を採用していないことである。ただし，個別の指標のなかでは，たいていどのスキルを使うことを想定しているかが指示されている。たとえば，以下のとおりである。

a) 医師の指示（仰向けに寝てください，横を向いてくださいなど）を，聞いて理解できる。（身体と健康，レベル2）
b) 家族構成（何人家族で誰がいるか）について，会話したり，書いて説明したりできる。（自分と身近な人々，レベル1）

4技能で分類しない方針は，CEFRのCOMPANION VOLUME[12]でも採用されている。「その言語で何ができるかが重要」という行動主義的な言語観による言語学習では，伝統的4技能による分類はさほど重要視されなくなっていると考えてよい。

一つ注意すべき点がある。「（口頭で）言って」「（耳で）聞いて」のようなスキルの指定は，それを行うのに障壁がある学習者にとって，意味をなさない。その指定を明示した能力指標は，障壁のある学習者を疎外してしまう。特にa)のように単一のスキルしか指定していない場合はその欠陥が顕著である。b)

---

[12] https://rm.coe.int/cefr-companion-volume-with-new-descriptors-2018/1680787989

のようにコミュニケーションの経路（口頭で，書面で，など）を選択できる指標であれば，この問題は回避できるかもしれない。言語教育におけるインクルージョン inclusion の必要性が叫ばれる今日，この問題の持つ意味は大きい。

〈めやす〉の指標において複数の経路が指示されているのは，〈めやす〉が言語形式の正確さや流暢さと同様，意味の伝達にも重きを置き，言語的・非言語的なコミュニケーション方略の使用も積極的に勧めていることによる。つまり，「聞いてわからなければ書いてもらう」「言って伝わらなければ書いて伝える」という方略の具現化として提示しているわけである。

4-4　コミュニケーション能力指標の運用にあたって

〈めやす〉のコミュニケーション能力指標を実際に運用する際の注意事項や誤解しやすいポイントなどを以下にまとめておきたい。

4-4-1　レベル分けは経験的な分類

コミュニケーション能力指標は 4 つのレベルに分かれているが，これは，中国語の教師と韓国語の教師が経験に基づいて分類したものであり，定量的な根拠があるものではない。

4-4-2　レベル 1 から「片づけていく」必要はない

レベル 1 の指標すべてに到達してから，レベル 2 に……のように考える必要はない。学習設計の都合上，ある領域ではレベル 2 の指標ばかりを取り上げる，ということもある。

4-4-3　すべての領域をカバーする必要はない

〈めやす〉は，すべての話題領域について学ばないといけないと推奨しているわけではない。

4-4-4　複数の領域の複数の指標を 1 つの単元で扱ってもよい

たとえば，筆者が設計した単元「今日あったことを報告できるようになろ

う」[13] では，「食」のレベル1，「衣とファッション」のレベル1，「買い物」のレベル2，「趣味と遊び」のレベル1と2，「交通と旅行」のレベル3，「地域社会と世界」のレベル1，「自然環境」のレベル1に言及している。

4-4-5 コミュニケーション能力指標から出発する必要はない

これは特に重要なポイントである。〈めやす〉では，コミュニケーション能力指標の個々の記述から出発して学習全体を設計するアプローチを推奨しているわけでは，決してない。〈めやす〉が推奨する設計は後で述べる。

4-4-6 指標は絶対的なものではない

コミュニケーション能力指標は，言語を用いたコミュニケーションにかかわる到達目標を明示するためのものであり，教師が，学習者に学習の指針を示したり，他の教師と目標を共有するためのものである。よって，個別の状況に応じて指標を修正する，あるいは，当然あるべき必要な指標が存在しなかった場合は，自らこれを補うなどの措置が必要になってくる。重要なことは，すでにある指標を絶対視しないことである。

4-5　言語運用能力指標

〈めやす〉では，コミュニケーション能力指標にばかり注意が行きがちだが，言語運用能力指標（『めやす』p.36）も，それに劣らず重要である。これは，コミュニケーション能力の指標として示された個々のタスクを遂行するにあたり，どの程度のレベルの構造を持った言語形式を運用することが求められるかという指標である。

「自分が想定している範囲で，基本的な言い回しを使って，相手の協力を得られれば簡単なやりとりができる」（レベル1の一部），「自分が想定していない状況においても，学んだ語句や文を使って，相手の協力を得られれば，ある程度創造的なやりとりができる」（レベル3の一部）のように描写される。こ

---

[13] 『テレビで中国語』2015年1月号

れを見ると，「第二言語学習者は，母語話者のようにその言語を使えるようになることを目指さなくてもよい」（これは CEFR でも示されている），「コミュニケーションは社会の中でのインタラクティブな行為（☞ 相手の協力を得られれば…）」という〈めやす〉の基本的な姿勢が見て取れる。

なお，ここで使われる「創造的な」という表現の意味は，「芸術的な創造性」を意味するものではない。学習者が，そのときのコミュニケーションで扱われていることがらを自分のこととして考え（＝個人化し），「自分は本当はどう考えるか，何がしたいか」を表現している（＝すでに存在する手本をなぞっているのではない）という意味である。

5 〈めやす〉が推奨する評価方法

ここでは，〈めやす〉がどのような学習評価の方法を推奨しているかを紹介する。特に「ルーブリックによるパフォーマンス評価」に重点を置く。それは，〈めやす〉が推奨する学習設計においては，評価の対象・方法・基準の決定は，設計の出発点であり（6 節参照），単なる授業設計の技術ではないからである。

5-1 代替的評価について

「3 × 3 ＋ 3」の概念図からもわかるとおり，〈めやす〉は多様な学習要素を目標として掲げている。このような学習が実現したとして，それを評価する方法は従来型の筆記テストでは十分ではないことは明らかである。その理由は，多様な形態の成果（物）を評価せねばならないこと，ゴールに至る過程をも評価する必要があること，明示的で単純なスキルをゴールにしない場合，学習の指針としても使える評価方法が学習者の自己評価の機会としても与えられるべきであること，などである。

従来型の筆記テストに代わる評価方法は「代替的評価 alternative assessment」と呼ばれることが多いが, 松下 (2012) は代替的評価の例[14]として下記の3つの評価方法を挙げ (p.79, 表1), 次のような説明を加えている (p.80)。

パフォーマンス評価
ある特定の文脈のもとで, さまざまな知識や技能などを用いながら行われる, 学習者自身の作品や実演（パフォーマンス）を直接に評価する方法

ポートフォリオ評価
ポートフォリオに収められた資料に基づいて, 学習者の成長のプロセスを評価する方法

真正の評価
学習者に, 仕事場や市民生活など現実世界の課題と類似した, 本物らしさ（真正性）をもった課題に取り組ませる評価の方法

『めやす』でもこれらの評価について触れているが,〈めやす〉の実践例において好んで用いられているのが,「パフォーマンス評価」であり, 特に「ルーブリック rubric を用いたパフォーマンス評価」である。

5-2　ルーブリックによるパフォーマンス評価

5-2-1　ルーブリックの構成要素

ここでいう「ルーブリック」とは (a) 観点, (b) 等級, (c) その等級の描写, から成る評価基準表である。

　　(a) 観点：「プレゼンの態度」「アイコンタクト」など
　　(b) 等級：「目標以上を達成」「目標を達成」など
　　(c) 描写：「音声はとても明瞭で」「音声に不明瞭なところが多く」など

等級には配点が付されている。ある観点が特に重要であると考えれば, 重みづけをすることも可能である（表2の観点の欄にある「×2」がそれに当たる）。重みづけは, 当該の評価において何が重視されるかを伝える教師からのメッセージとして最も効果的である。

---

[14]「代替的評価」の定義や具体例については諸家で定義が異なる。詳しくは松下（2012）の注6を参照。

「外国語学習のめやす」——背景，理念，目標，方法論

5-2-2 いろいろなバリエーション

表2のルーブリックは等級が4段階あり，描写もやや凝りすぎの感があるが，もっと単純なスキルを評価するのであれば，「目標を達成」を最高にした3等級のルーブリックでもよいし（表3），単なるチェックリストでもよい（表4，合格／不合格のチェックリストは2等級のルーブリックと考えてもよい）[15]。

観点＼等級	目標以上を達成（4点）	目標を達成（3点）	目標達成まであと1歩（2点）	さらなる努力を（1点）
プレゼンの態度	終始にこやかな好感のもてる態度である。	にこやかに話そうと努力していて好感がもてる。	できるだけにこやかに話そうと努力をしているのはわかる。	にこやかに話そうという努力があまり見られなかった。
アイコンタクト	聴衆に語りかけるべき内容のところでは，きちんとカメラ目線で話すことができた。	聴衆に語りかけるべき内容のところでは，資料やメモを見ないよう，努力をしていた。	聴衆に語りかけるべき内容のところでも，資料やメモを見ていることが多かった。	だいたいにおいて，資料やメモを見ており，「聴衆に語りかける」ことができていなかった。
話していることばの音声（×2）	音声はとても明瞭で，伝えたい内容がすべてよくわかる。	音声はだいたい明瞭で，伝えたい内容もだいたいわかる。	ところどころ音声が不明瞭で，何を言いたいかわからないところがある。	音声に不明瞭なところが，多く，何を言いたいかわからところが多い。
個人化	事実を伝えるのみでなく，自分の感想・印象・願望・経験などを交えたコメントが随所に挟まれ，聞いていて楽しい個性的な内容である。	自分の感想・印象・願望・経験などを交えたコメントがところどころに挿入され，個性的な内容になっている。	自分の感想・印象・願望・経験などを交えたコメントを述べ，個性的な内容にしようと努力している。	自分の感想・印象・願望・経験などを交えたコメントをしようという意欲に乏しい。
プランの充実度（×2）	楽しく充実した半日になりそう。日本に慣れていない人への配慮も随所に感じられる。	楽しい半日になりそう。日本に慣れていない人への配慮もところどころに感じられる。	楽しいツアーにしようとする努力が見られる。日本に慣れていない人に配慮しようとする努力も見られた。	楽しいツアーにしようとする努力が見られない。日本に慣れていない人への配慮も感じられない。

表2 ルーブリックの例（「ツアープランのプレゼンテーション」を評価するルーブリックの一部）

観点＼等級	目標を達成（3点）	目標達成まであと1歩（2点）	さらなる努力を要す（1点）
言うべき内容が頭に入っていたか	文字を確認したら顔を上げて，相手を見て答えていた。	ときどき文字を見ながら答えていた。	ずっと文字を見ながら答えていた。
滑らかに答えられたか	言い直しはあっても，よどみなく答えられた。	ちょっとつっかえたりした。	頻繁につかえた。

表3　ルーブリックの例（準備しておいた内容を口頭で答えるパフォーマンスを評価する）

チェックリスト	□ 時刻を明確に伝えることができる（＝聴衆が聞き取れる） □ 何をするかを伝えることができる（＝聴衆が聞き取れる） □ 交通手段を伝えることができる（＝聴衆が聞き取れる） □ 所要時間を明確に伝えることができる（＝聴衆が聞き取れる）

表4　チェックリストの例（朝起きてから学校に来るまでの行動を語る発表を評価する）

5-2-3　ルーブリックを使った評価の利点

　ルーブリックを使った評価の利点は，これまでにもさまざまな観点から指摘されているが，言語教育に即して述べれば，主に次のようになろう。

1) 何を評価するかを示せる

　「学習者はアイコンタクトを評価されると思っていなかったのに，実際は評価された」のような理解の齟齬が防げる。加重化によって重点項目を示すこともできる。また，たとえば，表1のルーブリックの例では「文法的な正確さ」という観点はないので，「文法的な不正確さがあってもそれは重要ではない」というメッセージになる。

2) その時点での要求水準を示せる

　表3のルーブリックでは〈目標達成〉の描写に，「言い直しはあっても」という条件を付けている。これは「言い直してもよいのだ」というメッセージである。要求水準を限定することにより，不要な負荷をかけることを避けている。また，「合格水準はこれくらいだが，学習者自身の努力や創意工夫，周囲の援助により，その一歩上まで到達できるのでは」という

15　逆にいえば，チェックリストで済むものをルーブリックに仕立て上げる必要はない。

可能性を考慮した等級（目標以上を達成）を採用すれば，教師が目標とする（将来も視野に入れた）状態を，より具体的なイメージとして提示できる。また，より意欲のある学習者の得点が頭打ちになることを防げる。

3) 何ができればよりよい成績が取れるかを示せる

単なる点数方式（「あなたは90点，あなたは70点」のように示す方式）では，90点と70点では何が異なるのか，そして，70点の自分はどこをどう改善すれば90点になれるのかがわからない。

4) 学習者が自分のパフォーマンスを振り返ることができる

使用するルーブリックが，学習者が見て理解できる観点と描写を示すことができているのであれば，学習者が自身のパフォーマンスを振り返る際の有益な道具となる。逆にいえば，学習者自身が理解できない（教師しか理解できない）ルーブリックは，上記の1)-3)の利点も持てない。

このように，ルーブリックは，単なる評価の基準としてだけではなく，学習者自身が用いる学習の指針としても有益である[16]。

5-2-4 ルーブリックの作成方法と学習者に提示するタイミング

ルーブリックの作成手順は大別すると次の2種類になる。

a) パフォーマンス（を記録したもの）ができあがってから，評価を行う者がそれらをレビューし，実際の成果物に基づいた調整 calibration を行いつつ，ルーブリックを作成していく。

b) 学習のゴールを定め，最終的な成果物の形態を決定し，それのあるべき姿をイメージしてルーブリックを作成し，学習を始める前に学習者に示す。

ここで，評価方法を考える際に重要な「信頼性」と「妥当性」という2大ポイントと併せて，a) b) を検討してみたい。

「信頼性」は簡単にいうと，「同じものを複数の評者が評価した場合，評者間

---

16 植村麻紀子氏（神田外語大学）の表現を拝借した。

で評価が一致するか，同一の評者が同じものを複数回評価した場合，そのすべてで評価が一致するか」ということである。

「妥当性」は簡単にいうと，「評価者が測りたいものを測っているか，被評価者が測られたいものを測っているか」ということである。

a) の方法で作成されたルーブリックは，信頼性においてより高く，また，実作品に基づいているので，必要な評価項目を落とすことも少ないであろう（＝妥当性が高い）。b) の方法で作成されたルーブリックは，信頼性と妥当性において劣るが，事前に提示することによって，学習者自身が自律的に参照できる学習の指針となりうる。ただ，それぞれ利点があるこの両者は相反するものではない。教師自身が過去に行った同じような課題，他の人が行った同じような課題の成果物を，「評価の基準」として用いることにより，事前に，信頼性と妥当性の高いルーブリックを作成することも不可能ではない。

5-2-5 補足：「学習の指針」となりうるルーブリックの条件

ルーブリックは，事前に提示することにより，学習の指針となりうることを述べた[17]。しかし「学習者が理解でき，自己評価できる」観点と描写が必要である。たとえば「文法的に正確である」のような記述は，文法的にまちがっていることが判断できない入門期の学習者にとって意味がないかもしれない。「小学1年生が初めて自分で作った弁当」を評価するルーブリックの場合，「色彩が豊かである」「栄養のバランスが取れている」という描写は意味がないかもしれない。「豊か」という感覚的な描写が具体的にどんな状態を指すのか不明瞭であるし（＝自分で評価ができない），小学1年生には「栄養のバランス」は理解が困難であるかもしれない。

6 〈めやす〉が推奨する学習設計～プロジェクト型学習

〈めやす〉が推奨する学習設計の手順は，「主題を中心とした単元 thematic

---

[17] この「学習の指針となりうる」は良い面ばかりではないかもしれない。場合によっては，学習者の創造性を制限し，教師があらかじめ定めた方向に誘導するだけの役割になるかもしれない。このことには注意をする必要がある。

unit」(既述)を,「プロジェクト型学習」として計画し,「逆向き設計 backward design[18]」で設計する,である。

　プロジェクト型学習にはいろいろな定義があるが,ここでは「現実の社会に深く関連した課題を設定し,その課題を遂行するために,(多くの場合)複数の学習者が協力して,成果物を作り上げる」タイプの学習設計のことだと考えておく。このような学習設計は,3×3＋3の概念図に示した多様な学習要素を盛り込むことが可能である。

　そして,このプロジェクト型学習の成果(物)の仕様を最初に定め,評価方法と評価の基準も決め,そのゴールをスタート地点として学習の過程を設計していくのが,「逆向き設計」である。

7 おわりに

　以上,〈めやす〉の枠組みにおいて注意すべき点を中心に,背景知識の補足も交えて,簡単に紹介した。詳細については冊子『めやす』を,〈めやす〉の実践例については,本書に収められた実践報告と,〈めやす〉のサポートサイトに収められた100近い実践例を参照していただきたい。

---

18 逆向き設計については,Wiggins & McTighe (2006) を参照。

2 『めやす』× CEFR の試み
『めやす』と CEFR を活かす授業案

齊藤公輔

1 はじめに

　『外国語学習のめやす』(以下『めやす』)が2012年に出版された当初は，高等学校の中国語および韓国語授業からの提言という位置づけであった。しかし，いまや中学や高校，大学における授業および社会人向け外国語講座を対象に，言語も英語，スペイン語，フランス語，ドイツ語，中国語，ロシア語，韓国語，日本語へと拡大している[1]。これは，『めやす』の内容が非常に充実していることに加え，発行元である公益財団法人国際文化フォーラム(以下 TJF)を中心とした普及活動の賜物であることに疑いの余地はない。日本における新しい外国語授業の指針として，非常に期待されているといえよう。
　筆者は，TJF が主催する「『めやす』マスター研修」において『めやす』の理念および活用方法などの学びを経て，自身の授業に導入してきた。その間，さまざまな外国語の教員が『めやす』を取り入れた授業実践例を報告し続けており，それゆえ，導入後も常に自身の授業をブラッシュアップできる環境にある。総じて，『めやす』を通じて多くの教員とコミュニケーションをとりながら学び続けられることに大きな魅力を感じている。
　一方，少なくともヨーロッパ圏の言語においては，すでに CEFR (Common European Framework of Reference for Languages「ヨーロッパ言語共通参照枠」)と呼ばれる外国語到達度の評価基準があり，ヨーロッパをはじめ世界中で使用されている。すでにドイツ語やフランス語などの試験は CEFR 基準になり，それに伴い外国語学習講座なども CEFR に準拠した内容で構成されている。日本においてもヨーロッパ圏言語の教育を中心に導入されており，

---

1 「めやす Web 3 × 3 + 3」(http://www.tjf.or.jp/meyasu/support/)

近年ではアジア言語や日本語教育に応用する例もみられるようになるなど，徐々に拡大・浸透している[2]。

　筆者はドイツ語の教員であり，それゆえCEFRに準拠した授業は必然と考えている。確かに，日本国内でCEFRに準拠した外国語教育に対し，その必要性も含め懐疑的な見解も少なくない[3]。しかし，こうした批判を検証するためにも，CEFRに準拠した授業を行うことに意義があると考えている。それゆえ筆者は，一方で『めやす』を，他方でCEFRをというように，異なる二つの指針や基準を用いて授業を展開している。ただし，これはヨーロッパ圏言語を教えている『めやす』マスターであれば共通の取組みであろう。少なくとも筆者は，CEFRと『めやす』を視界に入れながら授業を行うことは，ドイツ語教員の『めやす』マスターとして言わば「当たり前」のことであり，その意義について立ち止まって考えたことはなかった。

　しかし，外国語教育を取り巻く環境の変化に伴って，『めやす』とCEFRが持つ意義もまた変わりつつある。特に，『めやす』をカリキュラムに組み込んだ大学の語学コースが誕生したり[4]，文部科学省がCEFRを基準とした外国語教育を打ち出すなど[5]，両者が日本の外国語教育において果たす役割はますます大きくなってきているように思われる。そこで本稿では，『めやす』とCEFRを導入した授業について考察する。第一に『めやす』とCEFRの共通点と相違点について明らかにする。『めやす』とCEFRはそれぞれに能力記述文を含んでいるなどの共通点がある一方で，固有の観点や項目も少なくない。ここではそれらを列挙して互いの「空白」を明らかにすることを通し，相互補完の方向性を検討する。

---

[2] 真嶋潤子「言語教育における到達度評価制度に向けて―CEFRを利用した大阪外国語大学の試み」，『間谷論集』(1)，日本語日本文化教育研究会編集委員会，2007年

[3] 拝田清「日本の大学言語教育におけるCEFRの受容―現状・課題・展望―」，科学研究費補助金基盤研究B研究プロジェクト報告書「EUおよび日本の高等教育における外国語教育政策と言語能力評価システムの総合的研究」，2012年3月

[4] たとえば，城西国際大学国際人文学部国際文化学科韓国語コース（http://www.tjf.or.jp/meyasu/support/topics/post-29.php）

[5] 文部科学省は英語教育の到達度判定にCEFRを用いる方針を打ち出している。(参考:「大学入学共通テスト実施方針」http://www.mext.go.jp/b_menu/shingi/chousa/shotou/134/shiryo/__icsFiles/afieldfile/2017/09/13/1395611_11.pdf)

第二に『めやす』とCEFRを導入した授業について考察する。上述した相互補完の可能性について，CEFR準拠の教科書を用いた授業に『めやす』の要素を盛り込む方策について，教科書分析を通して考察する。また，CEFR準拠の教科書を用いながら『めやす』に則した授業を展開する際の注意点を，ここまでの教科書分析を通して明らかにする。

　第三に『めやす』とCEFRの意義について，これまでの議論を踏まえて改めて検討する。日本国内ではドイツ語を利用する機会が少なく，留学以外に日常的な使用場面が限られている。そのなかでCEFR基準のカリキュラムを組むことの意義を考察し，加えて『めやす』とCEFRを組み合わせた授業は現代社会が求める語学教育の理想を満たす可能性があることを指摘する。

2　『めやす』とCEFRの共通点と相違点

2-1　『めやす』とCEFRの共通点

　すでに言及したとおり，『めやす』とCEFRはともに外国語教育の指針や到達度の指標という役割を果たしており，それゆえ共通点も少なくない。本節では授業実践に関連する共通点を中心に，以下の三点を取りあげる。

　一つめは，『めやす』およびCEFRは言語活動領域を限定しており，その枠組みにおいて学習活動を展開させていることである[6]。CEFRは「言語使用は常に，社会を組織している領域の中のどこか一つで行われる」[7]として，私的領域，公的領域，職業領域，教育領域という4つの社会領域を定めている。各領域のなかには，場所や機構，関係者や行為，テクストなどの関連項目ごとに，語彙や表現，場面などが整理されている。一方の『めやす』は，「学習者にとって意味のある，内容を伴ったコミュニケーション行動であることを重視する立場から，学習者の興味・関心に根差した話題や，発達年齢に即した話題，

---

[6]　注意点として，『めやす』もCEFRもその言語活動領域のみを推奨しているわけではなく，またそれで十分ということを示しているわけでもない。あくまでも「めやす」であり，それ以外の言語活動領域を排除するものではない。

[7]　吉島茂，大橋理枝訳・編『外国語の学習，教授，評価のためのヨーロッパ共通参照枠』，朝日出版社，2004年，p.17

さらには学習者の関心を喚起したり視野を広げたりする」[8]ことを目指し，15の話題分野を設定している。このように，両者ともコミュニケーションの場面を明確にし，そのなかで必要な語彙や表現等を学ぶことを視野に入れている点に共通性がある。

以下はCEFRの言語使用領域と『めやす』の話題分野を比較し，それぞれ共通している領域をまとめたものである。なお紙面の関係上，CEFRは4つの領域から場所と行為の項目のみを取り上げた。

	CEFR 言語使用領域	『めやす』話題分野
私的領域	場所 家庭：(本人，家族，友人，他人の) 家／部屋／庭，ホステル／ホテルの一室，田舎／海辺 行為 日課，着衣／脱衣，調理，食事，洗濯，日曜大工，ガーデニング，読書／ラジオ／テレビ，娯楽，趣味，ゲームとスポーツ	日常生活／食／趣味と遊び／衣服とファッション／交通と旅行／人とのつきあい／行事／地域社会と世界／自然環境／ことば
公的領域	場所 公的な場所：道／広場／公園，公共交通機関，小売店／スーパーマーケット，病院／診療所／医院，運動場／競技場／公会堂，劇場／映画館／舞台，レストラン／パブ／ホテル，礼拝所 行為 有料無料の公共サービス，医療サービスの利用，車／鉄道／船／飛行機での旅，公的な娯楽とレジャー活動，宗教的礼拝	食／からだと健康，趣味と遊び／衣とファッション／買い物／交通と旅行／人とのつきあい／行事／自然環境
職業領域	場所 事務所，工場，作業所，港湾／鉄道，農場，空港，小売店／店舗，サービス産業，ホテル，行政機関 行為 仕事の経営，事業運営，生産活動，事務手続き，トラック運送，販売業務，販売／市場調査，コンピュータ操作，会社の維持	人とのつきあい
教育領域	場所 学校：講堂／教室／運動場／競技場／廊下，単科大学／総合大学，講義室／セミナー室／学生会館，宿舎／実験室／食堂 行為 朝礼，授業，試合，遊び時間，クラブ活動と社会活動，講義／作文課題，実験室での実験，図書館での作業，セミナーと個人指導，宿題，ディベートと議論	自分と身近な人びと／からだと健康／人とのつきあい／学校生活／行事／地域社会と世界／自然環境／ことば

図1 CEFRと『めやす』の言語使用領域の比較

この図から『めやす』の話題分野のいくつかはCEFRの複数の領域にまたがっていることがわかる。たとえば『めやす』話題分野の「食」は，CEFRの私

---

8 「外国語学習のめやす　コミュニケーション能力指標（ブック・イン・ブック）」，p.4

的領域「調理／食事」および公的領域「レストラン／パブ／ホテル」に当てはまる。

二つめに、『めやす』および CEFR はそれぞれ能力記述文によって学習者の到達度を明示していることである[9]。CEFR はいわゆる「Can Do」と呼ばれる各レベルに応じた能力記述文を設定しており、『めやす』も前述の話題分野ごとにコミュニケーション能力指標を設定している（以下、すべて能力記述文とする）。いずれも学習者はその能力記述文を参考に、何ができるようになったかを確認することができる仕組みになっている。

三つめは、上述したとおり、その能力記述文が言語活動領域および学習者のレベル別に分類、整理されていることである。ここで、『めやす』のレベル分けがおおよそ CEFR に準じていることは確認しておくべきであろう。『めやす』のレベル 1、2 は CEFR の A1、A2 に準ずるとある[10]。文科省は高校卒業時の英語レベルを B1 に設定しようとしているが[11]、授業時間数の差異などを考慮すると、『めやす』能力記述文はある程度の互換性とその妥当性があると言うことができよう。しかし、両者の能力記述文およびレベル分けが厳密な互換性を有しているわけではないことは改めて注意する必要がある。また、これらの指標およびレベルは絶対的なものではなく、到達度の基準の例として示されていることを念頭に、学習ないし指導にあたらなければならないと考えている。

以上、CEFR と『めやす』の三つの共通点について検討を行ってきた。特に言語使用領域について比較検討し、相互に共通項があることを確認した。これらの共通点を明らかにすることで、CEFR と『めやす』を組み合わせた授業を展開する基盤が期待できる。

2-2 『めやす』と CEFR の相違点

前節では共通点を確認したが、本節では相違点に着目したい。相違点とは、

---

9 CEFR および『めやす』の各能力記述文については、紙面の都合上本稿での紹介は省略する。いずれも web 上で公開されているので、関心がある場合はそれぞれの web サイトで確認いただきたい。
10 「外国語学習のめやす　コミュニケーション能力指標（ブック・イン・ブック）」、p.4。
11 「生徒の英語力向上プラン」(http://www.mext.go.jp/a_menu/kokusai/gaikokugo/__icsFiles/afieldfile/2015/07/21/1358906_01_1.pdf)

いわば各指標が抱える「盲点」であり，その基準に従って外国語学習を進める限り学習することのできない「弱点」でもある。それゆえ学習者や教員は，必要に応じてその空白を意識的に補完することが求められることから，この相違点を確認することは非常に重要である。

　一つめの相違点は，『めやす』は日本の高校生を対象としていることに対し，CEFR は基本的に欧州圏に居住する成人市民（の育成）を対象としていることにある[12]。これは言語活動領域および能力記述文を分析することによって明らかであろう。図 1 で示した通り，CEFR の職業領域は仕事に従事している人々を対象としていることが明白である一方で，CEFR の職業領域に対する『めやす』話題分野はわずかに「人とのつきあい」が対応しているのみである。『めやす』対象者が高校生であることにその理由があると容易に推察できよう。

　二つめは，話題分野や能力記述文を参考にする限り，『めやす』は学校教育を前提としていることに対し，CEFR は欧州成人市民の生活を前提としている点である。より具体的には，CEFR は行為項目から明らかなように生活圏内で起こり得る状況に対処することを重視している一方で，『めやす』は学校教育内で展開されるであろう言語活動に対応した能力記述文が準備されている。『めやす』の「交通と旅行」項目に，目標言語圏と日本の交通事情を比較したレポートの執筆やプレゼンテーションに関する能力記述文があることは，その典型である。『めやす』能力記述文は学習者の日常生活を超えた話題について言及があり，かつその話題に関する学習行動が伴うことを前提としている。

　三つめは，『めやす』は 21 世紀型スキルの習得にも言及していることである。前述の学校教育が前提であることと関連するが，『めやす』は外国語の授業を通して多様なスキルを身につける授業案を推奨しており，21 世紀の外国語授業という新しい授業方策を模索する姿勢を鮮明に打ち出している。一方の CEFR も第 8 章「言語の多様性とカリキュラム」などのなかで学校教育に言及する記述があり[13]，児童生徒への外国語教育という視点が欠けているわけで

---

[12] CEFR は欧州評議会の総合目標に資するものであるが，その目標の一つに「ヨーロッパ人の間のコミュニケーションと相互対話を容易にし，ヨーロッパ人の移動，相互理解と協力を推進し，偏見と差別をなくす」とある。（吉島茂，大橋理枝訳・編，2004 年，p.2）

は決してない。しかしCEFRは複言語複文化能力の育成をより重視する立場を取っており，言語運用を超えてさらに広範な能力を育成しようとする『めやす』とは志向が異なっている。

　四つめは，教材などの違いである。CEFRには体系化された教材および各種講座が準備されているのに対し，『めやす』はプロジェクト型学習を中心とした学習案の豊富な蓄積がある点に両者の違いを見ることができる。体系化というワードが鍵になるが，両者の相違はそのまま授業方策の相違へとつながっている。しかし，この4点目の相違点はほかのものと違い，CEFRや『めやす』の内容などに関するものではなく，どちらかというと「外的な」相違点と言うことができよう。したがって本相違点の詳細はここでは検討せず，第3節および第4節で取りあげることとする。

　以上のようにCEFRと『めやす』との間には，少なくない，かつ非常に大きな相違点を指摘することができる。特に，CEFRと『めやす』が前提とする対象者の違いが能力記述文の相違を生むことを指摘したが，これを突き詰めていくと，学習すべき語彙や表現などの領域で相互に「空白」があることが示唆される。また同じテーマであっても，CEFR能力記述文を重視するか，『めやす』能力記述文を重視するかによって学習する語彙や表現が異なることは，カリキュラムを構築する上で非常に重要なポイントになってくる。

　本節では，CEFRと『めやす』の共通点および相違点を確認した。共通点として，①言語領域が設定されていること，②能力記述文が設定されていること，③能力記述文がレベル別に分類・整理されていることがあった。相違点として，①前提とする対象者が異なること，②能力記述文の目的や範囲が異なること，③『めやす』は21世紀型スキルの育成も視野に入れていること，④教材などの準備状況の違いの4点を指摘した。

　ここで我々が直面する課題は，こうした相違点をどのように調整しながら，いかに共通点を軸として両者を授業実践のなかに落とし込むかという点である。両者の共通点と相違点について深く掘り下げて考察することは非常に有益

---

13 吉島茂，大橋理枝訳・編，2004年，p.182。

であることに疑いの余地はないが、授業を担当する立場に立って考えると、むしろ両者を有機的に関連づけながら授業を展開する方策を検討することが必要であることは明白である。この点に鑑み、次節ではCEFR×『めやす』の授業設計の方策について、教材に着目しながら論を進めていく。

3 『めやす』× CEFR の授業設計

第1節でも述べたように、筆者はドイツ語教員としてCEFRを視野に入れた授業を展開することは必然であると考えている。日本や世界の潮流を見ても、その善し悪しに関する議論は別として、少なくともCEFRを避けて通ることはできなくなっていると言っても過言ではない。一方で、すでに指摘した通りCEFRは出発点として欧州市民を対象にしているなど、日本の学習者にとって馴染まない部分もある。つまり、対象言語圏で生活する予定のない学習者にとって、CEFRの内容はやや距離があると言える。この点、日本の学校教育向けに作られた『めやす』は語学習得に止まらず、外国語を用いた「つながり」や21世紀型スキル習得にも焦点が当てられているという意味で、非常に有効である。

『めやす』× CEFR の授業を実現する方策はさまざまな可能性が考えられるが、本節ではCEFR準拠の教科書を用いて『めやす』型の授業を実践する方策について検討する。

3-1 *Menschen* の分析

Menschen はドイツのHueber社が作成している教科書で、A1からB1まで展開されている。ドイツ政府が設立した文化交流機関であるゲーテ・インスティテュート（Goethe-Institut）の語学コースにおいても用いられており、一定の評価を得ている。

Menschen の目次には、テーマ、内容、語彙領域、文法が記載されている。

本稿では，さらにこれに『めやす』話題分野の能力記述文を記載した。これによって，Menschen の各課が『めやす』話題分野のどの部分に該当するかを確認することができる。

　表から明らかな通り，Menschen A2 においては『めやす』話題分野の能力記述文に当てはまらない「該当なし」が多い。たとえば Menschen A2 の 9 課は自動車生産工場や求人広告などが話題となっているが，これらは『めやす』

Modul		テーマ	語彙	行動領域（『めやす』）	文法
A1-1	L1	あいさつ／呼びかけ方	アルファベット，国	自分と近な人 1-a 日常生活 1-a つきあい 1-a	動詞の活用（単数），疑問詞
	L2	個人の情報／職業	仕事，家族，数 (0-100)	自分と近な人 1-a, c	動詞の活用（単数／複数），nicht を使った否定，-in を使った単語の作り方
	L3	家族	家族，言語	自分と近な人 1-a, b/2-a	決定疑問文，所有冠詞 mein, dein，不規則動詞
A1-2	L4	買い物／家具	数 (100-1.000.000)，家具，形容詞	住まい 1-b 買い物 1-d	定冠詞，人称代名詞（3 人称単数）
	L5	モノ／製品	色，物，物質，形状	ファッション 1-a	不定冠詞，否定冠詞
	L6	職場／技術	職場，コンピュータ	（該当なし）	複数形，対格
A1-3	L7	余暇／お世辞	余暇活動	趣味 1-a, c	助動詞 können，枠構造
	L8	余暇／約束	時刻，曜日，余暇活動	趣味 1-b	動詞の位置，時に関する前置詞 am, um
	L9	食事／家への招待	食料，料理	食 1-j, k, l	mögen, möchte の活用，複合名詞
A1-4	L10	旅行／交通	交通機関，旅行	交通 1-c つきあい 1-d	分離動詞
	L11	1 日の行動／過去のこと	日常生活	日常生活 1-e/2-b	現在完了 haben，時に関する前置詞 von, bis, ab
	L12	祭り／過去のこと	年月	行事 1-a, b	現在完了 sein，時に関する前置詞 im
A1-5	L13	道案内	街中の施設と場所	交通 2-a	場所を表す前置詞 + 与格
	L14	住まい	住居と家	住まい 1-a, c/2-a	所有冠詞 sein, ihr，固有名詞の属格
	L15	街のなかで	街中の設備と場所	地域社会 1-b	与格をとる動詞，人称代名詞（与格）

図 2　Menschen A1　Modul 1-5

Modul		テーマ	語彙	行動領域（『めやす』）	文法
A2-1	L1	職業と家族	家族, 行動と結果	自分と身近な人 1-b/2-a/3-a, f 日常生活 2-b 趣味 1-c/2-b	所有冠詞 3, 過去形・完了形復習
	L2	住まい	設備, 引越し	住まい 2-b	切替前置詞（与格・対格）, 切替前置詞を伴う動詞
	L3	旅行	自然, 風景	自然環境 2-f 趣味 2-e	動詞の名詞化（動詞 +er・動詞 +ung）
A2-2	L4	買い物	食料品, 包装と重量	買い物 1-e/2-a, c, f	形容詞の格変化 1
	L5	観光	旅行	交通 1-b/2-j/3-d	形容詞の格変化 2
	L6	文化	催し	行事 1-a, b, d/3-d 地域 3-a	時に関する前置詞 4
A2-3	L7	スポーツ	スポーツ種目	からだ 1-a （スポーツ該当なし）	接続法第 2 式 könnte, sollte, 時に関する前置詞 5, 時に関する副詞
	L8	健康と病気	病気, 事故	からだ 2-d, h/3-b	接続詞 1
	L9	仕事	仕事	（該当なし）	形容詞の格変化(無冠詞＋形容詞)
A2-4	L10	レストランで	レストランで	食 2-a, b, d	接続詞 2
	L11	職場ポートレート	日用品	（該当なし）	再帰動詞
	L12	食生活	食料品	食 2-g	接続詞 3
A2-5	L13	語学学習	学習方策	ことば 2-a, b, c/3-a	接続詞 4
	L14	郵便／電信	郵便	行事 2-a, b/3-d	受動態（現在形）
	L15	メディア	メディア	日常生活 3-f（その他該当なし）	与格と対格をとる動詞, 目的語の位置

図 3　*Menschen* A2　Modul 1-5

対象者である中高生には馴染まないテーマである一方で，成人市民としては比較的身近なものである。このように，CEFR 準拠の教科書が想定している学習者像が，『めやす』対象者と一致していない部分がテーマの上でも存在することがわかる。

3-2　*Motive* の分析

Motive はドイツで出版されている教科書のなかでは比較的ページ数が少なく，それゆえ日本でも導入しやすいと考えている。ドイツ語圏で出版されてい

る教科書は日本で浸透していないが，その理由のひとつに分量の多さが指摘されている[14]。本教科書はその問題を回避することが可能である。

本教科書も，目次にテーマ，語彙領域および文法事項が記載されている。これに『めやす』話題分野を組み込んだものが以下である。

Lektion	Unit	テーマ，語彙		行動領域（『めやす』）
1	Hallo	あいさつ，自己紹介，アルファベット	日常用品，数 (1-12)，国の名前，曜日，時刻	自分と身近な人 1-a 日常生活 1-a 人とのつきあい 1-a
	E+A：知り合う	自己紹介，電話番号		自分と身近な人 1-a, d 日常生活 1-a 人とのつきあい 1-a, b 地域社会 1-a, c
	B：約束	時刻／日付／曜日の表記，いつ時間があるかを言う		日常生活 1-b, c 人とのつきあい 2-b 趣味と遊び 2-a
	C：物 +G	綴りを尋ねる，意味を尋ねる，異を唱える		日常生活 1-d ことば 1-e, j
2	E+A：活動	余暇活動と好み	余暇活動；好みの〜；家族；職業；数 (-100)；年	自分と身近な人 1-c/3-b 趣味と遊び 1-c, e/
	B：家族	家族について		自分と身近な人 1-b/2-a/3-f
	C：働く +G	仕事について話す，誕生日と年齢を書く		自分と身近な人 1-a, c/2-a
3	E+A：交換と買い物	要求／願望を言う，交換する，値段について話す，評価する	食事と飲み物；ドイツ語圏の料理；お金	住まい 1-b 買い物 1-d, e/2-c, e
	B：食べ物と飲み物	公式／非公式な時刻表現，好みと習慣について		自分と身近な人 2-a 日常生活 1-b/2-a 食 1-k 趣味と遊び 2-f 人とのつきあい 1-a
	C：レストランで +G	注文と支払い		食 1-a, b, d, e, f, h, j, k/2-a, d, g
4	E+A：必需品と能力	日常を描写する，しなければならないことを言う，できることを言う	日常の活動，気分と感情	日常生活 2-a, b, c, d/3-a
	B：感情	気分や感情について話す		自分と身近な人 3-c
	C：意図と許可 +G	したいことを言う，許可する		日常生活 3-d, e
5	E+A：方角	どこに何があるかを言う，道案内する	町の中の場所や施設，場所の副詞，住まい，家具	交通と旅行 1-d/2-a 地域社会と世界 1-b, e/2-a
	B：住居にて	家具等がどこにあるかを言う		住まい 1-a, b, c/2-a, b, c
	C：本当の町	故郷を描写する		地域社会と世界 1-a, c, e/2-a, b, c/3-b

図 4　*Motive* A1 Lektion 1-5

---

[14] 梶浦直子「ドイツ語圏で出版された教科書の仕様における『教えやすさ』と『学びづらさ』―教員を対象とした調査の因子分析結果―」，藤原三枝子編著『日本の大学におけるコミュニカティブなドイツ語の教科書―教師・学習者・使用の実践から考える―』，日本独文学会（125），p.5

Lektion	Unit	テーマ，語彙		行動領域（『めやす』）
9	知り合う	紹介文を書く	コミュニケーション，祭典や祝祭	自分と身近な人 1-a, b, c/2-a/3-a, b, c/4-a, b
	E+A：電話をかける	コミュニケーションテクノロジーについて話す，留守電を聞く，問題を解決する，伝言を残す		自分と身近な人 1-d 趣味と遊び 2-a 人とのつきあい 1-b, d/2-a, b, i"
	B：ネットいじめ	問題を描写する，SMS を読む，SMS を書く		人とのつきあい 3-d, e/4-c, e
	C：招待 +G	招待内容を理解する，招待文を書く，招待に応じる		人とのつきあい 1-f/2-e
10	E+A：流行りのファッション	対立する議論（賛成，反対），何かを比較する	外見，洋服，人格	衣とファッション 1-a, b, c/2-a, b からだと健康 1-a/2-b
	B：洋服を買う	丁寧に質問する，買い物の時の会話表現，好みについて話す		衣とファッション 1-c 買い物 2-c, d, e/3-a
	C：第一印象 +G	人物を描写する，人物を比較する，変化について話す，意見を評価する		自分と身近な人 3-a 人とのつきあい 1-g
11	E+A：動物園で	過去について報告する，報告：許可されていたことといなかったこと，推測	動物，オフィス機器，植物，風景	（該当なし）
	B：職場の動物	何かを根拠づける，賛成ないし反対の立場をとる，対立する論拠をあげる		人とのつきあい 3-b
	C：自然の中で +G	論拠をあげる，絵を描写する		（該当なし）
12	E+A：天気	天気について話す，好みについて話す	天気	自然環境 2-d, h/3-a, c
	B：休暇の計画	休暇について話す，一緒に活動する予定をたてる，条件について話す，何が問題か言う		交通と旅行 2-i/3-e, f 自然環境 1-b/2-a, b
	C：急激な天候 +G	気候について話す，交通ルートについて話す，警告する		交通と旅行 3-a 自然環境 2-b, c
13	E+A：レストランの人々	要求を伝える，苦情を言う，他者の要求を伝える	飲食物，住まい	食 1-c, e, j
	B：物忘れ	何かを探す，場所を指示する		（該当なし）
	C：家中の活動	何がなされたか描写する，何をさせるかを言う		住まい 1-a, b/2-b

図 5 *Motive* A2 Lektion 9-13

　Motive においても，A2 レベルでは『めやす』話題分野に当てはまらないテーマが散見される。これについては，*Menschen* と同様に対象とする学習者の年齢層の差に起因するものもあるが，一方で「動物園」（Zoo）のようにテーマが具体的であるために「該当なし」となったケースもある。また，*Motive*

は比較的読解が多いという特徴もあり，それゆえ三つのコミュニケーションモードを念頭に書かれた『めやす』話題分野の能力記述文では捉えきれない部分があることは疑いない。

3-3 MenschenとMotiveの比較

　MenschenおよびMotiveはいずれもCEFR準拠の教科書であり，今回の分析で使用したものは到達度レベルも同一のものである（A1〜A2）。しかし，分析で明らかになった『めやす』行動領域との対応関係おける相違点を指摘することができる。

　図2および図3によると，Menschen A1およびA2の1課を除き，各課のテーマと語彙が『めやす』話題分野・能力記述文と比較的一対一で対応していることがわかる。一方，特に教科書 Motive A1 の各課は複数の『めやす』話題分野にまたがっている場合が多い。これをまとめたものが以下である。

　Motiveはページ数が少ないため，各課に複数の話題が盛り込まれていることを示唆していると言えよう。つまりMotiveを用いた場合，学習者は各課のなかでさまざまなテーマに触れることができる一方で，いわゆる「広く浅く」になることに注意する必要がある。

	1：1対応	1：2対応	それ以外
Menschen A1	18	4	1
Menschen A2	16	3	1
Motive A1	11	6	4
Motive A2	21	6	1

図6　各教科書における『めやす』能力記述文対応[15]

3-4 『めやす』型授業実践の注意点

　これまで，CEFR準拠のドイツ語教科書における『めやす』話題分野について分析してきた。その結果，第一にCEFR準拠教科書には『めやす』でカバーできないテーマが含まれていること，第二に教科書によって各課のテーマと『めやす』話題分野が必ずしも一対一対応しているわけではなく，場合によっては

---

15 ただし「該当なし」はカウントしていない。

1課のなかに4つ以上の異なる話題が含まれることの二点が明らかとなった。

　一方で，これらを除けばCEFR準拠の教科書と『めやす』は共通のテーマを多く含んでいる。少なくともA2レベルであれば，『めやす』話題分野を網羅することでCEFR当該レベルの言語領域をカバーすることになる。それゆえ，『めやす』に準拠した学習活動を行うことは，原則としてCEFRに（完全ではないものの）対応していると言えよう。

　『めやす』の授業はプロジェクト型学習が基本となっている。それゆえ，CEFR準拠教科書に取りあげられている各テーマについてプロジェクト型学習を展開することが，CEFR×『めやす』の雛形になる。その際，『めやす』で用いられる各ツール（授業案，目標分解シート，3×3＋3，ルーブリック）が必要となる。ルーブリックはCEFR能力記述文と『めやす』能力記述文を掛け合わせたものになるだろう。図7はCEFRの「書く」に関するAレベルの能力記述文をすべて抜粋したものである。CEFR能力記述文は，一部具体的な文言も見られるものの，抽象的な能力記述が多いことがわかる。そこで，より具体的な『めやす』能力記述文と掛け合わせることで，具体的なタスクにおける個別能力の達成具合をチェックすることが可能となる。

CEFR全体的な尺度

A1	具体的な欲求を満足させるための，よく使われる日常的表現と基本的な言い回しは理解し，用いることもできる
	自分や他人を紹介することができ，どこに住んでいるか，誰と知り合いか，持ち物などの個人的情報について，質問したり，答えたりできる
	もし，相手がゆっくり，はっきりと話して，助け舟を出してくれるなら簡単なやり取りをすることができる
A2	ごく基本的な個人的情報や家族情報，買い物，近所，仕事など，直接的関係がある領域に関する，よく使われる分野表現が理解できる
	簡単で日常的な範囲なら，身近で日常的な事柄についての情報交換に応じることができる
	自分の背景や身の回りの状況や，直接的な必要性のある領域の事柄を簡単な言葉で説明できる
B1	仕事，学校，娯楽で普段で会うような身近な話題について，標準的な話し方であれば主要点を理解できる
	その言葉が話されている地域を旅行しているときに起こりそうな，たいていの事態に対処することができる。
	身近で個人的にも関心のある話題について，単純な方法で結びつけられた，脈絡のあるテキストを作ることができる。
	経験，出来事，夢，希望，野心を説明し，意見や計画の理由，説明を短く述べることができる

自己評価表

書くこと

A1	新年の挨拶など簡単な葉書を書くことができる
	例えばホテルの宿帳に名前,国籍や住所といった個人のデータを書き込むことができる
A2	直接必要のある領域での事柄なら簡単に短いメモやメッセージを書くことができる
	短い個人的な手紙なら書くことができる:例えば礼状など

総合的な書く活動

A1	簡単な表現や文を単独に書くことができる
A2	「そして」「しかし」「なぜなら」などの簡単な接続詞でつなげた簡単な表現や文を書くことができる

創作

A1	自分自身や想像上の人々について,どこに住んでいるか,何をする人なのかについて,簡単な句や文を書くことができる
	家族,生活環境,学歴,現在または最近の仕事について,簡単な句や文を連ねて書くことができる
	短く簡単な創造上の人物伝や,人物を題材にした簡単な詩を書くことができる
A2	自分の周りにある日々のいろいろな事柄,例えば,人物,場所,仕事や学習体験などについて,つながりのある文を書くことができる
	出来事,過去の活動,個人的な経験の記述を短い文で書くことができる

レポートやエッセイ

A1	利用できる能力記述文はない
A2	利用できる能力記述文はない

産出的言語活動の方略

計画

A1	利用できる能力記述文はない
A2	自分のレパートリーの中から適切な表現形を思い出して,使ってみることができる

補償

A1	利用できる能力記述文はない
A2	直接もの自体を指し示して,伝えたいことを相手にわからせることができる(例:「これを下さい」)
	手持ちの語彙の中から不適切な言葉を使っても,言いたいことをはっきりとさせるためにジェスチャーを使うことができる

モニタリングと修正

A1	利用できる能力記述文はない
A2	利用できる能力記述文はない

書かれた言葉でのやり取り

人間と機械の間のコミュニケーション

一般的な,書かれた言葉でのやり取り

A1	書面で個人的な具体的情報を求めたり,伝えることができる
A2	直接必要な分野の事柄について,決まり文句を用いて,短い簡単な覚書を書くことができる

通信

A1	短い簡単な葉書を書くことができる
A2	感謝と謝罪を表現するごく簡単な個人的な手紙を書くことができる

記録・メッセージ・書式

A1	ホテルの予約用紙などに,数,日付,自分の名前,国籍,住所,年,生年月日,入国日などを書くことができる

A2	もし，繰り返しや言い直しを求めることが可能なら，短い，簡単なメッセージを受け取ることができる
	直接必要なことの要件についての短い，簡単なメモやメッセージを書くことができる

ノート取り

A1	利用できる能力記述文はない
A2	利用できる能力記述文はない

テクストの処理

A1	標準的な様式で印刷された単語，または短いテクストを書き写すことができる
	印刷物か，明瞭に手書きされた短いテクストを書き写すことができる
A2	学習者の限られた能力と経験の範囲内で，短いテクストからのキーワード，表現，短い文を抜き出して，書くことができる

言語能力

一般的な使用可能言語の範囲

A1	非常に基本的な範囲で，自分自身に関することや，具体的な要求を満たすための単純な表現を知っている
	身辺状況，毎日繰り返して行われること，必要な事物，要求，情報の請求など，具体的な欲求を満たすために必要な，簡潔な日常的表現が作れる
	基本的な構文を使うことができ，いくつかの単語や覚えた言い回しを使って，自分自身や他人について，職業，特定の場所，持ち物などに関してコミュニケーションできる
A2	覚えた短い言い回しや，限られたレパートリーを駆使して，生活していくうえで予測可能な状況に対処できる。しかし予想外の状況では，
	コミュニケーションが成り立たなかったり，あるいは誤解を生むことが多い
	たいていの場合，言いたいことを内容的に妥協・制限したり，言葉を探したりする必要があるが，予測可能な日常的な状況に本人が対応するために必要な，基本的な言語のレパートリーを持っている

使用語彙領域

A1	特定の具体的な状況に関して，基本的な単語や言い回しのレパートリーを持っている。ただしそれらの間の繋がりはない
	基本的なコミュニケーションの要求を満たすことができるだけの語彙を持っている
A2	生活上の単純な要求に対応できるだけの語彙を持っている
	馴染みのある状況や話題に関して，日常的な生活上の交渉・取引を行うのに充分な語彙を持っている

文法的正確さ

A1	学習済みのレパートリーの中から，限られた，いくつかの単純な文法構造や構文を使うことはできる
A2	いくつかの単純な文法構造を正しく使うことができるが，依然として決まって犯す基本的な間違いがある—例えば，時制を混同したり，性・数・格などの一致を忘れたりする傾向がある
	しかし，本人が何を言おうとしているのかはたいていの場合明らかである

正書法の能力

正書法の把握

A1	例えば，簡単な記号や指示，日常的な物の名前，店の名前や普段使う定型表現など，馴染みのある単語や短い言い回しを書き写すことができる
	当人の住所，国籍やその他の個人的な情報を正確に書くことができる
A2	日常的な話題に関する短い文を書き写すことができる。例えば，道順の説明など
	当人が話す語彙に含まれる短い単語の音声を，（完全に標準的な綴りではない場合もあるが）割合に正確に文字化することができる

社会言語的な適切さ

A1	挨拶や暇乞い，紹介，"please"「～してください」，"thank you"「どうもありがとう」，"sorry"「すみません」などの，最も簡単な日常的に使われる丁寧な言葉遣いで，基本的な社交関係を確立することができる

A2	例えば、簡単な形で情報を交換、請求したり、意見や態度を表明したりするなどの、基本的な言語機能を実行でき、また応じることができる
	最も簡単な、一般的な表現や、基本的な慣習に従って、単純な形ではあるが、効果的に交際を維持することができる
	日常的に使われる挨拶や呼びかけなど、礼儀正しい言葉遣いで、短い社交的な会話を行うことができる
	招待や提案、謝罪などを行ったり、それらに応じることができる

言語運用能力

ディスコース能力

柔軟性

A1	利用できる能力記述文はない
A2	限られた範囲でだが、語彙的な差し替えを行って、充分練習した、覚えている言い回しを使って特定の状況に合わせることができる
	すでに学習済みの言い回しの組み合わせを変えて、使える表現を増やすことができる

話題の展開

A1	利用できる能力記述文はない
A2	ポイントを簡単に並べあげる形で、物事を語ったり事物を記述できる

一貫性と結束性

A1	"and"「そして」や"then"「それから」のような、非常に基本的な並列の接続表現を用いて単語や語句をつなげることができる
A2	最も頻繁に出現する接続表現を使って、単純な文をつなげ、物事を語ったり、描写することができる
	"and"「そして」、"but"「しかし」、"because"「〜だから」のような簡単な接続表現を用いて語句の間に繋がりをつけることができる

叙述の正確さ

A1	利用できる能力記述文はない
A2	馴染みのある事柄や型にはまった事柄であれば、限られた情報を、簡単かつ分かりやすい形で交換して、自分が述べたいことを伝えることができるが、その他の場面ではたいてい内容的に妥協しなければならない

図7　CEFR 全体的な尺度

　ところで、これまでに「めやす Web」上に蓄積されてきた授業案を分析する限り、『めやす』型プロジェクト学習は比較的長い時間をかけて行うものが多い。図8は「めやす Web」に掲載されている授業案のうち、『めやす』能力記述文の記載があったものから①必要時間数、②能力記述文数、③活動回数を抜粋したものである。①の単位は時間（hour）、③は授業回数を表し、備考欄には所要時間と活動回数の関係を記載した。なお、『めやす』能力記述文の記載があった授業案は計 85 件あったが、本稿では所要時間数を確認することができた 28 件を取りあげる（2018 年 10 月 3 日現在）。

　授業案 7, 8, 11, 20 は、大学において 90 分授業 1 セメスター分をすべて『めやす』型授業として実践したことを示している。このとき、たとえば授業案

20が設定している『めやす』能力記述文の数は4項目，授業案11は5項目にとどまっていることに注目したい。図2, 3, 4, 5で確認した通り，CEFR準拠の教科書に取りあげられているテーマと『めやす』能力記述文は多くの部分で対応しているが，従来の『めやす』型授業ではそのなかのごく一部しか触れていなかった。CEFR準拠の教科書を『めやす』型プロジェクト学習で実践する場合，ある程度緩やかな進度にならざるをえないことを示唆している。

授業案	時間数	能力記述文数	活動回数	備考
1	9+a	3	12	
2	6+a	4	7	
3	6+a	8	9	
4	6+a	4	6	
5	30	27	7	
6	7.5	13		
7	22.5	17	15	90分×15回
8	27	8	8	90分×18回
9	46	18	23	120分×23回
10	15	5	20	45分×20回
11	22.5	5	15	90分×15回
12	4.5	3	3	90分×3回
13	9+a	9	10	
14	6+a	9	9	
15	2+a	4	9	
16	12	12	8	90分×8回
17	9	8	6	90分×6回
18	5.8	2	7	50分×7回
19		8	4	4回授業（分不明）
20	22.5	4	15	90分×15回
21		3	6	6回授業（分不明）
22	7.5	12	5	90分×5回
23	10	9	3	3.5h×2, 3h×1
24	9	6	6	90分×6回
25		5		1セメスター
26	6	7	9	40分×9回
27	6.75	13	9+a	45分×9回
28	10	11	12	50分×12回

図8　めやすWeb授業案分析

これは,『めやす』が当初想定した授業に関係があると考えられる。『めやす』は高校における中国語・韓国語授業で用いることを念頭に作成されたが，多くの現場では教科書がないことも少なくなかったという。それゆえ獲得を目指す能力記述文数を限定し，時間をかけて一つの大型プロジェクトに集中することがカリキュラム上可能であったと考えられる。

　CEFR 準拠の教科書は1冊を通して終えることで各レベルに到達することを目指すものであると考えると，限定的なテーマ，すなわち少数の『めやす』能力記述文のみを取りあげた大型プロジェクトを実施することは非常に難しいと言える。特に大学における語学授業はカリキュラムが決められていることも多く，場合によっては2セメスターで教科書を終わらせることが求められていることもある。それゆえ,とりわけ大学で CEFR 準拠の教科書を用いて『めやす』型授業を展開する場合，実施するプロジェクトの規模や，そこで獲得を目指す能力記述文の数に注意が必要である。

　ただし，テーマを限定して緩やかな進度でプロジェクトを進めることを否定するものではない。教科書を最後まで終わらせることに主眼を置いた場合，各テーマを十分に練習したり深く掘り下げて知識を得たりする時間が少なくなることもあるだろう。『めやす』型授業は進度の面では限定的にならざるをえない一方で，「深度」の面では充実した学習機会を提供できるという長所がある。進度を重視するか深度を重視するかは，各授業が置かれた環境によって柔軟に対応する必要がある。

4　CEFR ×『めやす』の可能性

　これまで,CEFR ×『めやす』について,CEFR 準拠の教科書および『めやす』授業案の分析を行ってきた。それによって,CEFR 準拠の教科書のテーマと『めやす』の話題分野およびその能力記述文の間には一定の共通点があることが明らかとなった。一方で『めやす』型プロジェクト学習は，1回のプロジェクトで志向される能力記述文数が所要時間と比べ少ない傾向があり，CEFR 準拠

の教科書が持つテーマをすべて網羅できない可能性を指摘した。しかしそれをデメリットと捉えることは早計であり、指導方針によっては大きな長所であることを確認した。

　以下では、より広い視野に立ち、CEFRと『めやす』を掛け合わせることで生まれる新しい地平について考察する。

　第一の利点に、外国語教育において21世紀型スキルなどを取り入れた授業の展開が可能な点を挙げることができる。CEFRはあくまで個人の外国語能力に関する記述が中心であり、学校教育における授業形態を特別に考慮したものではなかった。一方、学校教育では時代の流れに対応できるさまざまな能力の育成が求められるようになりつつあり、言語能力や情報活用能力などを「各教科・科目等の特質を生かし、教科等横断的な視点から教育課程の編成を図る」[16]ことが要請されている。加えて、組織的計画的な教育活動を行うことを目指した「学校教育の改善・充実の好循環を生み出す『カリキュラム・マネジメント』の実現」[17]も求められている。『めやす』はこうした動きを先取りしており、新しい外国語授業のモデルとしての役割を期待できる。

　日本の教育もICTを積極的に導入する方向になりつつあるが[18]、『めやす』はICT利用を導入した外国語授業の実践を行っている。このようにCEFRだけでは日本の教育政策に対応できない部分もあるなかで、日本発の外国語学習の指針である『めやす』を掛け合わせることで、こうした動きに対応できるようになる。

　第二に、ヨーロッパ言語以外でCEFRに準拠した教材開発がなされていない外国語の授業カリキュラムと、CEFR準拠のヨーロッパ言語の外国語授業カリキュラムが比較可能になる点である。こうした問題へ取り組んだ事例として、大阪大学外国語学部の取り組みをあげることができる。大阪大学外国語学部では、ヨーロッパ圏言語以外の外国語教育もCEFRに対応させる改革

---

[16]「高等学校学習指導要領」、文部科学省、2018年7月、p.5
[17]「高等学校学習指導要領解説　総則編」、文部科学省、2018年7月、p.2
[18]「2020年代に向けた教育の情報化に関する懇談会」中間取りまとめ」平成28年4月8日参照（http://www.mext.go.jp/a_menu/shotou/zyouhou/__icsFiles/afieldfile/2016/04/08/1369540_01_1.pdf）（2018年9月28日アクセス）

を進めている[19]。各言語ともCEFRを基準としてカリキュラムを構成することが改革のひとつであるが，その理由は全言語が共通の尺度で議論できる「同じ物差し」が不可欠であったからである[20]。現在は大阪大学外国語学部のホームページにおいて，各言語の到達目標がCEFR基準で掲載されているが[21]，ヨーロッパ圏以外の言語もCEFRが援用されている。

『めやす』を利用することで，CEFR未対応の言語をCEFR基準に書き換える労力なしで，さまざまな言語と比較することが可能となる。第3節の教科書分析のように，各言語の教科書を『めやす』能力記述文ベースで書き出すことにより，何がテーマとして取り上げられているかや，何を学ぶのかが明らかとなる。これを基盤にすることで，異なる言語間のカリキュラム比較やカリキュラム調整を進めることが可能となる。

特に大学における語学教育では，何がどこまでできるようになるかという社会的説明責任が求められる。またその際，たとえ同じ言語同じ科目であっても教員ごとに違う教科書を用いていたり，内容が極端に異なっていたりすることもあり，教育の質保証の観点からこうした事態への対応も必要となる。『めやす』はこうした課題を解決する一助になり得るものであり，今後ますますその重要性が高まっていくものと考えている。

---

[19] 真嶋潤子著「大学の外国語教育におけるCEFRを参照した到達度評価制度の実践―大阪大学外国語学部の事例を中心に」,『外国語教育フォーラム』(4)，2010年3月，金沢大学
[20] 真嶋潤子，2007年3月参照
[21] 大阪大学外国語学部ホームページ専攻語到達目標 (http://www.sfs.osaka-u.ac.jp/user/kyoumu/ns/st.html)
(2018年10月1日アクセス)

3 日本語教育スタンダードと『外国語学習のめやす』

田中祐輔

1 はじめに

1-1 グローバル化に伴う日本語教育の質的な変化

　文化庁と国際交流基金の調査によると，国内では191,753名が，国外137の国・地域では3,651,715名が日本語を学んでいる（文化庁文化部国語課，2015；国際交流基金，2017a）。いわゆる日本語環境にある人々の数も増えており，在留外国人数は256万人を超えた（法務省入国管理局，2018）。外国

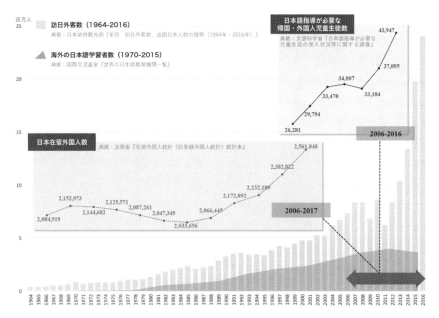

図1　日本語環境にある人々の数の推移

人児童生徒数はこの10年間で1割以上増加し，日本語指導が必要な日本国籍児童も倍以上になっている（文部科学省，2015）。2017年の訪日外客数は前年比20% 増の28,691,073名に達し，5年連続で最高値を更新している（日本政府観光局，2018）。

　図1は，在留外国人数と訪日外客数，帰国・外国人児童生徒数など，日本語環境にある人々の数の推移を示したものである。グローバル化の進展に伴い日本語に触れる人々が増加することで日本語学習ニーズも多様化するとともに，コミュニケーションを重視した日本語学習と教育の必要性が高まっている（塩澤・石司・島田，2010）。

1-2 「スタンダード」開発の流れ

　戦後70年の日本語教育を振り返ると，GHQ関係者や宣教師，外交官，難民，中国帰国者，技術研修生，日本語非母語児童生徒，留学生など，時々の対象や社会的要請に対応してきた歩みを持つが，何を基準に実践するのかという問題は常に重要なテーマであった。戦後初期には終戦前に作成された資料や教材が参照され，たとえば『日本語最高頻度語集』（日本語教育振興会，1943）や『日本語基本語彙』（国際文化振興会，1944），『標準日本語讀本巻一』（長沼，1931）が直接的・間接的に用いられた。筆者らの調査によると，戦後は1955年に長風社から発行された『改訂標準日本語讀本』がまさに戦後の「標準（スタンダード）」としての役割を果たし，1990年前後までの初級総合日本語教科書の礎となった（田中・川端，2018）。

　日本語教育に関する資料や教科書，教育実践が相互に影響を与え合いながら語彙や文型，教え方に関する基準が形作られたわけであるが，1970年代に入ると大規模な実態調査が行われはじめた。なかでも国立国語研究所日本語教育センターにおいて1975年から1983年まで実施された「日本語教育のための基本語彙調査」は規模が大きく，『日本語能力試験出題基準』（国際交流基金，1993）の柱の一つともなった。

『日本語能力試験出題基準』は，伊東（2006）が「日本語教育の全般的な指針となっていて，教育内容やカリキュラムの策定に少なからず影響を与えている。（中略）試験そのものがある種のスタンダードとしての機能を有する」（p.23）と指摘するように，学習段階や習熟度に応じてどのような語彙・文型を指導すべきかに関する極めて重要な指標とされ，スタンダードとしての機能を果たした側面も持つ。

　ほかにも，レベルや属性別の会話運用能力のめやすとしてはACTFL-OPI（ACTFL Oral Proficiency Interview）が，日本語を母語としない児童生徒への日本語教育に関しては『児童生徒に対する日本語教育のための基本語彙調査』（工藤，1999）が，レベル別の語彙については「中級用語彙―基本4000語―」（玉村，2003），「日本語教育基本語彙データベース」（国立国語研究所，2009）が参照されてきた。

　近年では，言語活動と言語素材を融合させた指標として『実践日本語教育スタンダード』（山内［編］，2013）が開発され，「相互理解のための日本語」を理念とする『JF日本語教育スタンダード』（国際交流基金，2010）も発表された。留学生が大学で勉学・研究するために必要な日本語力とその基準を示した『JLC日本語スタンダーズ』（東京外国語大学留学生日本語教育センター，2011）や，使用教科書の進度や授業時間数の目安，CEFR，日本語能力試験との対応も含めた日本語能力指標を示した『JLEC日本語スタンダード』（独立行政法人日本学生支援機構日本語教育センター，2016），多文化交流活動で必要となる課題遂行能力の育成を主眼として提示された『北海道大学日本語スタンダーズ』（北海道大学国際本部グローバル教育推進センター，2016）のように，日本語教育機関が独自のスタンダードを開発する事例も見られる。

　戦後，時々の日本語教育の課題に対応するスタンダード，もしくは，それを担うものの開発が行われた。初期は教材や資料が，その後は大規模調査の結果が参照され，現在は多様化するニーズに応じた様相豊かなスタンダードへと発展しているといえる。

1-3 公益財団法人国際文化フォーラムによる『外国語学習のめやす』

こうしたなか，そもそも「日本語教育」に限って起案されたものではないという意味で異色の取り組みも行われ，2012年3月に公益財団法人国際文化フォーラムによる『外国語学習のめやす2012―高等学校の中国語と韓国語教育からの提言』(以下『めやす』)が発表された。副題にある通り，高等学校において中国語・韓国語教育に取り組む教育関係者が中心となって進めたプロジェクトの成果として公開されたスタンダードであるが，広く外国語学習を対象とするものであり，その発端は2006年に文部科学省「わかる授業実現のための教員の教科指導力向上プログラム」として採用された事業にある(国際文化フォーラム，2016)。本スタンダードを軸にした研修会やシンポジウムの開催，実践事例と手法を提供するWebサイト『めやすWeb』の開発，ロシア語教育用『めやす』の刊行など，その輪は広がっている。

2 問題の所在

2-1 日本語教育におけるスタンダード史を振り返ることの大切さ

「つながりの実現をめざした外国語教育の提言」(国際文化フォーラム，2016, p.2)として発表された『めやす』であるが，「外国語教育の新たな理念，教育目標，学習目標とともに，それらを達成するためのカリキュラムデザインや授業設計の方法，さらに具体的な学習活動や学習内容を提案するもの」(p.4)とされる。新しい理念や目標，それを実現するための手法までを総合的に提案する極めて意義深い取り組みであるが，ここで日本語教育の「歴史」に思いを馳せることが大変重要である。

なぜなら，日本語教育の実践，あるいはその枠組みは，必ず何らかの形で過去から現在に至る人々の教育や学習の歩みと関わりを持つからである。どのような教授法でも，どのようなスタンダードでも過去から切り離された形で独立して成立することはありえず，先人たちの知見や経験，慣習，思想などから多

分な影響を受ける。であるならば，日本語教育の新たなスタンダードについて考える際も「歴史的にどのような位置付けにあり，いかなる可能性を持つものなのか」を理解する必要があると言える。

とりわけ，『めやす』が試みる新たなビジョンや手法，内容の検討には，現行の日本語教育環境における既往のスタンダードの形成過程を正確に理解していなければ，有効な変化を起こすことができずに，かけ声倒れに終わる可能性がある。少なくとも1945年にまで遡って戦後日本語教育のスタンダードの歴史を振り返る考察が，『めやす』の日本語教育における展開に欠かすことができないものと考えられるのである。

2-2 先行研究

日本語教育のスタンダードに関する調査や考察，実践を行った研究としては次の三つの流れを把握することが有益である。第一に，スタンダードの開発（藤間・高木・水落，2011; 押尾・磯村・長坂，2013）や，内容（堀川，2010; 島田，2010; 奥村・櫻井・鈴木（編），2016），それに基づく教育実践（渋谷，2013; 藤長・中尾，2013; 劉，2018）や，研修（大城，2012; 来嶋・柴原・八田，2012）などについて考察するものである。このなかには，スタンダードによって示されているレベルの言語的特徴を分析するものも存在する（藤間・水落・山本，2015; 波多野，2018）。

第二に，スタンダードに基づく教材やテスト開発（高鳥・金田，2008; Hoang，2010; 関崎・古川・三原，2011; 熊野・伊藤・蜂須賀，2013; 川嶋・和栗・宮崎・田中・三浦・前田，2015; 藤長・磯村，2018），フレームワーク（嘉数，2008; 水上，2014; 山元，2016; 葦原・奥山・塩谷・島田，2017），コースデザイン（菊岡・篠原，2017），評価基準（真島・山元，2017; 徐，2014）に関するものである。

第三に，他国の事例紹介や比較（當作，2006），導入（松尾・濱田，2006），政策や社会的背景からスタンダードを捉えるもの（嘉数，2006; 平高，

2006a; 嘉数，2009; 嘉数，2011a; 嘉数，2011b; 市瀬，2012)，スタンダードの歩みを整理するもの（島田，2015），特定の視点から分析し課題を論じるもの（伊東，2006; 李 2006）である。

　これらの研究は日本語教育のスタンダードの開発から活用，検証に至るまで深く考察されており，重要な論点を提示するものである。しかしながら，先行研究では日本語教育に関わる複数のスタンダードを総合的に捉え，その背景や経緯も含めて考察するものは管見の限り希少である。また，論じられているスタンダードの範囲は比較的限定的である。日本語教育のスタンダードには，枠組みや目安を提供しようとして意識的に作成されたものと，そうした意図はなく結果的に大きな影響を与えることとなったものとがある。先行研究ではどちらかというと前者が対象にされており，多大な影響を与えた資料や教科書などには言及されていない。また，それら広い意味でのスタンダードのなかに『めやす』を位置づけ通時的に考察を行うものはない。

　以上から，日本語教育におけるスタンダードについて，その全体を広く捉え，『めやす』の位置づけを明らかにするための通時的考察に取り組む必要があるのだが，そのための研究はまだ不足しているといえるのである。

3 この章の目的と研究方法

　本章では，『めやす』に基づく実践と研究のための基礎的資料として，日本語教育におけるスタンダードの現代史を踏まえた『めやす』の位置づけと役割を分析し，その可能性について考察することを目的とする。

　そのために本節では，以下に挙げる二つの研究手法を用いて分析と考察を行う。第一に，ドキュメント調査として，戦後作成された日本語教育スタンダードおよび関連資料の分析を行う。第二に，先行研究や公式統計調査の二次分析として，日本語教育とスタンダードについて論じた研究，および，官公庁や関連団体が発表した日本語教育に関する公式統計調査を参照し，取り巻く背景や言説の動きを捉える。

なお,「スタンダード」の意味は，学習指導要領，教育課程，カリキュラム，シラバス，ガイドライン，プログラム，フレームワークなどさまざまで（柴原，2007），その定義は一様ではない。本節では，「言語の教育や普及に関する一定の目的や理念とともに，その言語の教育の環境をデザインするのに必要なある種の枠組みないしは目安を提供するもの」（国際交流基金，2017, p.5),「言語の教育や普及の目的や理念から，それを支える言語観や言語教育観を導き，さらに，その言語観や言語教育観を基盤として，学習者が身につけるべき知識や能力を記述するといった具合である」（平高 2006a, p.7）に基づき，「スタンダード」を，1）ことばの学習や教育に関する目的や理念，2）それを実現するための環境構築に必要となる枠組みや目安，3）それらを具体化した知識や能力に関する記述のうち日本語教育全体に大きな影響を与えたもの，と広く捉え，そのいずれか，もしくは複数に該当するものと定義する。そのため，言語調査や教科書，辞典なども基準を満たす場合は対象に含まれる。

4 日本語教育スタンダードの戦後史

　先に述べたように，日本語教育のスタンダードには，最初から日本語教育のための枠組みや目安を提供しようとして作成されたものと，そうした意図はなく結果的に大きな影響を与えたり枠組みとして用いられたりしたものとがある。ここでは，まず，後者にあたる言語調査などについて述べていく。

4-1　日本語とは何かを示すスタンダード

　日本語を学ぶ，あるいは教える際には，日本語の具体的な様相が明らかになっていなければならない。その具体像を示すものとして，直接的・間接的に影響を与えたのが国立国語研究所をはじめとする研究機関や団体による言語調査である（表1）。

A-1	国立国語研究所（1950）『国立国語研究所資料集1 八丈島の言語調査』
A-2	国立国語研究所（1952）『国立国語研究所資料集2 語彙調査―現代新聞用語の一例』
A-3	国立国語研究所（1953）『現代語の語彙調査　婦人雑誌の用語』
A-4	国立国語研究所（1955）『談話語の実態』
A-5	国立国語研究所（1957-1958）『現代語の語彙調査：総合雑誌の用語 前編-後編』
A-6	国立国語研究所（1960）『総合雑誌の用字』
A-7	国立国語研究所（1960, 1963）『話しことばの文型(1),(2)』
A-8	国立国語研究所（1962-1964）『現代雑誌九十種の用語用字』
A-9	国立国語研究所（1964）『分類語彙表』
A-10	国立国語研究所（1970-1973）『電子計算機による新聞の語彙調査1-4』
A-11	国立国語研究所編（1976）『現代新聞の漢字』
A-12	国語審議会中間答申（1979）『常用漢字表案』
A-13	内閣告示（1981）『常用漢字表』
A-14	新聞用語懇談会編（1981）『新聞用語集』
A-15	国立国語研究所（1983-1984）『高校教科書の語彙調査1-2』
A-16	国立国語研究所（1986）『中学校教科書の語彙調査I-II』
A-17	国立国語研究所（1987）『雑誌用語の変遷』
A-18	国立国語研究所（1989）『高校・中学校教科書の語彙調査 分析編』
A-19	文部省（1989）「学年別漢字配当表」（「小学校学習指導要領」別表）
A-20	国立国語研究所（1995-1999）『テレビ放送の語彙調査』
A-21	国立国語研究所（2001）『テレビ放送の語彙調査 語彙表』
A-22	国立国語研究所（2002）『現代雑誌の漢字調査』
A-23	国立国語研究所（2005）『現代雑誌の語彙調査 1994年発行70誌』
A-24	国立国語研究所（2006）『現代雑誌の表記 1994年発行70誌』

表1　戦後日本における主な日本語の大規模言語調査

国立国語研究所は「国語及び国民の言語生活に関する科学的調査研究を行い，あわせて国語の合理化の確実な基礎を築く」（衆議院,1948）という目的の下，1948年12月に創設された。後に国立国語研究所第二代所長を務める岩淵悦太郎研究第一部長は，開所当初行われた言語調査の目的を次のようにA-3に記している。

> 　われわれの言語生活にとって最も原本的な資料である語彙に関して，われわれはどの程度のことを知っているであろうか。日常生活を営むのにどのくらいの，またどのような語彙を用いているのか。文化的な面では，どのような，またどのくらいの語彙が用いられているのか。広い共通社会生活においてコミュニケーションを行うのにどのような，どれくらいの語彙が必要なのか。さらには，国民教育において学習しなければならない語彙はどのようなものであるか。(p.1)

「われわれの言語生活」「国民教育」とあるように，日本で生まれ育った日本国籍の日本語母語話者が前提とされているため，外国籍日本語非母語話者はこの時点では想定されていない。だが，調査で得られた成果は日本語教育の実践や研究の基礎的資料としても活用され，たとえば，前掲『日本語能力試験出題基準』の「文字の出題基準」を定めるための資料として，表1のA-8, A-11, A-12, A-13, A-19が参照されている。

　戦後，国立国語研究所などで取り組まれたこれらの調査は，当初日本語非母語話者は想定されていなかったが，日本語とは何かを示す指標として日本語教育でも参照されたという意味で，一つのスタンダードとしての機能を果たしていたと考えられる。

　図2は，戦後の日本語教育スタンダード全体における先に述べた各言語調査の位置づけを示したものである。横軸に言語と社会文化，縦軸に理論と実践とを設定した。本座標平面において，日本語とは何かを示す指標として機能した表1の言語調査は，言語の使用実態を理論的に明らかにしたスタンダードとして位置づけられるだろう（図2右上部）。

3 日本語教育スタンダードと『外国語学習のめやす』

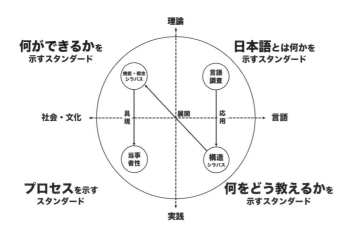

図2　各スタンダードの関係と位置づけの概念

4-2　日本語の何をどう教えるかを示すスタンダード

　日本語教育スタンダードのもう一つの潮流に，日本語の何をどう教えるかを示すものがある。経済発展や国際化の進展に伴い，国際文化交流としての日本語教育が活発化し，言語研究を応用した取り組み，あるいは，日本語教育独自の視点による取り組みが現れ，それらは教育内容を組み立て実践する上での指標とされた（表2）。

B-1	加藤彰彦（1963-1964）日本語教育における基礎学習語『日本語教育』2号・4-5号合併号
B-2	玉村文郎（1970）『Practical Japanese-English dictionary』海外技術者研修協会
B-3	文化庁国語課（1971）『外国人のための基本語用例辞典』大蔵省印刷局
B-4	樺島忠夫・吉田弥寿夫（1971）留学生教育のための基本語彙表『日本語・日本文化』2, 大阪外国語大学研究留学生別科
B-5	国立国語研究所日本語教育センター（1978）『日本語教育基本語彙第一次集計資料―2,000語』（第一研究室内部資料）
B-6	国立国語研究所（1979）『日本語教育語彙資料(1)（20―低学年初級500語）』
B-7	国立国語研究所（1980）『日本人の知識階層における話ことばの実態』

B-8	外国人の日本語能力に関する調査研究協力者会議（1982）『外国人留学生の日本語能力の標準と測定に関する調査研究について』
B-9	国立国語研究所（1982）『日本語教育基本語彙七種比較対照表』〈「七種対照」〉
B-10	外国人の日本語能力に関する調査研究協力者会議（1982）『外国人留学生の日本語能力の標準と測定に関する調査研究について』
B-11	国立国語研究所（1984）『日本語教育のための基本語彙調査』〈「基本調査」〉
B-12	駒田聡・佐藤恭子・鈴木睦・砂川有里子・三牧陽子・渡邉裕子編（1990）『中・上級日本語教科書文型索引』くろしお出版
B-13	日本語教育学会編（1991）『日本語テストハンドブック』大修館書店
B-14	日本語教育学会編（1991）『日本語教育機関におけるコース・デザイン』凡人社
B-15	国際交流基金・日本国際教育協会（1993）『日本語能力試験出題基準』凡人社
B-16	市川保子（1997）『日本語誤用例文小辞典』イセブ
B-17	グループジャマシイ（1998）『日本語文型辞典』くろしお出版
B-18	工藤真由美（1999）『児童生徒に対する日本語教育のための基本語彙調査』ひつじ書房
B-19	松岡弘［監修］・庵功雄・高梨信乃・中西久実子・山田敏弘［著］（2000）『初級を教える人のための日本語文法ハンドブック』スリーエーネットワーク
B-20	白川博之［監修］・庵功雄・高梨信乃・中西久実子・山田敏弘［著］（2001）『中上級を教える人のための日本語文法ハンドブック』スリーエーネットワーク
B-21	玉村文郎（2003）「中級用語彙—基本4000語—」〈「基本四千」〉
B-22	市川保子（2005）『日本語誤用例文小辞典（続）』イセブ
B-23	市川保子（2005）『初級日本語文法と教え方のポイント』スリーエーネットワーク
B-24	市川保子（2007）『中級日本語文法と教え方のポイント』スリーエーネットワーク
B-25	アスク出版編集部（2008）『"生きた"例文で学ぶ 日本語表現文型辞典』アスク出版
B-26	大阪YMCA（2008）『くらべてわかる日本語表現文型辞典』ジェイ・リサーチ出版
B-27	山内博之［編著］（2008）『日本語教育スタンダード試案　語彙』ひつじ書房
B-28	国立国語研究所（2009）「日本語教育基本語彙データベース」
B-29	市川保子（2010）『日本語誤用辞典—外国人学習者の誤用から学ぶ日本語の意味用法と指導のポイント』スリーエーネットワーク

B-30	山内博之[編]・橋本直幸・金庭久美子・田尻由美子・山内博之[著]（2013）『実践日本語教育スタンダード』ひつじ書房
B-31	砂川有里子・李在鎬・川村よし子・今井新悟・杉本武・長谷部陽一郎・高原真理（2015）『日本語教育語彙表』

表2　日本語教育の視点による取り組み

　1960年代に入ると日本語教育への需要は漸次増え始め，1961年に日本語教育研究会（現在の公益社団法人日本語教育学会の前身）が発足，1962年には留学生のための日本語・日本事情科目設置が文部省により認められた。こうしたなか，戦後直後に実施された言語調査に加え，より日本語教育の実践に直接参考となる資料が求められた。

　そこで取り組まれたのは，表2B-1に「日本語を外国語として教授するという立場から，新たに日本語そのものの科学的な調査研究が必要なことは，ここにいうまでもないことであるが，一方過去における研究調査の成果，およびそれらにもとづいて作成された教科書などを参考に考察をすすめることもまた一つの研究方法であろう」（p.46）とあるように，言語調査の成果や教科書記載情報を日本語教育の見地から整理する活動である。B-1では，国語教育のために作成された阪本（1958）や日本語教材である国際学友会日本語学校（1961）などが分析対象とされている。

　1970年には東京外国語大学に国費留学生の予備教育のための附属日本語学校が設置され，翌年には国費留学生の給費増額，私費留学生への医療費半額補助も開始され，留学生数増加に向けた対応が進められた。日本語教育を合理的に実施する必要が生じ，日本語を教える際の基本事項を考察する取り組みが加速してゆくこととなる。表2B-3では，文化庁の吉里邦夫文化部長が「日本語を学ぼうとするあらゆる外国人にとって，どうしても身につけなければならないと思われる基本的な語を集め，その活用・意味・使い方などを解説するとともに，きわめて豊富な具体的な用例を示して，日本語教育に役だつことを意図したものである」（刊行のことば）と述べている。B-4では「外国人留学生が

わが国において大学教育を受けようとするとき，（中略）大学受講に必要な基本語彙を作ること，これがこの基本語彙作成の目的である。」(p.2) と記されている。学習者が学ぶ上で基本的な語とは何か，教え方はどうあるべきかについて検討されたのである。1974年には「外国人に対する日本語教育の振興をはかるため」（衆議院，1974），国立国語研究所に日本語教育部が設置された。1976年には日本語教育センターとして拡充され，対照研究や教材開発，そして，教師研修が進められた（上野，2008）。これは，国立国語研究所の研究対象に日本語を母語としない学習者が明確に位置づけられたことを示す出来事でもあり，表2に記したその後の国立国語研究所の調査が推進される基盤ともなった。

　1980年代に入ると，海外の日本語教育も活況を呈し，1980年に対中国特別計画として設置された日本語研修センターへの国際交流基金による専門家派遣が開始される。1982年には高等専門学校留学生，および，専修学校留学生制度が発足し，1984年には中国帰国孤児定住促進センターが開設された。同年に「二一世紀への留学生政策の展開について」（通称，留学生10万人計画）が発表され，日本語学習者の移動や受け入れといった流動性確保の必要性から，統一された日本語能力の指標と測定が急務となり日本語能力検定試験が開始される。これに先立ち作成されたのが表2のB-10であり，外国人の日本語能力に関する調査研究協力者会議の林大主査は「日本人学生と共同の大学生活に適応するために身に付けていることが望ましいと思われる日本語能力というものを描き出すことを，作業の目標におきました。」（はしがき）と，留学生に求められる日本語能力を明らかにすることを目標とした旨を記している。

　1990年には国際交流基金が海外の日本語センター設置を進め，1994年には文化庁が地域日本語教育推進事業を開始した。1996年にはJETROビジネス日本語能力テストがスタートする。1998年には海外の日本語学習者数が210万人を突破した。

　日本語能力試験を作題する際の資料として発表されたB-15の「語彙の出題基準」は表1のA-9とA-16，表2のB-5, B-7, B-10, B-11が参照され作成

されたものであるが，その後の国内外の日本語教科書や日本語教育カリキュラムに非常に大きな影響を与えた。日本語能力試験企画小委員会の肥田野直主査は次のように述べている。

> わが国においては高等学校以下の教育課程は国が定める学習指導要領に準拠することになっているので，学力試験はどの教科・科目においても学習指導要領を基準として出題することになっている。ところが，日本語教育については現在まだこの学習要領に相当するものがない。そのため，日本語能力試験においては級・種別に示されている認定基準を唯一の準拠として問題の作成に当たらなければならない。この「出題基準」はより具体的な基準を示すことによって問題作成の参考に供することを意図している。(「まえがき」)

初等中等教育における教育課程の基準である学習指導要領に触れた上で，日本語教育では基準未整備であるため試験の認定基準を具体的に示す意図でB-15が設けられたと記されている。現在では「試験自体が『日本語教育スタンダード』構築の際の，一つの重要な指針となる性質を有している」(嘉数, 2005, p.41)とされ，スタンダード開発に際しても重要な指針になっている。

2000年代にはB-15などに記載された文型の意味や用法をハンドブックの形で示した文型辞典が刊行される。その草分けであるB-17には「文型を文や節の意味・機能・用法にかかわる形式という広い枠組みで捉え，それらが場面や文脈の中でどのように使われるのか分かるように記述することを試みました。」(p.i)とされ，文型の意味と用法を分脈に位置づける形でより実践的な知見が提供されている。

前節で述べた1950年代からの言語調査と並行して1960年代からは，日本語教育のための基本語彙に関する検討が行われ，1970年代以降には日本語学習者の増加と多様化の波のなかで国立国語研究所日本語教育センターも発足し，その調査は加速し成果は広く普及してゆく。そして，1980年代に入ると日本語能力の統一基準についても検討され，1990年代の『日本語能力試験出題基準』に発展する。能力指標と，それに紐づけられた語彙や文型が具体的に

提示されたことで，その意味や用法について日本語教育に直接的に役立つ形で提示する文型辞典なども現れた。これらは，限られた時間や物理的な制限のなかで，構造シラバスに基づき何をどのように教えるかを示すスタンダードとして機能していたものと考えられる。

以上は図2において，言語調査を日本語教育に応用し，構造シラバスに基づくより実践的な手法と知見を提供するスタンダードとして位置づけられるだろう（図2右下部）。

4-3　何ができるかを示すスタンダード

日本語そのものの実相が明らかにされ日本語教育として何をどのように教えるかが検討された後に，構造シラバスを前提とする目標設定や教育手法，内容に疑問が持たれるようになる。何をどこまで教えるかが目的化した教育や，言語的側面にのみ着目した教育，さらにはニーズへの対応に終始する教育が疑問視され，小澤（2001），水谷（2002），有田（2006），細川（2007），国際交流基金（2009）では日本語教育が転換期を迎え新たな教育パラダイムや内容の確立が必須であると指摘されている。

日本語の構造に着眼した語彙や文法の教育のみでなく，ことばが持つ機能や話し手の心的態度に着眼した概念・機能シラバスに基づく教育に目が向けられるようになり，さらには，そのことばを用いて他者との対話や協働活動を行うことで何が達成されるかというコミュニケーションと社会文化的要素に着目したものへと発展した。それは「何ができるようになるのか」を重視する基準の開発へと繋がってゆく。

C-1	D.A.Wilkins（1972）"The Linguistic and Situational Content of the Common Core in a Unit/Credit System."
C-2	Van EK（1975）"The Threshould Level"
C-3	D.A.Wilkins（1976）"National Syllabuses"
C-4	Van EK（1977・1991）"Waystage Level"

C-5	Curriculum Development Centre（1988）"Australian Language Level Guideline"（All Guideline）
C-6	'Common European Framework of Reference for Languages（ヨーロッパ言語共通参照枠 , CEFR）'（欧州評議会 Council of Europe, 1996・1998）
C-7	National Council of Secondary Teachers of Japanese & Association of Teachers of Japanese（1999）"Standards for Foreign Language Learning in the 21st Century"
C-8	Van EK & Trim（2001）"Waystage Level"
C-9	中华人民共和国教育部（2001）『日语课程标准』北京师范大学出版社
C-10	韓国教育部（2001）『第七次教育課程』
C-11	国家汉语国际推广领导小组办公室（2007）『国际汉语能力标准』
C-12	国際交流基金（2010）『JF 日本語スタンダード』
C-13	東京外国語大学留学生日本語教育センター（2011）『JLC 日本語スタンダーズ』
C-14	日本学生支援機構日本語教育センター（2016）『JLEC 日本語スタンダード』
C-15	北海道大学国際本部グローバル教育推進センター（2016）『北海道大学日本語スタンダーズ』

表3　世界的な潮流と日本語教育スタンダード

　この頃の世界的な動きを振り返ると，欧州では域内言語を対象とした包括的な C-6 などが作成された。背景には，複言語主義に基づく母語や文化的背景の異なる人々が国境を越えて共に社会をつくる環境整備の必要性がある。学習者の学習活動と成果が等価認定できることを保障するシステムが必要となり，特定の言語に縛られることのない言語教育シラバスやカリキュラム，評価などの共通枠組みが作成された。豪州では C-5 が，米国では C-7 が，中国では C-9 が，韓国では C-10 が発表された。

　こうした流れを受け，日本語教育界では国際交流基金が本格的なスタンダード開発に着手し，2005 年から 2006 年にかけて国内外の言語政策，言語教育，評価の分野の有識者が集まり三回にわたるラウンドテーブルが開催された。専門家などによる討議と先行事例の分析も行われ，CEFR がモデルとして選ばれ

ることとなった。CEFRのレビューも踏まえた『JF日本語教育スタンダード試行版』が発表され，2010年に『JF日本語教育スタンダード』ウェブサイトが立ち上がり，C-12と『みんなの「Can-do」サイト』が公開された。ここでは，日本語を用いて何がどのように行えるかという課題遂行能力に重点が置かれ，熟達度のレベルが提示された。そして，課題遂行能力と異文化理解能力を育成するため，学習過程を記録し保存する「ポートフォリオ」が提案された。これらに基づく日本語教材『まるごと―日本のことばと文化―』が2012年に刊行され，複数の主教材・副教材が今日までに発表されている。「JFスタンダードでは，まず，日本語を使って何がどのようにできるかという能力に重点を置き」（国際交流基金，2017b，p.1）とあるように，ことばを社会文化的な要素と関連づけ何のために学び，何ができるようになるかを示したスタンダードである。図2の座標平面においてこれらを捉えるならば，社会文化的な要素に目を向け日本語で何ができるようになるかを示したスタンダードとして位置づけられるだろう（図2左上部）。

5 『外国語学習のめやす』の特徴と役割

5-1 プロセスを示すスタンダード

　さまざまなスタンダードとその背景について時系列を追って述べてきたが，それらに基づいて日本語教育を実践するにあたって一つ課題となるのが「それを個々の教育現場においてどのように実現するか」である。とりわけ，日本語教育を取り巻く環境や対象が複雑化・多様化する今日では，スタンダードは共通にできても，手法や内容までは同一にできない。そのため，個々の教師がスタンダードと向き合いながら，1) 当該日本語教育現場における課題を把握し，2) 社会文化的視野も持つことばの教育をプランし，3) 他者や他機関と協働しながら実践してゆく必要が生じている。

　公益財団法人国際文化フォーラムが2006年からプロジェクトを始動し『め

3 日本語教育スタンダードと『外国語学習のめやす』

やす』としてまとめたスタンダードには以下のように記されている。

> 『めやす』は，外国語教師がその考え方や目標を具現化して自分の授業案を創造する過程を支えるものであり，そのことによって，学習者が総合的コミュニケーション能力を獲得し，みずからの人間形成を図っていくことに貢献しようとするものです。そのために本冊子と『めやす』ウェブサイトを使って，授業設計に役立つ単元案，言語材料，文化事象，評価基準，教材・リソース等々を数多く例示することにしました。(p.56)

このように『めやす』は，教師がその考え方や目標を具現化して自らの授業を創造する過程を支えることが主眼とされている。そこでは，1)「他者の発見・自己の発見・つながりの実現」という理念が示され，2)「21世紀に生きる力を育てる」という教育目標と「総合的コミュニケーション能力の獲得」という学習目標とが明示され，3) 授業づくりに関する解説と学習活動の事例が掲載されている（図3）。

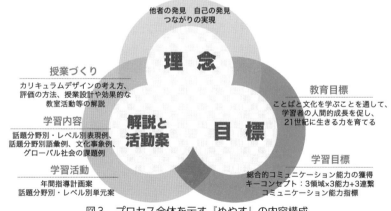

図3　プロセス全体を示す『めやす』の内容構成

はじめに述べたように，スタンダードというものは理念や目標から具体的な学習項目までを総合的に描き出す指標とされるが，『めやす』には理念や目標に加え，授業づくりや学習内容の解説と活動案が記載されている。さらに，関

連 Web サイト「めやす Web」では，日本語をはじめとする 8 つの言語教育の 139 の実践例が掲載されている（2019 年 1 月 7 日現在）。利用者は，教える対象や活動のタイプ，扱いたい話題によって実践例をソートし，自らの現場や目的により近い事例を参照することができる。スタンダードに基づき教師たちが実践したプロセスが詳細に掲載された『めやす』は，言語教育の実践者がスタンダードとどのように向き合い実践すべきかを具体的に示す指標としての役割を果たすものと考えられる。

5-2　当事者性に根ざした新たなスタンダード

　田原（2015）は，『めやす』の効用について「プロジェクトが具体的にどのような学習効果をもたらすものであるかを明確にすることができ，対外的な説明の際やプロジェクト授業の振り返りの際には非常に有用なものとなる」（p.96）と指摘する。このように，『めやす』は教育に従事する当事者が，実践の理念や目標を確認し，それを実現するための環境構築や手法，内容を検討することを促すものとなっている。

　『めやす』の監修者で，その背景理論としてのソーシャル・ネットワーキング・アプローチ（『NIPPON3.0 の処方箋』2013 年，講談社）の提唱者である米国カリフォルニア大学サンディエゴ校の當作靖彦教授は，以下のように述べる。

> 　学習基準は上から与えられたものと教師が考えるようでは，なかなか使うことがないようである。学習基準作成の段階から，教師の意見を聞き，それを組み入れ，自分も作成に参加したという気持ちがなければいけないように思う。（中略）学習基準を使おうとする意思，努力がまず大切であり，その過程で，教師の質も上がり，教育効果も上がり，結果として教育の質が上がると考えられる。（當作，2006, pp.44-45）

この当事者性を重視する方針が『めやす』にも反映されている。図2の座標平面で『めやす』を捉えるならば，理念と目標，そして，それに基づく実践プロ

セスまでを総合的に示す当事者性を重視したスタンダードとして位置づけることができるだろう（図2左下部）。

6 おわりに

　以上，戦後日本語教育70年の歴史をスタンダードの観点から捉え直し，『めやす』の位置づけと役割を考察した。最後にその可能性と展望について述べたい。

6-1　有機的に立ち上がる日本語教育スタンダードへの可能性

　今日，日本でも国際化と人材流動性の確保の重要性が指摘され，スタンダードが果たす役割はますます大きくなっている。加えて，それは日本語教育を取り巻く環境の複雑化やさらなる多様化をもたらしてもいる。たとえば，外国人児童への教育に際しては，児童の母国の文化的背景や家庭環境などを踏まえた生活指導，背景の異なる児童生徒の状況に応じた指導計画の策定に加え，日本語能力に応じた日本語指導や教科指導の重要性が指摘されており（日本語教育学会，2018），それぞれの教育現場における目標や能力測定，手法や内容の確立が喫緊の課題とされている。

　もはや一つのスタンダードで事足りる状況にはなく，多種多様なスタンダードが個別の教育実践から生み出され，それらが有機的に結びつくことで日本語教育が展開されるべき時代が到来している。こうしたなか，当事者性に基づくスタンダードのプロセスを提示する『めやす』は，日本語教育におけるスタンダードをより身近で主体的検討が可能なものとし，国家や公的機関のみならず個々の教育現場において人々が協働することで立ち上がるスタンダードの可能性を示していると考えられる。

6-2　人々が隣語を尊重し共に豊かな世界を構築するための『めやす』

　戦後のスタンダード史を俯瞰することで，もう一つ確かになったことは，日本語教育スタンダードはほかの言語教育スタンダードと無縁ではなく，特定の言語の枠内に限ってスタンダードを議論するべきではないということである。

　『めやす』に「隣人・隣国のことばを学ぶ意義」（国際文化フォーラム，2016，p.13）が示されているように，隣国のことばの学習が，歴史を含めた日本と対象国との関係性や相互依存性を，互いの見方を踏まえて捉え直す契機ともなる。平高（2006b）では「日本語だけではなく，韓国語，中国語などによる交流が今以上に盛んになり，それらの言語の教育や学習が体系的に行われる時代が来るかもしれない。そのときにも『相互理解』はまた大きな力を発揮し，意味を持つにちがいない。『日本語教育スタンダード』にはそんな夢とロマンがある。」（p.53）と，言語横断的な共通指標の見通しについて述べられている。

　特定の言語教育の枠組みにとらわれず，隣語を尊重しともに育むという思想を持つ「言語個別的な要素がほとんどない」（山崎，2018）『めやす』は，人々がともに豊かな世界を構築するためのスタンダードとして大きな展望を示しているのである。

付記　［1］本研究は，JSPS 科研費 18K12432 の助成を受けたものである。
　　　　［2］本研究は，公益財団法人国際文化フォーラム主催「外国語学習のめやすマスター研修（2013-2014）」にて得られた知見を基にしている。講師の山崎直樹関西大学教授と国際文化フォーラムのみなさま，そして，研修参加者のみなさまにここに記して感謝申し上げる。

4 スペイン語学習のめやす：
スペイン語教育改善に向けて
言語領域の教育の位置づけ

大森洋子

1 はじめに

　『外国語学習のめやす』（以下『めやす』）プロジェクトにおおいに触発されて、スペイン語教育研究会（GIDE）では、『スペイン語学習のめやす』（Un modelo de contenidos para un modelo de actuación en Japón, 2015）の策定に至った。このスペイン語のめやす[1]では、学生が社会で活動していくための人間形成を目指して、コミュニケーション能力の向上、さらに学習者の学ぼうとする姿勢を育成することを目標として、12のテーマを設定し、それぞれに、社会文化（語用論的要素も含む）、機能、語彙、文法の順に示した。この順序は、社会文化さらに機能を反映した結果であり、それらを目がいきやすい表の左側に置いた点が大きな特徴である。話し手聞き手がコミュニケーションを行う際に重要な、相手を理解する姿勢、異なる要素に対する理解を強調することが大切ではないかと考えたからである。言葉が実際に使われるとき、まず相手を理解し、何をしようとしているかに目を向けさせ、文化、社会的な項目を示すことで、学習者の関心を高め学習動機の向上につなげることも狙っている。しかしながら、同時に、外国語で学習する際に語彙、文法的知識習得が不可欠であることも強調している。モデル文を提示することで、シチュエーション、コミュニケーションテーマに基づいて、文法に社会文化の理解、語用論上の特徴を取り込んだ形の提示、説明、練習ができないかということを模索したものと言える。

　このような提案は、従来のスペイン語教育には見られなかった新しい視点であろう。これらの指標に基づいて、教師がさまざまな活動を考え、実施してい

---

[1] 『スペイン語学習のめやす』策定に関わる詳しい経緯については、落合（2018）を参照されたい。

けば，学習者はこれまでのように単に機械的に文法項目を学ぶのではなく，自分自身のコミュニケーションニーズと結びつけ常に何のために文法，語彙を学ぶのかを意識化するとともに，目新しい文化社会事項への関心をも持つことができるようになると考える。

しかしその一方で，コミュニケーションテーマに従って文法項目が提示されているために，文法が系統的ではなく，文法を身につけるための学習が徹底されないのではないかという危惧が生じている。また，12に分かれているテーマはそれぞれ独立し，さまざまな文法項目，語彙が関与するため，教えるべきことが十分に示されないのではないかということも指摘されている。

さらに，『スペイン語学習のめやす』は，上述のようにコミュニケーションという点を強調していることから，それが，従来の文法授業についての問題提起ともみなされ，外国語教育のなかでの文法の扱いをどうするかという新たな議論も生んでいる。たとえば，Kawaguchi（2016）は，文法を系統だって教えられないことへの危惧，さらに文法授業自体が真にスペイン語学習意欲の向上の妨げになっているのかどうかについて疑問を投げかけている。

そこで本稿では，人間教育としての外国語教育，コミュニケーション能力の育成といった目標を掲げた外国語教育の枠組みでのなかで，基本となる文法，語彙はどのように扱うべきかをさまざまなアプローチに言及しながら考察する。また，それらを考察する際には，最近の学習者の学習スタイル研究からの知見も参考にしたい。同時に，文化的側面からのアプローチを主体とした活動および文法の習得目標とするクラスでの実践例も提示する。

2 語彙，文法教育の新しい視点

本節では，外国語教育のなかで語彙，文法教育をどのように位置づけるのかを『めやす』で言及さている5+5ステップを振り返り，語彙アプローチ（lexical approach），文法の意識化（focus on form）などの観点から考察する。さらに学習者の学習スタイル，教師の教授スタイルを考慮した授業実践に触れ，「文

法は学習者の学習意欲の向上の妨げになるのか」「系統的でない文法教育では，文法は身につかない」という二つの点について私見を述べる。

2-1 『めやす』5+5 ステップによる語彙，文法指導

　『めやす』では，21世紀型スキル，複雑な問題を解決する能力，高度の思考力,問題解決,コミュニケーション能力養成を目指し,「わかる」から「できる」，そして「つながる」活動を加えることを提唱している。語彙・文法表現についても，教科書中心の「わかる」を目指すのではなく，それを使って何ができるのか,それが実際の生活の場面でどう使えるのかを体得する活動を必要とする。

　コミュニケーション能力養成を目標に据えると，語彙，文法をどのように扱うかが問題になるが,『めやす』では,語彙・文法表現活動をプレコミュニカティブからコミュニカティブという流れのなかで捉え，「5+5」(ファイブ・プラス・ファイブ）が提示されている。

　「5+5」では，言語習得におけるインプット，アウトプットの役割を基本として活動を構築している。コンテクスト（文脈，意味）を提示し，意味ある最小単位としての語彙の提示，意味と形式を結びつける練習などのインプット活動から，それらの語彙を使うコンテクストを設定し，実際に使うアウトプット活動へとつなげ，それをより大きな単位のなかで使う状況を設定することで文法活動へとつなげていく。

　文法練習でも同じく，ある特定の文法構造がどのようなコンテクストで使われるかを理解させる導入のインプット活動から始め，具体的なコンテクストと言語使用例を考えさせる活動を経て，できるだけ明示的に示されたコンテクストのなかで文法と意味を確認させるインプット活動および実際に自分で産出する活動へと進む。最後に，実際に使う表現形式と意味を結びつけることを目的としたアウトプット活動，さらにコミュニケーションの目的をより具体化し，目的に合った伝達内容を創造的に表現する活動へつなげていく[2]。

---

[2] 最後に，現実のコンテクストで個人の意味を創造的に創出することを目的としたアウトプット活動を付け加えることも可能であるとする。

意味あるインプット活動を通じて，学習目標の語彙，文法項目は，既に身につけた知識を活用しながら新しくルールを形成していく。さらに，アウトプット活動は，意味のある語彙，言語単位，構造などを基礎として行われる。やりとりを通じて体験する達成感によって，言語ルールの形成は促進されていく。これらの活動こそが，機械的な活動ではなく，個人的な体験を踏まえた，創造的な活動の導入に「つながる」を実践した語彙，文法の授業と言えよう。

　教科書をベースとした指導のなかでは，文例や練習問題に使われている語彙が実際に学習者が行おうとする活動やタスクのそれとは異なる場合に，語彙の習得などは学習者にとって負担となるが，上述の一連の活動は，言語習得理論に基づいた活動になっており，コミュニケーション能力の養成を主眼とした外国語教育における文法の位置づけを考える際に大きな意味を持っている。

2-2　語彙アプローチ

　外国語教育における文法，語彙教育を考える際に，コミュニケーション活動の鍵を握るのは語彙であるという立場から提唱された M. Lewis（1993）の語彙アプローチについても考慮する必要があるだろう。実際のコミュニケーションで必要な語彙を使おうとすると，語彙を知るということが，単に母語の語を外国語の語に置き換えることではなく，その語についてのさまざまな知識を持つことが必要であることがわかる。つまり，語の内部構造，他の語との結びつき，語の使用の適切性などについてのより正確な情報を持つことが必要となる。したがって，語彙アプローチでは，語彙がどのように使われるか，語法，コロケーションなどに注意を向けた活動を多く取り入れている点が特徴的で，言語間の違い，語の使い方の練習などが強化されている。

　言語コミュニケーションの基本に語彙の習得があること，語彙を習得するということはその語彙が使えることを強調しているが，言語習得の効果的な方法などへの言及はない。しかしながら，言語教育の場では，『語彙を知る』ためにはどのような情報が必要かを意識させることが大切であり，それは学習スト

ラテジーの習得にも大いに貢献すると言えるだろう。学習者が一つ一つの語彙を文脈抜きで覚え語彙を増やしていくのではなく，その語彙を使うコンテクスト，一緒に使用される語彙を意識することで，言語はコンテクストのなかで使われるということに気づく第1段階としての方法と考えることが可能であり，より意味のあるインプットに触れる機会を増やし，それをきっかけにして意味のあるアウトプットを目指すようになるだろう。

2-3 文法の意識化：文法教育の新しい試み

　文法教育，文法授業のなかにも二つの視点が存在している。ひとつは，規則を提示し，それに基づいて例を説明，同じような構造の練習を重ねていく方法，もう一方は，さまざまな使用例をコンテクストとともに提示することによって，ある特定の文法項目がどのような場合に使用されるのかを学習者に気づかせ，学ばせる方法である。命令形を例にとると，前者では命令形の文型や用法を提示し，それに基づいた例文を学んだ後に，自ら命令形を使った文を作成するような練習を行う。それに対して，後者の方法では，命令形が多く使われている取扱説明書（マニュアル），料理のレシピなどを提示しながら，動詞の形に注目させて，なぜその形が使われているのかを学習者に気づかせると同時にそのほかの例を見つける，といった練習の後，最後に，全員で形と用法を確認する。従来の学習者の多くは前者の方法に慣れており，さらに，教室でも効率よく進んでいく（と思われている）のも，前者の方法であろう。しかしながら，後者の方法を用いれば，学習者は積極的に実際の言語例——インプットに接することになる。学習者側の気づきを容易にするような教師側の工夫が必要となるが，それがうまく機能すると，学習者の習得はスムーズに進むはずである。

　また，前者の方法では，単に例文の寄せ集めで，具体的なコンテクストを思い浮かべることは難しく，語彙もアト・ランダムに選択されたものであることが多い。一方，後者の方法では，マニュアル，料理のレシピなどのようにテキストの種類が限定されているために，語彙の導入，練習，インプット，

アウトプットから文法項目の導入まで，自然な流れが作りやすくなる。つまり，それは 5+5 ステップの語彙，文法学習へとつながっているのである。その結果，学習者も，語彙，文法を学習することによって，「何ができるようになるか」をはっきりと意識することができるようになるだろう。

　コミュニケーション活動を行うための語彙，文法の練習は，単に個々の語彙，文法項目，規則のリストを覚えることではない。それは，常にコミュニケーションと結びついているため，学習者自身もなぜ語彙や文法を学ぶのかを自然と意識化し，学習動機の維持，向上に役立つと思われる。

2-4　語用論的項目

　語用論研究が進むにつれ，外国語学習における社会文化項目や異文化理解能力の重要性が強調されるようになった。また，ネットやメールなどの新しいコミュニケーション手段が出現した昨今，それらの特徴に合致する新しいテキストタイプの表現形式への対応，社会文化項目の導入，異文化理解能力の評価により，さまざまな発話行為とそれに関連する定型表現などをどのように扱うかも文法，語彙教育の一つの課題となっている。さらに，語の意味，発話の意味の理解が文脈に大いに依存していることも考える必要がある。すなわち，外国語学習者は，その学習において，これらの要素について母語との違いを意識し，学習言語における使用の規則がどのように働いているかを習得していく必要がある。文法的な間違いや語彙の間違いは修正することが比較的可能で，伝達意図を伝えることは可能であるが，語用論的な不適切さに気づきそれを修正することは難しい。この点について，Mir（2018, p.34）は，単に言語特徴として例示する違いについては，教科書などで指摘するだけよりも，やはり文法項目と同じように，学習者の気づきに基づき明示的に指導すること，それも入門期から導入することで，語用論的な能力の育成が可能であるということを報告している。

2-5 学習スタイルからの考察

学習を効率的に進めるためには、よりよいとされる教授法、教材を用いるだけでは十分ではない。学習者の学習スタイルを考慮する必要がある。「文法中心の授業」か「コミュニケーション重視の授業」と二つに大別した際に、学習者に向き、不向きがあることは歴然としている。Martínez（2004）は、Alonso et. al.（1994）に基づいて、4つの学習スタイル、1）活動的スタイル（active style）－経験を活かすタイプ、2）内省的スタイル（reflexive style）－経験していることについて考えるタイプ、3）理論的スタイル（theoretical style）－経験から何らかの結論を引き出すタイプ、4）実用的スタイル（pragmatic style）－学んだことを適用していくタイプに分け、日本人スペイン語学習者は主に内省的または理論的タイプであることを指摘している。しかし、現在のスペイン語学習者のタイプは変化している可能性もあり、また、学習者のタイプは学校、教室においても異なるだろう。さらに、学習者が経験してきた外国語教育の方法も大きく影響していると思われる。したがって、重要なのは、教師が自分のクラスの学習者の学習スタイルのタイプ、個人の学習スタイルの特徴を把握しながら授業を進めるということである。このことから、単に文法授業といっても、どのような学習者を対象にしているかによって方法が異なることが想定される[3]。

2-6 コミュニケーションを主体とした外国語教育における言語領域項目

以上、文法、語彙、語用論的項目の教育について考察した。外国語教育においては、これらが言語教育の中心をなすところである。専攻ではなく第2外国語として外国語を行っている機関では、これらを「文法」の授業という形で捉

---

[3] 学習者のコミュニケーション活動と学習スタイルが密接に関係していると考えると、コミュニケーション活動をより積極的に授業に取り組んでいくにはどうしたらよいかという問題に直面する。その解決法については、後述する。

えられている場合が多いと思われる。本節では，Kawaguchi（2016）で問題提起された点，社会文化項目などを基本とした授業では，文法が断片的に教えられることになり，文法の全容が教えられないのではないか，さらに，外国語教育における文法の位置づけ，とりわけ第2外国語教育のなかでどのように位置づけたらよいかについて私見を述べる[4]。

　まず，コミュニケーション重視，言語を使って何らかの活動，社会につながる活動を行う場合には，そのテーマごとに使われる言語表現，語彙，そのほかのコミュニケーションストラテジーが異なってくる。学習者のレベルに適したテーマに必要な言語表現，コミュニケーションで考慮しなくてはならない要素は異なってくる。したがって，Kawaguchi (ibid.) が危惧するような問題が生じることは否めない。しかしながら，その外国語を専門に学ぶ学習者と第2外国語として学習する学習者との間で文法体系の把握の仕方は同じでなくてはいけないのだろうか。第2外国語として学習する者にとって学習に費やす時間は非常に限られており，文法の全容を学習するために必要な時間は保証されていないことが多い。つまり，そのような学習者にとっては，授業での学習を終えたあとに自分でどのように学習するかに意味があり，教師にとっては，そのためのヒントや文法を学ぶことの大切さを教えることが重要となってくる。このようにして，学習者自身がコミュニケーションを続けること，さまざまな学習を続けることで文法は少しずつ構築されていくことになろう。

　専攻での学習者には細分化されたテーマで授業が設定されているために，文法の位置づけが異なる。文法のほかに，コミュニケーション，読解，聞き取りなどテーマ別の授業のなかで，学習者も文法を学ぶ意義を感じ，文法授業において文法が徐々に体系化されていくのであろう。

　一方，限られた時間で与えられた文法の規則とリストを学ぶだけでは実際のコミュニケーションにはつながらない。前述した通り，実際のコミュニケーションでは，言語表現を覚えるだけでは足りないことが多々あり，言語がどのように機能するのかを理解し，実際の言語使用を見ること，聞くこと——インプッ

4　Kawaguchi (2017) では、もう一つ学生のニーズについても触れているが，ここでは取りあげない。

ト，そして，それを実際に使ってみることが必要だからである。さらに，より効果的なインプットとして機能をさせるためには，表現形式を意識させることが必要だ。

　文法の全容を知る，文法を体系的に学ぶことが重要であるという指摘は，学習者がどのような目的で言語を学んでいるか，学習環境がどのように特徴づけられるか，学習がどの程度進んでいるのかなどを考慮した上ではじめて意味を持つことなのである。

　従来の文法授業ではモティベーションの向上や維持にはつながらないという『スペイン語の学習のめやす』の指摘については，より細かい文脈化が必要であろう。

　「文法の授業」という場合には，単に文法というより広い言語現象を扱う場合が多い。言語表現のほかに，その表現がどこでどのように使われるかに言及することも多く，これは，語彙についても同様である。したがって，挨拶，依頼，お詫びなどの発話行為も定型表現としてまとめて提示されることが多い。表現が，どのような仕組みになっているか，どのように使われるのかを扱うのが，「文法の授業」と呼ばれるものである。

　文化的に特別な意味を担うような語や表現については，その文化的背景の説明や自国文化との相対化などを積極的に行う必要があるため，語彙や定型表現のリストの提示と理解だけでは不十分になる。

　学習者の言語習得がスムーズに行われるためには，教師側の努力，インプット強化などが必要であり，それが学習者側の意識化を促すことになる。文法項目，語用論的項目についても，学生の気づきが端緒となり，「文法の授業」は双方向の授業となり，決して穴埋め練習などの機械的な練習に終始するものではなくなる。

　最も重要なのは，文法がなぜ必要なのかということに，学習者が気づくことである。文法規則やコミュニケーションの規則を守ることにより，伝えたい内容を正確に適切に伝えることができることを実感するためには，簡単なコミュニケーションや実際のコミュニケーションに近い体験を重ねることが必要であ

ろう。当該授業の目的がある特定の文法項目であったにせよ，教師がそれを通して何ができるかを学習者に伝えることで，学習者は伝えることの楽しさを体感できる。

実際のコミュニケーションに近い形の練習は，学習者に語用論的要素の把握にも注意を向けることができる。相手とのスムーズな会話がどのように成り立つのかを母語と関係させながら気づかせることで，語用論的能力も育むことが見込める。

最後に，学習者の学習スタイルがより内省的，理論的で，教師の説明に従って練習を続けることを好む学生が多い場合，彼らは文法の細部をしっかり押さえて学習する傾向があると言え，従来型の教育が向いているということもある[5]。

このように，「文法の授業」が，学習者の意欲をそぐか否かは，文法が言語学習のなかでどのように位置づけられているか，どのような授業を行っているのかなどが重要となってくる。学習をより促進する方法，学習者がなぜ文法を学ぶかを納得していること，学習者の学習スタイルに合わせた授業を行うことで，「文法の授業」は必ずしも学習者の学習意欲をそぐものにはならない。「文法の授業」は，関わってくるさまざまな要素を考慮した上で評価するべきであろう。

3 授業内活動

『めやす』ではキーワードとして，「外国語教育を通じて，学習者の豊かな学びの場を提供し，人々がともに生きていける未来社会の担い手をつくる」を挙げ，外国語教育のめざすところが明確に述べられている（『めやす』，p.17）。『スペイン語学習のめやす』でも同じように，社会に目を向けて，一人の人間として活動できるようになるためのコミュニケーション能力の向上をめざし，社会文化項目や語用論的側面の重要性を強調している。しかしながら，実際の授業

---

[5] 学習者参加型の授業が行われることが多くなり，一方的な授業は減少傾向にある。

での活動については触れていない。現在,スペイン語教育研究会 (GIDE) では,それぞれのテーマについて,具体的な学習のための活動案を策定中である。そこで,本節では,見えてきた問題点などについて私見を述べる[6]。

3-1 社会文化項目,語用論的項目

『スペイン語学習のめやす』では,学習が単に文法や語彙に終始しないように,社会文化項目,語用論的項目を最初に目にとまる表の左側に置いて注意を促している。授業で扱うテーマが決定したら,まず配慮すべき社会文化項目,語用論的項目に目が向けられる。

学習を文法項目でなく,社会文化項目,語用論的項目でスタートする際には,既習事項をうまく利用しながら,ビデオや画像などの視覚教材を用いることが多い。しかし,それらの視覚教材の利用に当たっては,単に一方的な視聴に終わるのではなく,何らかの気づきを共有することが大切だと思われる。

ビデオを視聴しその印象をグループで共有することで新しい気づきにつながることもあろう。地域に特有な事柄への気づき,日本と比較して気づいた類似点,相違点の指摘などは,テーマに関連する社会文化,語用論的項目に加えて得られる情報で,学習者がこれらの項目の重要性を意識するきっかけとなり,学習効果が期待される[7]。したがって,要求される作業も,「つながる」を意識したもの,学習者の何らかの参与が必要とされるものがよいだろう。さらに,学習者がいろいろな要素を見て「考える」作業が入れば,より社会文化,語用論的項目の重要性を考える一助となるだろう。

3-2 活動案の構築:注意したい観点

活動案の作成のポイントとして,二つのことを挙げることができる。第一に,

---

[6] JSPS 科研費(課題番号 15K02699:『スペイン語学習のめやす』に基づく教授法・教室活動に関わる研究)に基づく研究である。
[7] Escandell Vidal (2018, p.27) によると、語用論的な能力の習得は初期の段階での学習が習得にとって有効であり、文法的な誤りに比べて、語用論的にみて不適切な表現等の修正は学習が進むにつれて困難になるとしている。

内容が十分に目的－社会に目を向けて「一人の人間として活動できるようになるためのコミュニケーション能力の育成をめざす」に合致しているか，という点，第二に，評価したい項目と活動内容が適合しているか，という点である。

　授業がより活性化するための内容は，学習者の興味やモティベーションの向上にどれだけ寄与するかを考慮することが多い。その場合，特に，ゲーム性などを重視し過ぎることで，そのモティベーションの向上が一過性のものになっていないかどうか，活動が学習につながっているかをチェックしたい。さらに，その活動が学習者に，外国語を学ぶことの意義，必要性を意識させ，持続的なモティベーションの向上につながるものであるかを考慮する必要がある。

　評価の観点からも活動を見直す必要がある。『スペイン語の学習のめやす』が強調しているコミュニケーションできる力，協働で学習できる力を養うこと，社会文化，語用論的項目に関する目標に到達しているかどうかは，評価項目としては重視したい。評価項目を工夫し，その重要性が，学習者に伝わるようにすることが大切である。評価についての具体的な問題点は次の節で扱う。

3-3　活動の評価[8]

　活動をどのように評価するかは重要な課題である。我々が模索している活動の最終的な目標は多様である。たとえば，書かれた文書を用意する，プレゼンテーションを行うタスクでは，4技能の観点からさまざまな成果が考えられる。実際のコミュニケーション活動では，文法，語彙などを正確に，的確に使えるかという点だけでなく，活動の実践と直接的に関連する項目も評価項目として挙げる必要があろう。

　活動の実践と直接的に関連する評価も，一つの技能と密接に関連する評価項目，提案する活動案全体と関連する評価項目なども存在する。また，自己評価しかできない項目もあれば，相互評価が適している項目なども存在する。

　プレゼンテーションを例にとると，発音やイントネーション，発表の態度な

8　評価、パフォーマンス評価は、スペイン語教育研究会（GIDE）の今後の研究課題の一つである。

どは，特定の活動に特化するものではなく，活動全体に共通のものなので，それらについて意識する具体的な活動を入れる必要があろう[9]。

一方で，協働作業などが円滑にできるか否かなどは，教員の観察だけによらず，自分の意識，グループのなかでの相互評価などに委ねることが必要である。具体的な基準を示すことが難しく，観察だけでは不十分であったり，学習者の努力など具体的には測りにくくなったりする場合があるからである。

社会文化項目については，テスト形式によるチェックも考えられるが，広くスペイン語圏の文化を知ることも目的とすると，活動の結果得たスペインやラテンアメリカのことを自己評価することで学習意欲も高まるだろう。

4 文法授業の必要性と授業実践

文法の授業を考える際に，到達目標をどのように捉えるかが大きな課題となる。到達目標の設定を文法項目の習得に基づいて行う場合には，学習者は，簡単な文の作成で満足し，文法項目が複雑になるほど，なぜそれを学んでいるかがわからなくなり，学習動機も低下していく恐れがある。語彙を組み立てて，文法的な文の作成で満足し，実際のコミュニケーションから離れていくからである。たとえば，文法項目を利用しながら何らかの表現活動を行って意識的に目標設定をすることで，学習者が表現の幅が広がったということを実感できる場を与えることが可能となる[10]。

グラフィックシラバスを使って，文法授業をグループ化しながら，表現活動の目標を具体的に示す試みを行った。実際，このシラバスによって学習者が何のために文法を学ぶかが意識することが可能となった。たとえば入門期の学習で，人称代名詞，動詞 ser，家族，職業，国籍を表す名詞（名詞の性と数），容姿，性格を表す形容詞を学ぶなどを一つのグループとして，そこまでの目標を家族紹介を行うと設定し，文章を完成させる作業を課した。これによって，独立し

---

[9] 例えば，良くない例，良い例など二つを比較し，どちらがより適切な自然な発音に聞こえるのか，わかりやすいプレゼンテーションとして捉えられるかなどを意識させるような活動を組み込むことができるだろう。
[10] この授業実践は 2018 年春学期に行ったものである。

た形で理解されてきた文法項目がどのように活用され，文章作成ができるかを観察することも可能となった。学習者は添削された作文をもう一度書き直すことで，学習内容を確認し，学習内容のふり返りの大切さも意識することができた。学習者が，これだけの表現ができるようになったと自分自身の学習の成果を認識することができたことも大切なことと思われる。

ここで述べた例は，教科書を使用した授業での工夫であるが，5+5 ステップによる語彙，文法の導入は，表現目標を常に設定した活動で，その各段階が，後にくる自由な表出の準備段階ということができる。

今回の実践では，作文—書く作業を目標に設定したが，最後にプレゼンテーションをする，自分でまとめた文章を読むなどを導入することにより，さまざまな技能に目を向けた文法授業の展開が期待できる。

5 まとめ

『めやす』に触発されて作成した『スペイン語学習のめやす』をめぐる問題提起，特に，語彙・文法項目の導入や練習をどうするのか，文法の授業は単調なのか，文法が体系的に教えられる必要はないのか，という問いはさまざまな要因を多面的に考察した上ではじめて答えられるものであろう。

我々が掲げた目標達成のためには，実際にどのような活動を構築することができるのだろうか。社会文化，語用論的な視点を重視した導入と文法の具体的な練習をどのように結びつけることが可能なのか，文法を外国語教育のなかでどのように位置づけ，どのような練習が習得に結びついていくかを考える上でも重要な課題となろう。

『めやす』実践例のなかで，どのように文法，語彙の練習を行っているのか，どのような提案がなされているのかを観察することは，今後のスペイン語教育の文法，語彙習得の実践例，目標実践のための活動例の構築に大きな意味を持っていると言える。

5 『フランス語の学習指針』と『めやす』

茂木良治

1 はじめに

　ヨーロッパ言語共通参照枠（CEFR）が出版されて以来，日本のフランス語教育の現状に適していながら，明確な教育理念や教育目標を示した共通の枠組みが必要であると盛んに議論されてきた。このような状況のなか，日本の中国語・韓国語教育向けに作成された『めやす』が出版され，フランス語教育関係の教育者・研究者らは大きな刺激を受けた。そして，『めやす』に感化された日本フランス語教育学会会員の有志を中心に，2016年より本格的に日本におけるフランス語教育向けの指標の策定作業が開始され，『めやす』を参考にしながら，2018年3月に『フランス語の学習指針』暫定版であるver.0.1[1]が完成した。

　本稿では，まず日本のフランス語教育において，『フランス語の学習指針』が必要となる背景について概観する。次に，『めやす』からどのような影響を受け『フランス語の学習指針』（ver.0.1）が作成されたか，その特徴に触れながら，解説する。そして，『フランス語の学習指針』（ver.0.1）に基づいた授業実践を簡単に紹介しながら，今後改訂する上で，検討すべき課題を提示する。

2 『フランス語の学習指針』が必要となる背景

　この節では，日本におけるフランス語教育の現状を検討し，『フランス語の学習指針』のようなフランス語教育向けの指標をなぜ策定する必要があるのか，

---

[1] 『フランス語の学習指針』（ver.0.1）は，武井由紀，野澤督，茂木良治，菅沼浩子，中野茂，山田仁，古石篤子によって構成される「フランス語の学習指針」策定研究会によって策定されたものである。

その背景について概観する。

2-1　教育指標不在のフランス語教育

　近年，社会のグローバル化が進み，国内外にかかわらず，外国語話者と交流する機会が増大している。これらの外国語話者とコミュニケーションできる能力を養成することが，外国語教育の目標の一つであることに異論はないだろう。しかしながら，日本のフランス語教育において，この目標を達成するためにどのように何を指導すればいいのかということを示した教育指標が存在しない。

　高等学校の外国語の学習指導要領において，英語以外の外国語に関しては，英語に関する各科目の目標および内容等に準じて行うという記述にとどまっており，フランス語に特化した明確な指標は存在しない。平成30年に公示された新学習指導要領においても大きな変更はない。このように教育指標が不在のため，中高生向けの検定教科書もなく，カリキュラムの構築はすべて現場の教師の裁量に委ねられている状況である。もちろん，学習指導要領のように遵守しなければならない教育標準がないということは，縛りがないため，教師は授業の開講形態や時間数を考慮しながら，カリキュラムを構築できるという利点はある。その一方で，教育標準がないため，各高等学校で何をどの程度生徒たちは学んだかを示すことが難しく，レベルや学習目標が多種多様なものとなってしまっているという難点がある。そのため，高等学校でフランス語を学んでも，進学先の大学でその学んだことが活かされないという問題が生じている。

　大学においても，教育標準がないため，依然として文法シラバスに基づく授業が展開されている。コミュニケーション能力を養成することの重要性が広く共有された昨今においても，文法訳読式の授業はそのまま残り，ネイティブ教員による会話の授業が文法の授業とはあまり連携が取れていない形で，展開されることがほとんどである。後述するが，CEFR が出版された後も大きく状況は変わらず，日本におけるフランス語教育では，なかなかコミュニケーション能力の養成に向けた教育が展開されにくい環境になっている。

中等教育および高等教育の現状からも，日本のフランス語教育の理念や教育目標を明確に示しつつ，コミュニケーション能力の養成に向けたカリキュラムや授業をデザインするのを手助けするような指標が必要であった。

2-2　CEFR と日本におけるフランス語教育

2001年に CEFR が発表され，ヨーロッパの外国語教育全体が CEFR をベースとしたものへと変革された。語学学校の授業，教科書，検定試験なども CEFR に準ずることになった。その影響もあり，日本のフランス語教育においても CEFR を日本の状況に適応させる文脈化が議論され始めた。西山（2009）は，言語政策的な立場から CEFR のインパクトについて検討し，文脈化の問題を検討してきた。そのほかにも，2009年に「外国語教育の文脈化：『ヨーロッパ言語共通参照枠』＋複言語主義・複文化主義＋ICT とポートフォリオを用いた自律学習」というタイトルで国際研究集会が開かれるなど，多数の講演会やシンポジウムが開催され，CEFR の文脈化について検討されてきた。しかしながら，アンティエ（2014, p.32）が「なぜ CEFR の枠組みを導入するかということは，よく議論されていることであるが，CEFR を到達目標にする場合，どのように教えるかということについては，あまり議論されていない」と指摘するように，CEFR を日本の文脈に適応させる際に，どのような教授法で，どのような授業実践ができるのかについては日本のフランス語教育ではほとんど検討されてこなかった。

これは CEFR 自体の特徴とも関係が深い。そもそも CEFR は包括的な参照枠であり，具体的な言語に特化した枠組みでもなく，教授法に関しても柔軟な立場を取る。したがって，授業で使えるアイデアや実践例なども提供してはくれない。また，依然として文法シラバスで授業が展開されていることが多い日本のフランス語教育を，CEFR が提案する行動中心主義のような機能シラバスへと大幅に転換させる作業は容易ではない（茂木，2018）。そのため，現場のフランス語の教師がすぐに手を出せるものではなかったのではないだろうか。

CEFRに合うようなフランス語教授法について議論が進まない一方で、日本の外国語教育におけるCEFRの重要性は日に日に増してきている。CEFRのA1~C2の6段階のレベルや能力記述文など既に浸透してきており、CEFRに基づくカリキュラムや授業を展開する必要に迫られている。このような事情からも、CEFRの理念に則りながらも、現場のフランス語教師が授業を構築するのを手助けするような指標が必要であった。

3 『めやす』への関心から『フランス語の学習指針』の策定へ

本節では、まずCEFRや『めやす』の出版が刺激となり、『フランス語の学習指針』の策定作業が開始された経緯について簡単に紹介する。次に、『めやす』のどのような点から特に影響を受けたかについて述べた後、2018年3月に完成した『フランス語の学習指針』(ver.0.1)の特徴について紹介する。

3-1 『フランス語の学習指針』策定開始までの経緯

教育標準の不在が長年続くなか、CEFRの文脈化に関する議論や『めやす』の出版が刺激となり、フランス語教育においても『めやす』のような指標を策定しようという動きが起こった。2013年8月から三度にわたり勉強会が開催され、當作靖彦氏より『めやす』に関して、大森洋子氏より「スペイン語学習のめやす策定の試み」に関して御講演いただき、このような指標がフランス語教育にも必要か、策定する場合にはどのような構成で、どのような内容を含める必要があるかなど活発に議論がなされた。

また、多くの中高・大学のフランス語教師が、国際文化フォーラムが主催する『めやす』マスター研修へと参加し、『めやす』の提案する理念や『めやす』に基づく授業デザインなどを体験している。マスター研修参加者が中心となり、第30回獨協大学フランス語教授法研究会にて、フランス語教育に携わる多くの人々に『めやす』に基づく授業実践を紹介し、その実践を体験してもらうと

いう目的で，著者・森内悠佳子氏・菅沼浩子氏による「プロジェクト学習と評価ルーブリック」（茂木他，2017）と，野澤督氏・中野茂氏による「学習目標を明確にするために」という2つのアトリエが開かれた。

上記のマスター研修の参加者や，以前からフランス語教育向けの指標策定に興味のあった日本フランス語教育学会会員有志が集まり，2016年4月より『フランス語の学習指針』の策定作業が本格的に開始された。

3-2 『めやす』やCEFRからの影響

『フランス語の学習指針』の策定を始めるにあたって，外国語教育に関する主要な枠組みを分析し，それぞれの特徴などを検討し，活かせる点を検討した（古石・茂木，2016）。『スペイン語学習のめやす』や『外国語学習のめやす―ロシア語教育用―』のように，『めやす』の提案する教育・学習モデルを踏襲するかも検討した。その結果，日本のフランス語教育において，A1~C2の6段階のレベルや複言語・複文化主義など，CEFRの影響が既にかなり浸透しているという現状を考慮し，現場のフランス語教師が馴染みやすいように，CEFRの考えに則りながら，授業実践面では『めやす』を参考にするという方向性で『フランス語の学習指針』を策定することになった。このような経緯で，「めやす」という言葉ではなく，「学習指針」という言葉が採用された。いずれにせよ，『フランス語の学習指針』はCEFRと『めやす』の影響を色濃く受けている。そのなかでも代表的な例を以下に挙げる。

CEFRに則っている箇所は，レベルである。フランス語教育に限らず英語などでも，CEFRの6段階のレベルは既に浸透しており，教育機関では到達目標としてこのレベルが利用されるのをよく目にする。『フランス語の学習指針』（ver.0.1）では，CEFRのA1程度のレベルを想定し，作成した。中等教育，高等教育ともに，A1は初めてフランス語を学ぶ学習者が1～2年かけて目指すレベルであり，日本におけるフランス語学習者のほとんどがこのレベルに相当するため，『フランス語の学習指針』（ver.0.1）ではこのレベルに絞った。

『めやす』は，日本での第二外国語教育を軸にしており，文脈の設定がはっきりしているため，CEFRではなかなか捉えにくかった教育理論から授業実践へのつながりを明確に提示してくれた。具体的には，「3領域×3能力+3連繋」など総合的コミュニケーション能力の獲得を目指すキーコンセプトの提案から，それに基づいたカリキュラムデザインの方法，評価方法，学習活動など具体的な事例や資料を提示している点などである。なかでも，15の話題分野に沿ったコミュニケーション能力指標の設定は，授業をデザインする上で非常に有効なツールである。CEFRではテーマについては，教師が，「関連領域での学習者の必要性，動機，性格，資質を斟酌した上で，テーマなどを決めることになるだろう」(Conseil de l'Europe, 2001，吉島・大橋訳，p.54) とあり，具体的なテーマに基づいた能力記述文は提示していない。現場の教師は，学習者のニーズからテーマを設定し，そのテーマで学習者のレベルで扱えるような能力記述文が即座に選択できれば，学習目標の設定も容易になり，授業デザインがスムーズに行えると考え，『フランス語の学習指針』においても『めやす』のようなテーマ別の能力指標を採用している。

次に，CEFRや『めやす』との類似点などに触れつつ，『フランス語の学習指針』の特徴を具体的に紹介する。

3-3 『フランス語の学習指針』の特徴

『フランス語の学習指針』では，3つの理念とそれに対応する教育目標を以下のように設定している。

理念1　フランス語の基本的運用能力の育成
　　　　教育目標1　やりとりすることを目標にした授業をデザインする
理念2　他者を知る／自己を知る
　　　　教育目標2　フランス（語圏）の社会，文化的項目を授業に取り入れる
理念3　積極的に学習にかかわる
　　　　教育目標3　学習者が主体となる授業づくりをする

このように，フランス語教育を通して，フランス語による言語運用能力，異文化理解能力，主体性・積極性など態度や協働力の育成を目指している。

これらの教育目標を達成するような授業を展開しやすくするために，『フランス語の学習指針』では，『めやす』を参考にしながら，16のテーマを設定し，テーマ毎にコミュニケーション能力指標を提案している。16のテーマは以下の通りである。

1. 自分と身近な人々　2. 交流・つきあい　3. 日常生活　4. 学校生活
5. 衣・ファッション　6. 食　　　　　　7. 住　　　　8. 健康
9. 趣味・嗜好　　　　10. 買い物　　　　11. 交通
12. 旅行・ヴァカンス　13. 職業　　　　　14. 記念日・行事
15. 季節・天候　　　　16. 地域社会と世界

各テーマのコミュニケーション能力指標は，図1のような構成になっている。

テーマ10：買い物	
具体的内容	・買い物について

コミュニケーション活動

やりとり	
【10-I-1】ほしいものについてやりとりができる	［希望を伝える］
【10-I-2】商品購入についてやりとりができる	［希望を伝える］
【10-I-3】店の場所、営業日、営業時間についてやりとりができる	［（施設・店について）尋ねる・説明する］

受容的活動	産出的活動
【10-R-1】広告やカタログ、タグ、商品表示などを見て、商品情報を理解できる　　［（商品について）情報を読みとる］ 【10-R-2】看板、案内図、パンフレットなどを見て、店や売り場についての情報を理解できる　　［（施設・店について）情報を読みとる］ 【10-R-3】購入品のレシートを理解できる　　［（商品について）情報を読みとる］	【10-P-1】小切手を書く　［（値段について）情報を記入する］

図1　テーマ10「買い物」のコミュニケーション能力指標の能力記述文

図1はテーマ10「買い物」のコミュニケーション能力指標の能力記述文である。「買い物」の［具体的内容］として，このテーマで扱う具体的な言語活動の内容が示されている。そして，［やりとり］［受容的活動］［産出的活動］の3種類の言語活動を想定し，それに基づく能力記述文を提示した。［やりと

り〕は対話者との口頭あるいは筆記による相互的な言語活動を想定している。一方，〔受容的活動〕は学習者が一方的に情報を受け取る場面での活動であり，〔産出的活動〕は学習者が一方的に情報を発信する場面での活動となっている。これは，CEFRの想定する4種類の言語活動（「受容（reception）」「産出（production）」「相互作用（interaction）」「仲介（mediation）」[2]であったり，『めやす』で採用している3つのコミュニケーション・モード（対人モード，解釈モード，提示モード）の考え方に沿った形となっている。『フランス語の学習指針』の特色としては，3種類の言語活動のなかでも〔やりとり〕が最も重要な活動であり，現場のフランス語の教師に相互的なやりとりに重きを置いた実践を目指してほしいと考え，中心に据えている。

言語項目	表現
【10-I-1】 Je cherche ｜ un sac à main. Je voudrais ｜ Vous avez ... ? Qu'est-ce qu'il y a comme ... ?	☞ Que désirez-vous ? - Je cherche une cravate pour mon père. ☞ Je peux vous aider ? - Oui, est-ce que vous avez une chemise chic ? 　Non merci, je veux juste regarder. ☞ Vous n'avez pas d'autres couleurs ? - Si, voilà. 　　　　　　　　　　　　Désolé, il n'y a que ça.
【10-I-2】 Je prends ｜ ce pantalon. 　　　　 ｜ le menu à 14 euros. ..., s'il vous plaît. Je peux essayer... Je peux payer ｜ par chèque. 　　　　　　 ｜ par carte de crédit 　　　　　　 ｜ en liquide. 　　　　　　 ｜ en espèces. Vous payez comment ? C'est combien ? Ça coûte combien ? Ça fait combien ?	☞ Une baguette, s'il vous plaît. - Ce sera tout ? - Oui, c'est tout, c'est combien ? 　Et avec ça ? - Non, merci, c'est tout. Ça coûte combien ? ☞ Vous désirez ? - Je prends 1 kilo de tomates et 500g de carottes, s'il vous plaît. ☞ Vous payez comment ? - En liquide. ☞ Je peux payer par carte de crédit ? - Oui, bien sûr.

2　『フランス語の学習指針』の策定を開始した2016年の段階では，通訳や翻訳活動などを意味する「仲介」についても能力記述文を設定することを想定していたが，『フランス語の学習指針』が対象とするA1レベルの学習者が「仲介」する場面は限られているため，『フランス語の学習指針』(ver.0.1) ではこの言語活動は含めていない。2018年にCEFR追補版が発表され，「仲介」に関する能力記述文が加わったため，今後「仲介」についても検討する必要がある。

図2 テーマ10「買い物」のコミュニケーション能力指標の言語項目

このコミュニケーション能力指標の後半部分では，［言語項目］としてこれらの各能力記述文に対応するフランス語の表現・やりとりの例や，必要な文法・語彙が提示してある（図2）。たとえば，「【10-I-1】欲しいものについてやりとりができる」であれば，表現例として《 Je cherche un sac à main. 》（「私はハンドバックを探している。」）などの例文が多数提示されており，語彙としては「店」として《 boulangerie 》（「パン屋」），「食品」として《 boisson 》（「飲み物」）などが提示されており，文法としては「部分冠詞・不定冠詞」などが明記されている。

次の文化的なことを学びに関連づけてみよう！
社会・文化的項目
・日本は現金払い、フランスは少額でもクレジットカード払いが多い。 ・おつりの数え方・渡し方の違い ・パンなどはトングを使わずに手でつかんで渡す。また、パン屋などでは簡易な包装で渡すことが多い。

図3 テーマ10「買い物」のコミュニケーション能力指標の社会・文化項目

さらに、『フランス語の学習指針』では、16のテーマ各々に〔社会・文化項目〕を設けている。言葉の学びに関連付けることで、社会・文化的な差異への気づきを促すことができる要素[3]を提案している。この社会・文化的項目に関しては提示の仕方や内容の適切性など今後検討していかなければならないと考えている。

このように、現場の教師が学習者の興味・関心からテーマを選び、関連のある能力記述文を選択し、対応する〔言語項目〕から、学習者に身につけてほしい表現や文法・語彙項目、社会・文化的項目を参照し、授業のデザインを手助けするものとなっている。

4 『フランス語の学習指針』(ver.0.1)による授業実践と課題

筆者も属している「フランス語の学習指針」策定研究会では、平成29年度外国語教育強化地域拠点事業（代表：中西学園）に採択されたのをきっかけに、高等学校でのフランス語教育において、『フランス語の学習指針』に基づく授業（研究授業）を実施し、その効果を検証しながら、課題を浮き彫りにしてきた。

4-1 『フランス語の学習指針』(ver.0.1)に基づいた研究授業

研究授業は四つの高等学校で行われた。ここでは1校の実践について簡単に紹介する。私立高校でフランス語学習歴2年目の高校生を対象に、『フランス語の学習指針』のテーマ10「買い物」をテーマとし、「パンを買おう」という単元[4]を実施した。単元目標は、①「自分の買いたい商品を伝えることができる」、②「値段を尋ねて、価格を理解できる」、③「日本とフランス（語圏）のお店、店員とのやりとりなどの相違について気づく」とした。具体的な活動

---

[3] 『めやす』における「文化事象例と扱うポイント」と類似したアイデアである。中国語や韓国語の「文化事象例と扱うポイント」は国際文化フォーラムのホームページ（http://www.tjf.or.jp/meyasu）で紹介されている。
[4] 授業の学習指導案や資料については、『フランス語の学習指針』第5章「学習指導案」を参照されたい。

の流れは，パン屋で売られている商品に関する語彙を学び，パン屋を訪れる客とパン屋の会話を理解する。生徒たちはグループで客とパン屋の会話を作成し，最終的にロールプレーを披露するというものである。また，フランスのパン屋でのやりとりを分析することを通して，日本との文化的な差異などを意識させた。単元目標を達成するためにグループによるアウトプット活動で終えるように授業をデザインした。そのほかの3校でも異なるテーマで，このように文化的な差異に気づかせるような言語タスクをグループワークで実践する研究授業を行った。

　四つの高校での授業実践の後，授業に関するアンケートを実施し，87名の生徒がアンケートに回答した。その結果，これらの授業は概ね肯定的な評価を受けた[5]。『フランス語の学習指針』の能力記述文に沿って授業をデザインしているため，学習目標が生徒にもわかりやすかったことがその要因と考えられる。そのほかに，異文化理解活動が生徒たちに好意的に評価されていた。テーマ別のコミュニケーション能力指標に沿って授業を設計したことが影響していると考えられる。その一方で，今後より深く検討しなければならない課題も浮き彫りとなってきた。

　まず，学習歴が短く，語彙や文法などの知識が限られた初修外国語の学習者に対して，どのようにして自発的なやりとりを促すかという問題である。次に，文化的な差異に気づいてもらうような異文化理解活動をいかにして教材や言語活動のなかに導入しながら授業をデザインするかである。これらの課題の解決のヒントは，『めやす』のなかで既に言及はされているものの，『フランス語の学習指針』や『めやす』に基づいた授業を実践する際には，より一層考慮しなければならない点ではないだろうか。

4-2　やりとりの促進について

　今回実施した研究授業は，グループ活動の成果をフランス語で発表するとい

5　授業実践に関する結果の詳細に関しては，『フランス語の学習指針』第6章「実践事例の結果分析」を参照されたい。

うような産出的活動で単元を終えるようにデザインされていたため，相互的なやりとりの促進は不十分だった可能性がある。ロールプレーの発表などは確かに相互的なやりとりであるが，生徒たちのほとんどは準備したスクリプトを繰り返すなど，自発的な発話をするまでには至っていなかった。

　フランス語に限らず，初修外国語の学習者は学習歴も学習時間も短いため，語彙や文法の知識が限られている。『フランス語の学習指針』で強調したようなコミュニケーション活動（特に，やりとり活動）中心の授業をデザインする場合，語彙や文法知識の定着を促すような体系的な学習活動を用意する必要があるだろう。そのためには，『めやす』が提案する「語彙，文法表現を習得するための5+5」（『めやす』pp.80-81）が重要になる。語彙と文法を導入し，インプット活動からコンテクストを伴った開かれたアウトプット活動に至るまで体系的に実施し，定着を促さなければならない。

　やりとりを促すためにも，今後，フランス語の語彙や文法項目において，「語彙，文法表現を習得するための5+5」に相当する学習活動を蓄積し，共有することが必要になる。それらを『フランス語の学習指針』の改訂版には盛り込む必要があるだろう。

4-3　異文化理解教育を意識した学習活動のデザイン

　次に，今後検討していく必要があることとして明確になったのは，外国語を教えるなかで，いかにして異文化理解を促進するかという点である。

　異文化理解教育に関して『めやす』では以下のような立場をとる。

>　「『めやす』では，文化を知識として理解するだけでなく，「目に見える」文化事象（事物や行動）を学習者が観察し，みずから発見や気づきをすることが重要だと考えています」（『めやす』p.27）

>　「さらに文化事象の背景にある「目に見えない文化」（考え方や価値観）については，なぜ文化に異同があるのかを学習者が調べて，考えることがとても重要です。教師が答えを教えるのではなく，学習者の興味・関心を喚起し，適切

な材料を提供したり，学習を導いたりして，学習者の観察力，想像力，調査力，分析力などを高めることで文化の学びの力が身についていくのです」(『めやす』p.27)

このような『めやす』の異文化理解に関するアプローチは，異文化コミュニケーション能力の育成を言語教育の目標とすることを提唱する Byram (1997; 2011) のアプローチに類似している。『フランス語の学習指針』においても，これらと同じ立場を取り，異文化理解教育を実施することを目指している。そのため，上記の研究授業のなかでも，「パンを買おう」という単元において，実際にフランスのパン屋で買い物する様子を動画で生徒たちに見せて，注文方法やパンの陳列の仕方など日本のパン屋との違いを意識させた。そのほかにも，パン屋と客の会話例を観察することで，入店時の挨拶であったり，お釣りの返し方の違いなど言語表現からも違いに気づかせるように促した。さらに，リフレクションシートを配布し，文化について考察する機会をもうけた。その結果，生徒たちは文化差に気づき，その違いについて関心を抱いていた。

このような異文化理解を促すような授業デザインは容易なことではない。たとえば，初修外国語学習者の場合は言語運用レベルが低いため，ネイティブスピーカー向けのオーセンティックな素材の利用は限られてしまう。そのため，教師は学習者のレベルを考慮しながら資料を探し，補助教材を作成したり，教科書のアダプテーション（適応）をしたりしなければならない。また，テーマによっては文化的な差異への気づきを促すのが容易ではない内容もある。さらに，異文化理解をより一層促すために，ロールプレーであったり，実際に目標言語話者と交流するなどのアウトプット活動（特に，やりとり活動）を通して，学習者が目標言語の文化的な側面を体現できるような活動も重要となる。

外国語運用能力を向上させつつ，異文化理解を促進するような授業のデザインは重要であることは言うまでもない。しかしながら，このような教授法はまだまだ外国語教育のなかに浸透しているわけではなく，確立したものではない。出版されているフランス語の教科書などを分析しても，文化に関してはコラム

として説明が付記されているに留まることが多く，依然として教師が目標文化に関する知識を伝達するという方法が主流となっている。したがって，学習者に文化的な差異への気づきを促し，多様性に開かれた態度を養成するような異文化理解教育の手法であったり，授業デザインのプロセスをどのようにして現場のフランス語教師に伝えていくかを今後検討し，『フランス語の学習指針』の改訂版では明示していく必要があるだろう。

5 おわりに

　『めやす』は，本来は中国語・韓国語教育に向けられて策定されたものだが，他の外国語教育へもたらした影響は多大である。特に，CEFR に出会い，どのようにすれば日本の文脈に適した参照枠を提案できるのか頭を悩ませていたヨーロッパ系言語の研究者や教師に，『めやす』は一つのモデルを示してくれた。その『めやす』からの影響を受けながら，『フランス語の学習指針』(ver.0.1) が策定された経緯と，その特徴や今後の課題について本稿では紹介してきた。

　『フランス語の学習指針』は，2018 年時点でまだ暫定版である。上記に示した通り，自発的なやりとりを学習者に促すための手法の開発や，異文化理解教育を意識した学習活動のデザインなど課題が残っている。そのほかにも，現段階では A1 レベルを想定して策定しているが，レベルの適切性など検討の余地がある。このように，まだまだ解決しなければいけない問題が山積みである。今後，『めやす』に基づく実践事例やその展開などにも注目しながら，『フランス語の学習指針』に基づく授業実践を重ねたり，改訂を試み，より信頼性が高く，実用性のある『フランス語の学習指針』を現場のフランス語教師に提案していく予定である。

第 2 部

理論的展開

6 『めやす』が示す評価と今後の課題
教育現場における教師の声を手掛かりに

池谷尚美・中川正臣

1 私たちの問題意識

　『めやす』は，2012年3月3日に上智大学で開かれた『外国語学習のめやす2012』記念シンポジウム「未来を生きぬくための外国語教育に挑む」（公益財団法人国際文化フォーラムと上智大学国際言語情報研究所の共催）において発表された。『めやす』は2007年に『高等学校の中国語と韓国朝鮮語—学習のめやす試行版（以下，めやす試行版）』が発表されて以降，外国語学習のめやす2012プロジェクトのなかで開発されてきた。2009年から2012年までに，公益財団法人国際文化フォーラム主催の外国語教師を対象にした教師研修を行いながら『めやす』の練り直しも行っている。具体的には『めやす』の5＋5をもとにした授業案づくり（2009年8月），バックワードデザインを取り入れた学習シナリオづくり（2010年8月），『めやす』のキーコンセプトを取り入れた単元案づくり（2011年8月），学習動機と学習効果を高める評価づくり（2012年8月）などがテーマとして扱われ，これらの研修において「学習を促進するための評価」が常に強調されてきた。このように『めやす』において「何を」，「どのように評価するか」という評価実践が議論の対象になるのは，『めやす』における評価の位置づけとその重要性，教師の問題意識の高さを意味していると言えよう[1]。

　この教師が持つ評価に対する問題意識や苦悩，葛藤は，個別言語の教育に限ったものではなく，さまざまな言語教育においてその問題は広く共有されるべきである。私たち[2]は『めやす』が刊行されて6年が過ぎた今，『めやす』が示

---

[1] 2009年から2012年までに開催された教師研修については「外国語担当教員セミナーおよび，高等学校韓国語中国語教師研修」の報告書にまとめられている。http://www.tjf.or.jp/meyasu/support/topics/post-3.php この報告書から教師研修に参加した教師が評価に高い関心を持っていることがわかる。

す評価(能力観及び評価観,具体的な評価方法など)の意義と問題点を振り返り,本章において共有し,解決に向けた第一歩を踏み出したいと考えた。

そこで本章では,『めやす』が示す評価が教育現場にいかなる影響を与え,いかなる問題を抱えているのか,日々,教育現場に立つ教師が抱える葛藤,疑問,苦悩からその実態を浮き彫りにしつつ,その問題と今後の課題について同じ教師である「私たち」に引き寄せながら論じる。

2 「めやすに基づいた評価」とその理論的背景

『めやす』は「他者の発見 自己の発見 つながりの実現」という教育理念と「人間形成とグローバル社会を生きぬく力の育成」という教育目標を示している(『めやす』p.19)。この教育理念と教育目標を,21世紀という時代の文脈のなかで改めて捉え直し,3領域×3能力+3連繋の構成要素からなる総合的コミュニケーション能力育成を学習目標として掲げているのが『めやす』の特徴である。ここで改めて強調したいのは,『めやす』が既存の「コミュニケーション能力」ではなく,「総合的コミュニケーション能力」という用語を使用していることである。その理由は,『めやす』では,「言語領域」,「文化領域」に加え,グローバル社会に参画して社会を作っていく力(『めやす』p.19)である「グローバル社会領域」という学習領域を設けるとともに,知識獲得を目指す「わかる」とスキル習得を目指す「できる」に加え,他者と協働して社会をつくっていく「つながる」という力を能力観に含めているからである。さらにこの三つの学習領域と三つの能力を身につけるために,学習者の関心・意欲・態度・学習スタイル,既習内容や他教科の内容,現実社会である教室外の人・モノ・情報との連繋を示している。

『めやす』ではこれらの能力観に基づき,コミュニケーション能力指標にお

---

2 本章の執筆者である「私たち」とは筆者である池谷(ドイツ語教師)・中川(韓国語教師)の両方を指している。両者ともに『めやす』実践者として研修を受けた教師(めやすマスター)であり,『めやす』に基づいた教育の実践者(以下,めやす実践者)である。本章ではあえて「筆者」ではなく,「私たち」という一人称を使用することで,『めやす』が示す評価の諸問題を,「私たち」に引き寄せ,「私たち」の問題として批判的に省察しながら論じることにする。実践研究における一人称を用いた記述については,三代・古賀・武・寅丸・長嶺・古屋(2014)を参照されたい。

いて15の話題分野と四つの言語運用能力レベルが設けられており（『めやす』pp.34-53），この指標化された目標の到達度を評価するための「めやすに基づいた評価」が提示されている（『めやす』pp.66-76）。『めやす』の評価観は，教育理念，教育目標，総合的コミュニケーション能力，コミュニケーション能力指標，そしてこの「めやすに基づいた評価」によって成り立っている。なかでも「めやすに基づいた評価」のなかでキーポイントとして挙げているのが，「学習者中心の評価を重視すること」，「さまざまな評価を組み合わせること」，「あらかじめ評価基準を決めること」である（『めやす』p.66）。

　「学習者中心の評価を重視すること」とは，教師中心の評価に対する批判から生まれた概念である。外国語教育では，これまで受験者全員に同一の制約を与え，可能な限り客観的な測定を行う標準テスト（standardized testing）が評価に利用されてきた。標準テストは，学校教育における成果を点検する説明責任（accountability）の要請に応えるものとして多用され，現在でも教育分野において確固たる地位を築いている。この標準テストは，一度に多くの学習者を対象に，知識や発達度の度合いを測定することが可能であるが，その一方でさまざまな限界も指摘されている。Hart（2012）は，教育分野において標準テストが測れる能力はテストを受ける能力（test taking ability）であっても実生活で使われる能力とは距離があること，標準テストを通じて学習者に唯一絶対の答えがあるという印象を植えつけること，学ぶ価値ではなくテストに出されやすい内容に目を向けさせていることなどの問題点を挙げている。また，言語教育分野においても，佐藤・熊谷（2010）が人間の価値観は人の数だけ存在し，それは時々の状況とともに変化することを指摘しているように，評価において唯一絶対の正しさを示すことは不可能に近く，小村（2009）が問題視する標準テストはテスト時に顕在化しない能力について目が向けられないという点も払拭できない。このような問題意識から評価研究は，標準テストのような教師から学習者への一方向的な評価のみに依存するのではなく，他者評価と自己評価を通じた自己認識，そして今後の目標設定という学習の促進を目的とした研究へ展開している（中川，2014b）。

これらの近年の評価研究の動向は『めやす』にも影響を与え(『めやす』p.66)、「めやすに基づいた評価」では学習者間評価、グループ評価、外部評価、自己評価など、学習者の学習にかかわるさまざまな人々が評価活動にかかわり、メタ認知能力の育成をも含めた学習を促進するための評価を推奨している[3]。

しかし、この「学習者中心の評価を重視すること」は、教師が学習者の知識や能力を評価する伝統的な評価を完全否定しているのではない。「めやすに基づいた評価」では、二つ目のキーポイントとして「さまざまな評価を組み合わせること」を挙げ、伝統的な評価と新しい評価の融合により、学習者の学習促進に根差した評価を提案している。学習者の学びの促進を中心に据えた評価を行うためには、学習者にさまざまなタスクを課し、学習者自身が自分の学習の過程を評価していく必要がある。そこで、「めやすに基づいた評価」が提案しているのが、パフォーマンス評価やポートフォリオ評価などの多様な評価を組み込んだ代替的評価（alternative assessment）である[4]。この代替的評価を活用し「さまざまな評価を組み合わせること」により、「言語領域」と「文化領域」、そして高次思考力や協働などを含んだ「グローバル社会領域」や「つながる」に対する評価を実践していくことになる。

「めやすに基づいた評価」の三つ目のキーポイントである「あらかじめ評価基準を決めること」は、バックワードデザイン（backward design）による

---

[3] 田中 (2008) は学習者に自分の達成度を認識させるには、外部評価（他者による評価）と内的評価（自己評価）の双方向から関係性を作り出すことが重要だと述べている。外部評価は内的評価をくぐることによって、内的評価は外部評価と照らし出されることによって、達成度が明確になり、今後の目標が設定できると言えよう。この外部評価と内的評価の関係性を作り出すには、「学習の場」が「評価の場」となり、「評価の場」が「学習の場」でならなければならない。両者が一体化された評価活動が行われることで、学習者は自分のこれまでの学習方法や成果を内省し、今後の目標を立てることが可能となる。

[4] 代替的評価は、やり直しができない、結果に注目したプロダクト中心の評価とは異なり、学習者の学習過程で評価が行われたり、学習過程そのものを評価する、まさに学習に埋め込まれたプロセス中心の評価である。パフォーマンス評価は、「さまざまな現実的な状況や文脈で知識とスキルを使いこなせる能力を評価するためのもの（Hart, p.54）」であり、評価の焦点は学習者のパフォーマンスにある。具体的には、作文や作品、タスクシート、レポート、音声ファイルなどが含まれる。一方、ポートフォリオ評価は、学習者のパフォーマンス評価の対象はもちろん、客観式テストや筆記テストなども含まれた広い概念として捉えることができる（田中, 2008）。パフォーマンス評価とポートフォリオ評価では評価対象の幅に違いがあるものの、標準テストにのみ依存した評価に対する批判から生まれた評価である。したがって評価研究において両者は別物とは解釈されず、共通した学習観や評価観によって支えられていると言える。代替的評価の背景にある学習観と評価観については、中川 (2014a) または中川 (2014b) を参照されたい。

カリキュラムデザインと深くかかわる。バックワードデザインは，学習目標から学習内容・方法を選択し，最後に評価を開発する学習内容・方法中心のアプローチとは異なり，学習目標からまず評価づくりを行い，その評価で質の高いパフォーマンスを発揮できるよう学習内容・方法を設計する評価中心のアプローチである。この評価中心アプローチにおいて学習目標と評価は表裏一体の関係にある。学習者に学習目標を示し，その到達度をいかに評価するか，その基準を示してから学習を行うことで学習と評価の「真正性」が確保できるのである。

　田中（2001）によると「真正性（authenticity）」や「真正の評価（authentic assessment）」という用語が，教育学研究の論文に登場したのは1980年代の後半からだという。これは構成主義や社会構成主義が教育分野において台頭した時期とも概ね一致する。Hart（p.12）は真正の評価の設計について次のように示している（番号は執筆者）。

① 本質的な学習の中核，つまり私たちにとって重要な理解と能力に迫るものであること
② 教育的であり，魅力的なものであること
③ 「成績を出す」ためだけの行為ではなく，カリキュラムの一部であること
④ 実生活や学際的な課題を反映していること
⑤ 生徒に，知識とスキルを統合して行うような，複雑で，多義的で，オープン・エンドな問題と課題を提示すること
⑥ 多くの場合，その終着点は生徒の完成作品やパフォーマンスとなること
⑦ 生徒をより高次でより豊かな認識水準へと向かわせるスタンダードを設定すること
⑧ 生徒の多様な能力や学習スタイル，経歴などを認め，尊重すること

真正の評価では、学習者が真正のタスクを遂行する過程で現れるパフォーマンスを評価することになる。真正の評価が主張する真正性とは，④「実生活や学際的な課題を反映していること」を指し，真正のタスクは「大人が仕事の場や

市民生活，個人的な生活において真に『試される』ような，鍵となる困難な状況を模写する（Wiggins & Mctighe, pp.184-186）」ものであることが条件となる。つまり，学校教育の場面でしか通用しない限定的なタスクの遂行を評価するのではなく，「大人＝一般社会」と捉え，社会と深く関わる課題を与え，社会にも活用できる知識や能力を評価しようというものである（佐藤, p.122）。この真正なタスクの遂行に関する評価はカリキュラムに埋め込まれた形で実践される。タスクを遂行する際に，学習者にはあらかじめ評価基準が示されるが，これは単に評価のためだけではなく，学習者の能力をより高い水準まで押し上げる学習の指針や思考の柱としての役割も担う。

　ここまで「めやすに基づいた評価」とその背景にある理論について取り上げた。無論，『めやす』はさまざまな理論や研究結果がその土台となっているため，ここで取り上げたものだけが「めやすに基づいた評価」を支えているわけではない。しかしながら，学習者にとっての実社会に結びついた目標と課題を設定し，その課題を遂行するために必要な能力を評価していき，学習者に対し，振り返りを促す真正の評価（論）は，「めやすに基づいた評価」の理論を構成する一つであると言える。

3　教師へのインタビューから浮かび上がること

　前節で示した『めやす』が示す評価は実践するために示されたものである。そこで、私たちは日々、教育現場に立つ教師が『めやす』が示す評価によって、どのような影響を受け、実践のなかで何を課題だと感じたのかを探るために、2018年2月から5月にかけて半構造化インタビュー調査（以下，インタビュー）を行った。

3-1　インタビューの対象者の背景

　インタビューは私たち2人とインタビューの対象者1名の計3名で行った。

インタビューの対象者は以下の3名である。

教師A：『めやす試行版』と『めやす』のプロジェクトメンバー。高校勤務を経て，
（以下A）大学で中国語専攻の学習者を教えている。中国語学習者向けの著書があるだけでなく，授業でも独自の手法で，多様で新しい授業を展開する中堅教師である。

教師B：『めやす』プロジェクトメンバー。大学の中国語教育と大学院の教師教育を
（以下B）実践している。既に教歴20年以上のベテランで，鋭い視点から外国語教育に対して独自の意見を発信している。インタビューでは専門知識を基にした豊富な実践例についてユーモアを交えて語った。

教師C：『めやす』関連の研修を数年前に受け，高校で英語とドイツ語の授業を担当
（以下C）している。Cも高校でドイツ語学習を始めた経験を持っているため，高校での第二外国語教育に対する思い入れがあり，生徒からの信頼も厚い。高大接続に関する研究会などで積極的に発言している。

　この3人を対象としたのは，高校生・大学生・大学院生という異なる学習者に日々接していることと，『めやす』に関わりを持つようになった経緯や時期，関与の度合いが違うからである。私たちは，このような異なる背景を持った対象者へのインタビューを通じて，『めやす』が示す評価の意義や問題点を探っていった。以下にインタビューから得られた重要な論点を記述する。

3-2　実社会につながる力への能力観の変化

　3人の教師はそれぞれ，『めやす』が提唱する総合的コミュニケーション能力から強い影響を受けている。Aは『めやす』にかかわった当初，文法語彙の学習と運用能力の連携を意図していたが，徐々に「わかる」，「できる」だけでなく，実際に「つながる」ことを意識するようになり，「中国語の授業のなかで，いかにトータルに，世の中に出て行った時に必要と思われる力を身につけられるか」を考えるようになった。その結果として「中国語を教えるだけが自分の仕事ではない」という考えに至っている。また，Bは教員養成の場で，以前はオーセンティックな言語活動の設計を主眼に置いていた。その後『めやす』に

かかわるようになり，学習者に身につけさせたい能力が「実社会に出た時に本当に役に立つかどうか，ほかの社会的な行動としての何かにつながるか」を重視するようになったという。その結果，プロジェクト型学習に代表されるような授業設計の方法と言語領域以外の要素を実践に盛り込むための枠組みを『めやす』から学んだといえよう。そしてCは，成果物発表の際に，教室外の人を発表相手として意識させることで，学習者のモチベーションが向上する効果を認めている。

　上記のように，『めやす』が提唱する教育は実践する教師たちの教育観や実際の授業に肯定的な影響を与えていることがわかる。『めやす』の特色である「言語を使って社会活動をする力や考える力までを意識した総合的コミュニケーション力」（『めやす』p.57）の育成を見据えたコンセプトは，実際の社会活動という観点を基に，言語以外の要素を授業に組み込む新たなきっかけを生み出した。そして，その効果も教師たちに実感されている。

3-3　教育現場で教師が抱く葛藤
　　　─プロジェクト型学習と基礎学習のバランス，同僚性─

　前述したように『めやす』の能力観による影響は3人の教師の発言から確認できたものの，同時に，教育現場で生じる困難も垣間見える。たとえば，外国語学習で従来から重要視されている語彙・文法といった基礎学習をどの程度充実させられるかという点である。Cが勤務する高校では，プロジェクト型学習のテーマに関わる言語知識だけでなく，大学入試に必要とされる基礎的な語彙・文法の知識を学習者個人が網羅的に身につけなければならない。つまり，プロジェクト型学習の実践において設定した学習目標と，大学入試を視野に入れた学習目標が必ずしも合致しないという現実がある。それに加え，プロジェクト型学習のように一定の時間を要する学習を進めることによって，基礎学習に費やす授業時間が確保できなくなるという問題も浮上した。

　このような，基礎学習を充実させる時間を確保し，学習到達度をある程度ま

で保障するという問題に関しては，Aも類似した発言をしている。Aは翻訳のプロジェクト型学習において，グループ学習を優先させた結果，個人の学習到達度が見えにくくなっていると言う。

　　最後の期末試験は，授業で扱ったものと同じジャンルの文章を初見で読んで訳して，辞書持ち込み可でやったんですが，個人だと思った以上に読めてなくて。グループワークの作品は素晴らしかったんですけどね。毎回の授業は各自予習してきた訳文を授業の最初に20分くらい，ペアで整えて教え合いっこして発表するから，その元々，本人たちがどれくらい読めてなかったかっていうのが試験まではあんまり見えてこなかった。(A)

　大学で外国語を専攻している学習者が社会に出た場合，そのような学習者は，言語に精通しているとみなされ，将来的に目標言語で書かれた文章を独力で翻訳・要約しなければならない局面に遭遇することもある。このような場面に対処するため，Aは学習者それぞれに語彙・文法の基礎知識や翻訳技術をある程度身につけてもらいたいと考えている。もちろん，プロジェクト型学習を取り入れることで，協働による学びは促進される。その一方で，個人の学びが見えづらくなり，基礎学習がおろそかになるという懸念も同時に示している。
　もう一つは同僚性の問題である。Aは自身が所属する大学での同僚教員との関係について，次のように発言している。

　　本当はいろいろな先生で連携できてたら…最終的にこういう学生を作りたい，こういう力をつけたいと。LLの授業ではこういうことをやって，天気予報の聞き取りをするのなら，じゃあスピーチの先生は，天気予報を作って実際しゃべってみる，みたいにすれば，内容的に工夫することもできるし。たとえ内容はリンクしなくても，ある程度，全体像をイメージした上で，自分はここの力をつけますよ，っていう意識をもっと持ってできたらと思う。大学の授業って，専任もそうだし，非常勤の先生も，とにかく自分の授業のことは精一杯考えてるけど，ほかの人が何やってるかとかに関心を持たなかったり，連携したくても

話し合う時間を持てなかったり。学習者のなかでは一つなのに，教える側が全然ひとつになってないから。もしひとつになってたら今みたいな問題が解決できることもあるんですかね。(A)

　Aは教師同士で教育観についての合意形成をしたり、育成したい能力観に関して教育機関全体で考えたいと思っているものの，同僚間において深い議論に至らないことを述べている。大学での授業は，担当の教師の裁量に任されることが多い。そのことは教育実践の独自性という面で利点と言えるが，教育機関全体で教育観を共有し，同じ学習者に対して連携を取っていくことの難しさがうかがえる。

　以上のように，教育現場では，プロジェクト型学習を推進する結果，学習者個人の学習成果に対する意識が薄れるという懸念がある。また学内の同僚性をいかに構築できるか，という教師間の協働の問題が明らかになった。

3-4　学習者オートノミーと批判的思考力の欠如

　『めやす』では，さまざまな能力観が記載されてはいるが，その理論的背景が表面的な記述にとどまっている能力観もある。以下はその例である。

　　学習者オートノミーについてはあまり語ってないですからね。だからそういった方も必要なのかなっていうふうに思いますけどね。あとはやっぱり，これを，批判的な思考能力って簡単に言うけれども，たとえばですね，私が今勉強してる言語はどんな言語なのか，先生はこういう言語だって言うけれど，本当にそうなのか，っていうふうに疑ってみる能力とか。先生はこういうことが大切だと言うけど，本当にそうなのか？　っていうふうに一度疑ってみる能力とか。それはあらゆることに対する批判的能力もそうなんですけれども。今自分が勉強してることに関して，教師が提示している価値観は本当に合っているのかっていうようなことを疑う能力も必要だと思うんですよね。そういったところも欠けているなって思いますね。(B)

学習者の自律性についてはすでに『めやす』の教育目標として触れられており，ポートフォリオを紹介する箇所でも「自己の学習に責任を持った自律的な学習者」（『めやす』p.75）を育成する必要性を謳ってはいる。また，この学習者の自律性は，3連繋の一つである学習スタイルに含まれていると言えるかもしれない。しかし，今日の教育学では自律した学習者を育成することは外国語教育の重要な柱と位置づけられており，より積極的に重要視すべき能力観である。したがって，今の視点からすると『めやす』は学習の自律性への言及が薄いという批判は妥当なものであろう。批判的思考力も同様に，21世紀型スキルで定義されているスキルの一つであり，市民性教育における重要な概念である。この能力も『めやす』に積極的に取り上げられるべき点だと言えよう。

3-5　ルーブリックを用いた評価の限界

　『めやす』のなかでは評価に関して，ルーブリックによる評価が特に推奨されている。「評価のガイドライン」（『めやす』p.68）としてルーブリックを使用することは，学習者に学習の道筋を示すことができるという利点[5]がある。そのことについては，対象者3人の発言からもその効果が裏付けられた。特にCはルーブリックを用いる利点について，次のように語る。

> 多分，3段階とか5段階評価だと埋もれちゃうことっていうんですかね。とりあえず普通だった，とりあえずよくできた，じゃあ次どうする？とかはなく。(C)
> けれども，ルーブリックを作ると，多分，次あったらこういうところに気をつけたいみたいなことが，具体的な目標が。なんか，緊張したとかじゃなくて。(C)

　特に自己評価や相互評価をする際に，学習者がお互いの成果物を印象や感想で判断するのではなく，ルーブリックに即して評価することを通じ，次の学習への具体的な目標が学習者に意識化されていることがうかがえる。このように5段階評価のような評価システムでは埋もれてしまう点をすくい上げることが

5　ルーブリックを使った評価の利点については，山崎氏の第1章を参照されたい。

6 『めやす』が示す評価と今後の課題──教育現場における教師の声を手掛かりに

できるのも，ルーブリックの効果であると言えよう。

その一方で，問題点として，Cはルーブリックの評価基準の数と項目の選定を挙げている。ルーブリックでは一度に多くの評価基準を設定すると学習者の負担にもなる。そこから外れた観点は，チェックリストや作文の宿題など別の評価を組み合わせて補う方法を考えねばならない，という工夫が示された。ルーブリックについては，別の批判もある。評価基準の記述を教師が固定的に捉えることは，学習者が重要だと思っている能力やニーズをかえって狭めてしまうのではないか，という意見である。以下は，自分の授業でルーブリックを使用した際のBの経験である。

> （筆者注：授業のなかで）あなたは，自分のこの学習プロジェクトをどういう観点で評価して欲しいと思うか，自分の学習プロジェクトを評価するルーブリックを自分で作って私に提出しろと。私はそのルーブリックで評価する，って言ったんですよね。そうなると，大体の学生は似たようなことを書くんですけれども，でも細部が違うんですよね，少しずつ。その学生が大事に思っていることっていうのが前面に出てくるような感じで。そうなるとね，評価項目というのも，ある程度学生が自分はどこを大事だと思ってるかっていうのは，反映させてもいいのかなっていう気はしてきますよね。それから言語能力以外の部分っていうところを評価するっていうのは非常に難しいと思うし，そこで評価基準をかっちり決めると，僕らがその学生の言語能力の，さっき言ったバランスも僕らが固定しちゃってるような気がするんですよね。（B）

> あれ（筆者注：ルーブリック）を固定的に捉えると，我々が学習者の能力のデザインを，我々が固定しちゃってることになるな，っていう風に思うんです。そこには学習者の好みとか，もっと言えば我々が知らないようなニーズとか，特性とか。そういったものを活かす余地があんまりないような気がする。そこまで固定しちゃえるほど，あのルーブリックで示した学習の指針は誰にとっても重要なものかって言うと，結構教師が恣意的に好みで作っているようなものもある。（B）

Bは，実践のなかでルーブリックを学習者に作成させたところ，類似した記述であっても，その細部が異なっていたという経験をしており，評価の際に何を重要と見なすかを教師の側が決めることで，学習者が重要だと感じている点を評価に活かすことができなくなるという懸念を示している。だとすれば，最終的には学習者がルーブリックを自分で完成させるような方法がよいのではないかいう提案をBは示している。このように，評価に柔軟性を持たせることは教師と学習者双方にとって，評価の幅を広げるものであろう。

　一方で，評価については，『めやす』で掲げられている教育理念など，評価が難しい項目もあるのでは，という疑問もCから挙げられた。

　　いや，（筆者注：Cの教育に関する理念や哲学などが）評価に影響を及ぼしてるかどうか。そこは評価ってどうするのかなって逆に私は疑問に思ったり。その姿勢とかって実は絶対評価できないですよね。その考え方が変わりましたとか。なんか「世界ってもっと広いんだなと思いました」とか，感想に書いてくれたりするんですけれども。でもこれをどうやって評価するのか？　逆にしづらいなって思ってますけど。(C)

　Cは学習者が視野を広げ，多様性を受け入れることを身につけてもらいたいと考えている。しかしこのような項目が評価可能なのかというジレンマも同時に抱いている。この指摘に対して，直接の応答ではないが，Bから一つの考え方が示された。Bは言語知識以外の能力を測ることは非常に難しい，と前置きした上で，バックワードデザイン（言語以外の能力）の限界について次のように示唆している。

　　あれ（筆者注：『めやす』の教育理念にある，他者の発見，自己の発見のような項目）をどう評価するかっていうと。私ね，発見したことを評価するっていうのは非常に難しいし，発見するっていうのは個人の個性とかセンスとか，何か偶然にも左右されるので，そういう，発見できたか気づいたか，みたいにあらかじめ計算できないような学習過程におけるイベントは，バックワードデザ

インにはなじまないだろうなって。（中略）テクニックとしてのバックワードデザインに関してはなじまないような学習項目もあると思うんですけれども。（B）

このように，バックワードデザインが必ずしも有効ではない項目があると指摘している。バックワードデザインに則り授業設計をする上で，「あらかじめ計算できない」ものについては，果たしてどのように評価に組み入れることができるのか。それについてもBから以下のような方法が提案されている。

学習指導要領にはその言語が使用されている社会とか歴史とか文化とか，そういったものも学びましょう，みたいなことが書いてあるけれども，本当にこれをやるとしたらどうやるのか，みたいなテーマで教科教育法の授業をやっているんですけれども。そこで言ったのは，何か素材を見せて，ここはこうなっていますよって知識で教えてもまあだめだろうと。すぐに面白いと思わないし，すぐ忘れるだろうと。それよりも，何か材料を見せて，自分で気づかせたほうが忘れにくいし興味を持つんじゃないかと。でもその気づかせるっていうのはなかなか難しくて，二つのものを渡して，はい，違いに気づきなさい，って言っても何言っていいかわかんないですよね。でも我々はアウトプットの形を最初に指定することによって，どこに意識を向けさせるかということを，誘導することはできるんですよね。だからね，私，気づきとか発見とか，そういったものを単体で評価するっていうのはあんまり賛成ではない。それをベースにした何かアウトプットで評価するほうがよいと思うんですよね。（B）

Bの考えは，発見や気づきそのものを評価しようとするのではなく，アウトプットの形を指定することで，学習者の意識を誘導することができる，というものである。学習者の気づきが見えるようなアウトプットを指定し，実際に生じた結果そのものへ目を向ける評価が示されたことは重要な点である。

以上のように，ルーブリックを用いた評価は利点も多いが，評価の際に学習者が自分で伸ばしたい能力のデザインに配慮しているかという警鐘も得られた。さらに評価だけに目を向けるのではなく，身につけてもらいたい能力に基

づくようなアウトプットを用意できるか，という課題設定の問題も示唆されている。

　この3人の教師に対するインタビューを通して，『めやす』を実践する教師への影響や実践上の困難だけでなく，『めやす』に補足すべき能力観や評価に関する新たな視点を得ることができた。このような教師による『めやす』の問い直しは，『めやす』をよりよく活用するための新たな方向付けを示すものである。

　3名の教師に対するインタビューを通じて浮かび上がった『めやす』が示す評価の課題は以下のようにまとめられる（表1）。

カテゴリー	主な話題
教師が抱える葛藤	基礎学習とプロジェクト型学習のバランス 教育機関内の同僚性
『めやす』の能力観の課題	学習者の自律性 批判的思考力
評価方法の問題点	ルーブリックによる評価の限界 バックワードデザインになじまない能力の評価

表1　インタビューを通じて浮かび上がった『めやす』が示す評価の課題

　このような『めやす』が示す評価の課題は，『めやす』刊行当初からも変わらず存在していた。たとえば同僚性などの教育現場における教師間の協働の問題がある。その一方，刊行当初はそれほど重要視されていなかったものの，学習者の自律性のように，その後の研究の進歩により一層重要視されるようになったものもある。また，ルーブリックを用いた評価の問題点に対する示唆は，教師と学習者がルーブリックを土台にして双方向の評価活動を繰り広げるなかで得られた提案と言える。これらの課題を克服し，より良い教育実践へつなげていくためにはどのようなことが必要なのか，次節において探っていくことにする。

4 これからの評価実践に向けて

　ここでは，前節で取り上げた『めやす』にかかわる教師の声を踏まえながら，今後の課題を示す。一つ目は「能力観の継続的な再構築」である。今回，インタビューを行ったＡ，Ｂ，Ｃは，『めやす』が示す総合的コミュニケーション能力とその育成に出会い，言語領域，文化領域以外にも実社会で求められるグローバル社会領域まで自身の能力観が広がったことを述べていた。前述した通り『めやす』が示す総合的コミュニケーション能力は，21世紀という時代の文脈のなかで捉え直した能力観である。しかし，21世紀の文脈で捉え直すとは一体何を指すのであろうか。近年，言語教育では，内容重視の批判的言語教育が提起されており（佐藤・高見・神吉・熊谷，2015）[6]，インタビューにおいてＢからも『めやす』の能力観に欠如しているものの一つとして批判的思考力が挙げられた。確かに『めやす』のなかで批判的思考力が積極的に言及されている箇所は見当たらない。『めやす』が発表された2012年の時点から，21世紀という時代の文脈はすでに変化している。このような流動的な時代のなかで，今後『めやす』は，近年の研究動向からの能力観の捉え直しと，教育現場における実践を通じた継続的な能力観の更新，つまり両者を含んだ実践研究による能力観の再構築が求められるであろう。

　二つ目は，「開かれた評価基準の考案」である。インタビューからルーブリックはある課題を遂行していくための指針となり，目標の意識化につながることは確認できた。しかしその一方で，ルーブリックの拘束性に関する問題提起も見られた。すなわち，ルーブリックの評価基準の作成に誰がかかわるのか，またルーブリックを含め，評価基準をあらかじめ示すことが適切なのかという問題である。批判的思考力の観点から言うと，他者（例：教師や他の学習者）が作成した評価基準について，それが適切なのかを問うてみたり，学習者自らが学習目標や評価基準の選定にかかわったりすることも学習者の自律学習を促進することにつながる。

6　内容中心の批判的言語教育については植村氏の第8章を参照されたい。

それとともに，すべての評価において「あらかじめ評価基準を示すこと」についても再考する必要がある。2節で言及した真正の評価におけるタスクが「一般社会で求められる課題」を指すのであれば，すべての文脈においてあらかじめ評価基準を決めることが可能だろうか。本来，学習成果として現れる能力の範囲は，評価基準としてあらかじめ定めた範囲とは，部分的にしか一致しない。そのため，こぼれ落ちた部分の評価のためには，「目標にとらわれない評価（ゴール・フリー評価：goal-free evaluation）」との併用も検討する必要がある[7]。このような個々の学習者の豊かな学びをすくい取る評価は，学習者中心の評価をより深めることにもつながる。多様な背景を持つ学習者が教室に混在する今，個々の実践の文脈，個々の学習者の特性に合った＜開かれた評価基準の考案＞が求められていると言えよう。

　三つ目は「教育実践コミュニティ形成」である。今回のインタビューでは，高校，大学，大学院という異なる教育現場で外国語教育に携わる教師から『めやす』実践に関する声を拾い上げた。プロジェクト型学習の際，グループで作り上げた成果物に現れる能力と，筆記テストに現れる個人の能力の違いにズレがあることが問題提起された。一方，個人の能力については，高校の教育現場において大学入試で問われる能力と『めやす』に基づいた実践で得られる能力の質的な違いも指摘された。この個人の能力を育成するためには，教師間が連携していく同僚性の問題（たとえば，それぞれの実践において何に重点を置くかを教師間で合意形成する）とも無関係ではない。これらの問題点は『めやす』実践に見られる共通の悩みであるとともに，『めやす』実践に限らずさまざまな教育現場に見られると言えよう。

　つまり，この問題解決に取り組むには，教師自身が『めやす』実践を超えて，

---

[7] 「目標にとらわれない評価」とは，「目標に基づく評価（goal-based evaluation）に対する批判から生まれた評価であり，目標に準拠せずに，評価者のさまざまなバイアスを軽減し，結果をありのままに評価しようとするものである。従来の目標に準拠した評価には，評価が避けて通れないはずの価値判断を目標の達成度の確認手続きとすりかえ，目標そのものの妥当性を吟味せず，しかも目標外の結果を看過しやすいという批判がある（根津朋実, p.9）。ただし，「目標にとらわれない評価」は「目標に基づく評価」を完全に否定するものではなく，併用していくことが可能である。この併用により，零れ落ちる成果への評価や目標修正への柔軟な対応，評価する側とされる側の対等な立場，参加型評価の成立のしやすさなどの利点（藤田, pp.145-146）を活かした評価が実現可能となる。

6 『めやす』が示す評価と今後の課題──教育現場における教師の声を手掛かりに

自分は「なぜ」,「どのような」教育実践をしたいのか,自身の教育理念に立ち戻る必要がある。その教育理念を教師自身が認識してこそ,教育現場で起きる問題に向き合うことができ,また教育理念と教育現場との「すり合わせ」に正面から立ち向かうことができるからである。この「すり合わせ」は教師一人で行う必要はない。さまざまな教育現場で共通する悩みであるならば,コミュニティのなかで問題解決に向けた取り組みが可能であろう。すでに,『めやす』に関連したコミュニティには「外国語授業実践フォーラム」,「外国語教師のための交流学習コミュニティ」,「言語教育におけるインクルージョンを考える」などが立ち上がっている。これらの教育実践コミュニティを活用し、教育現場に現れるさまざまな問題や知見を共有することで解決の第一歩に近づくと言えよう[8]。

　最後に、教師に対するインタビューと本章を執筆する過程で、私たちのなかで浮かび上がった課題について触れたい。私たちは冒頭において『めやす』が刊行されて6年が過ぎた今、『めやす』が示す評価の意義と問題点を振り返り,共有し,解決に向けた第一歩を踏み出したいと述べた。そして、その第一歩とは『めやす』を21世紀という時代の文脈、つまり「今」と「これから」に向き合いながら『めやす』の評価を創り上げていくことだと考えた。この「今」と「これから」の『めやす』の評価を考えるにあたって,学習者の持つ多様な背景を考慮した評価は喫緊の課題と言える。これについて「めやすに基づいた評価」でも「学習者にはいろいろなタイプがあり、その学習スタイルも千差万別(『めやす』p.66)」であることが述べられているものの、この千差万別である学習者の特徴、すなわち、個性,学習スタイル,障がい,嗜好,特別なニーズなどを考慮し、いかに評価していくかに関する具体的な言及は見られない。教育が,すべての学習者が成長する権利を保障する営みであるならば、あるいは『めやす』がすべての学習者の人間形成を支える外国語学習を目指すのであれば、この「千差万別である学習者」に対応した評価が提案されるべきだと考

---

[8] 『めやす』に関連した教育実践コミュニティについては、以下の「めやすWeb」で情報発信されている。http://www.tjf.or.jp/meyasu/support/topics/

える[9]。

　ここで、この「千差万別である学習者」に対応した評価について、もう一度、学習の主体は誰なのかに立ち戻って考えたい。学習の主体は学習者である。にもかかわらず、彼らを抜きにしてこれまで教師だけのコミュニティにおいて学習者のことが語られてきたことを私たちは問い直す必要があるだろう。事実、私たちが行ったインタビュー対象者は3人とも教師であり、教師の価値判断から『めやす』で示されている評価について論じたに過ぎない。

　より良い学習、より良い評価を創造していくプロセスに、学習の主体である学習者が抜け落ちてしまえば、無意識のうちにパターナリズムに陥ってしまう可能性もある。最も危惧されるべきことは、教師が普段の授業やアンケート、インタビューなどを通じて学習者のことを「わかったつもり」になることではなかろうか。教育が「千差万別の学習者」に対応することが求められるのであれば、学習者一人ひとりの声や成果物を拾い、個別性をすくい上げる評価研究が必要となる。その際、前述した「目標にとらわれない評価」は有効な評価の手段になりうる。

　今後は、評価実践について学習者と対話し、多角的な視点から評価を捉えなおすことで21世紀という時代の文脈に合った『めやす』を「私たち」の問題として考えていきたい。

---

[9] 『めやす』実践者である一部の教師によって、「言語教育におけるインクルージョンを考える」というサイトが立ち上げられ、研究が進みつつある。詳細は以下のサイトを参照願いたい。http://incl4lang.html.xdomain.jp/

7 「つながる」と動機づけ

田原憲和

1 はじめに ―「めやす」の教育理念とキーコンセプト

　「めやす」はその教育理念として,「他者の発見,自己の発見,つながりの実現」を掲げている。より具体的には,「外国語の学習を通して,他者を発見し,自己を発見し,自他の理解を深めながら関係性を築き,協働社会を創ることをめざします」(『めやす』p.17) としている。さらに,次の引用からも明らかなように,「めやす」は外国語を学習することだけではなく,外国語学習を通じて社会に貢献する人材を育成することまでを視野に入れている。

　　他者の発見と自己の再発見の積み重ねは,他者と向きあい,自己を見つめなおしたうえで自己を表現し他者のことばに耳を傾ける「伝えあいによる共感」を生み出します。この伝えあいによる共感は,さらに相互の「わかりあい」と新たな価値の「わかちあい」に発展し,ひいては真の意味でのつながりを実現させるのです。外国語教育を通じて学習者に豊かな学びの場を提供し,人びとがともに生きていける未来社会の担い手を育むことをめざします。(『めやす』p.17)

これを実現するためには外国語学習を通じて学習者の内的あるいは精神的成長も期待されている。すなわち「未知なることばを学び,異なる文化に触れること,そして多様なことばや文化的背景をもつ他者と出会い,コミュニケーションをすることを通じて,他者への理解が深まるだけでなく,みずからの視野が広がり,感性が磨かれ,資質が鍛えられ」(『めやす』p.18) るのである。

　そして「めやす」のキーコンセプトとして掲げているのが,「3領域×3能力＋3連繋」である。この「3領域×3能力＋3連繋」は,それぞれ「言語,文化,グローバル社会」(3領域),「わかる,できる,つながる」(3能力),「学

習者の関心・意欲・態度や学習スタイル，既習内容や他教科の内容，現実社会である教室外の人・モノ・情報」（3連繋）を示している。本章では，この3能力のなかでとりわけ「めやす」において特徴的である「つながる」に着目し，これが動機づけにどのような作用を及ぼすかを中心に考察していく。

2 「めやす」における「つながる」の考え方

2-1 「つながる」が示すもの

「めやす」は外国語学習を単に知識や技能だけでなく，「つながる」を視野に入れた学習の指針であることが最大の特徴の一つである。それでは，この「つながる」は「めやす」で具体的にどのように位置づけられているのだろうか。まず，3領域および「つながる」を含む3能力については，次の引用箇所に示されている。

> 「わかる」は知識理解目標，「できる」は技能目標（言語運用能力や思考・判断力も含みます），「つながる」は関係性構築目標として位置づけました。言語，文化，グローバル社会のそれぞれの領域において，知識理解を深め，それを活用するスキルを身につけ，ひいては他者，多文化，グローバル社会とつながることが外国語学習の目標であると考えます（『めやす』p.19）。

また，「つながる」については次の箇所でより具体的に示されている。

> 「つながりの実現」をめざす「めやす」では，学習対象言語を使って積極的に他者とコミュニケーションをしようとする態度をもって他者と対話し，異なる考えを調整しようとすることを重視しています。自己とは異なる他者と協働して社会をつくっていく力，これらの力が「つながる」力です（『めやす』p.20）。

「めやす」は，単に言語知識や外国語運用能力，異文化理解だけでなく，学習言語の先にある人や文化にアプローチし，コミュニティに参加することまで

を射程に捉えている。さらに，3領域および3能力については，それぞれが段階的な関係ではなく，パラレルな関係にある。つまり，まず能力Aを向上させ，次に能力B，最終目標が能力Cの獲得というものではなく，どこから始めてもよいものとなっている。学習言語の話者や文化と関係性を構築することはその言語の高い運用能力を持った者に限定されると思われがちだが，「めやす」においては初学者であってもこれが可能であり，また重要なのである。

2-2　誰と「つながる」か

　1960年代以前の日本においては海外旅行は特別なものであり，外国人と触れ合う機会のある人はごく稀であった。しかし，21世紀においては海外旅行がごく日常的な行為になっている。それに加え，日本を訪れる外国人が爆発的に増加し，日常生活のなかで外国人と触れ合うことは，もはやどの地域，どの世代の人であれ決して珍しいことではなくなっている[1]。

　「めやす」はその副題「高等学校の中国語と韓国語教育からの提言」からもわかるように，主として中国語と韓国語の教育現場に向けて作成されたものである。そして「めやす」で示されている「隣語」という概念も中国語と韓国語を指している[2]。しかしながら，この概念も大きく変化している。「めやす」の発行団体である公益財団法人国際文化フォーラム[3]が2014年から行っていた「りんご（隣語）記念日」キャンペーンにおいては，その範囲はもはや中国語と韓国語にとどまらず，「りんご＝隣語　隣の人とつながるためのことば，あなたにとっての外国語です」[4]とされており，ウェブサイトには実際にフランス語やドイツ語，チベット語やヘブライ語などに関する「りんご記念日」も掲載されている。

1　法務省の出入国管理統計表によると，1971年に初めて日本人出国者が100万人を超え，1990年には1,000万人を突破，1995年以降は1,500万人前後で推移している。また，訪日外国人数は1978年に初めて100万人を超え，2013年には1,000万人を突破，そして2017年には2,869万人と過去最高を記録している。
2　「日本人にとって隣人・隣国のことば」を隣語と定義づけている。(『めやす』p.13)
3　以下，TJFとする。なお，TJFはthe Japan Forumの略である。
4　TJFウェブサイト（http://tjf.or.jp/ringokinenbi/）より。

この「隣語」という概念そのものは「めやす」の中心的な部分を占めるものではない。しかしながら,「隣の人とつながるためのことば」という部分が「つながる」の理解に有用である。

それでは,ここで示されている「隣の人」は誰を指しているのか。「めやす」は誰とつながることを目指しているのか。「他者と交流し,積極的に対話をして関係を作ることが「つながる」の目標」(『めやす』p.23)であり,「教室内の学習を教室外とつなげることによって,学習者は地域社会やグローバル社会に実際に触れ,それに参加することができ」(『めやす』p.21)るという記述を一瞥しただけでは,「つながる」の対象は学習言語の話者やコミュニティとも受け取ることができるが,実際には「この「つながり」は同じ外国語を学ぶクラスメートから,教室外でその外国語を学んでいる仲間,その言語を話す人たちとの「つながり」へ広がってい」(『めやす』p.23)くとされている。すなわち,外国語学習を契機として何らかの交わりを持つ人が「つながる」相手である。そこにはもちろん学習言語圏の人も含むが,同じ外国語を学ぶ日本人,ひいては同じ教室にいるクラスメートにまで至っている。人の移動がかつてないほど流動的になった21世紀においては,同じ教室で机を並べて学習しているクラスメートでさえ自己とは大きく異なる文化的背景を持っている可能性がある。「めやす」では外国語学習を通じてそうした他者とつながっていくことを目指すのである。

2-3 どのように「つながる」か

外国語を通じてどのように他者とつながっていくのか。最も身近な「つながる」対象は同じ教室で外国語を学んでいるクラスメートであろう。しかし,ただ同じ教室にいるというだけでは必ずしも「つながる」には結びつかない。身近なクラスメートであっても他者として尊重し,その背景にある多様な文化や社会を意識しつつ協働することにより,真に「つながる」ことになる。

ただし,教室内における活動だけでは限界がある。たしかに,教室内で完結

する活動であってもクラスメートと協働することが可能であるのだが，それは言語学習のための活動にとどまってしまうことが多い。玉木（2009）では，近年の外国語学習は「言語を使って『行動する』という考え方に基づく「行動中心主義」的な外国語学習が積極的に導入されつつあり，その具体的な授業形態のひとつに「プロジェクト授業」があると述べられている[5]。「めやす」に基づく外国語学習もプロジェクト授業の形態をとることが多い。というのも，このタイプは教室内に現実社会の文脈を与えて，教室外の人，モノ，情報とつながり，社会的目標を果たすことができ，さらに教室内での言語学習と教室外の社会をつなぐ架け橋となるからである（『めやす』p.59）。学習者を実際に言語を使う環境に置くことで，コミュニケーションのために言語を使うことを要求するのである。この文脈に基づいて考えると，実際には教室内のみで展開される活動であっても，教室外の社会の存在を前提とした活動であればそれはプロジェクト授業であり，社会とつながるための活動なのである[6]。

　目標言語の語彙や文型を覚えることも外国語学習のプロセスにおいては重要なことに違いない。しかし，「めやす」が目指しているのは，外国語による単なるやりとりにとどまるものではない。言語領域において「つながる」ためには，外国語を用いて他者と交流し，積極的に対話をして関係を作ることを視野に入れている（『めやす』p.23）。外国語の高度な運用能力を持っている者であっても，外国語で積極的に人間関係を構築していくことは容易なことではない。まして初学者にとっては大きな困難がつきまとう。しかしながら，こうした交流や対話の過程において，他者理解，自己の発見が起こり，相互理解が深まり，人間同士の「つながり」を築くことができるのである（『めやす』p.23）。これが「めやす」の目指す言語領域での「つながる」である。

　「めやす」には，ほかにも文化領域とグローバル社会領域における「つながる」についても示されているが，いずれにも共通するのは，他者との協働，多様

---

[5] 玉木佳代子（2009）pp.231-232。
[6] ロールプレイングは「プロジェクト」とみなされないこともある。しかし，筆者は教室外の社会の存在を前提とし，社会のなかでの文脈において学習者がある種の台本を作成したり，それに基づいてロールプレイを行ったりする場合は「テクストプロジェクト」であるという立場である。［齊藤・田原（2013）p.136］

人やモノとの出会いとそこから発生するやりとりの存在である。異なる文化や意見を一方的に受容するのではなく，自らの持つ価値観や文化などとの間で生じる葛藤なども想定されている。こうして，「めやす」の教育理念でもある「他者の発見，自己の発見，つながりの実現」の成就への道が拓けていくのである。

2-4 何のために「つながる」か

「めやす」でどのような理由から外国語学習に「つながる」という要素を盛り込もうとしたのであろうか。この点を十分に理解することが，「めやす」のより深い理解へと導いてくれる。

すでに述べたように，21世紀の現在は20世紀とは比較にならないほど社会のグローバル化が著しい。それは地域社会においても同様である。「めやす」では，21世紀に生きる学習者がこうしたグローバル社会がそれぞれ自分とつながっていることを実感し，それに関わることを目指している（『めやす』p.29）。

ところで，「めやす」は外国語学習のための指針である。外国語の授業はその言語の学習であり，学習者の（外国語以外の部分での）人間的成長までを見据えた教育を行うことができるのか，本当にそうすべきなのかという疑問が呈されることもある。しかしながら，「めやす」的視点からは，これらは確実にリンクしているものであり，外国語学習と学習者の人間的成長を切り離して考えることはできない。「言語の重要な機能は，コミュニケーションを通じて社会活動をすることであり，よって現実社会とのつながりのなかで学習することが一番効果的だから」（『めやす』p.21）である。そのためには，「教室で行なうコミュニケーション活動は，学習者にとって意味のある，現実社会に近い場面や状況の中で行なうことが求められ」（『めやす』p.21）るのである。外国語を学習する目的が，外国文化の理解や外国人とのコミュニケーションなどといった抽象的なものではなく，現実の社会生活で生じる状況に応じた具体的なものとして提示されており，その状況において適切に行動できるための人間形

成が志向されているのである。

　異なる文化的背景を持った他者との接触において，適切に行動できるということはいったいどういうことなのか。この点について「めやす」では以下のように示されている。

> 文化を捉える複眼的な視点をもって，同世代の母語話者などとの直接交流やウェブサイトを活用した間接交流に積極的に参加し，尊重の念をもって相手の背景にある文化に向きあい，みずからを振りかえりながら，関係性を構築していくことをめざします。その過程で，異なる価値観に葛藤したり，自分自身が相手の影響を受けて変容したり，新たな共有価値を創造したりするなど，相互作用のなかで，多様な他者とつきあっていく力を身につけることをめざします（『めやす』p.25）。

　ここからもわかるように，「めやす」では他者と「つながる」ことを目指しているが，それは文化的あるいは精神的同化を志向するものでも，ましてや相手にそれを求めるものでもない。たとえ同じ言語を話す者同士であっても，自分と相手は互いに異なる存在であるということが前提である。そして自己と他者が互いに異なることを認識し，それぞれの背景を尊重した上で，いかにしてこの溝を埋めていくのか，壁を超えていくのかを考える力，問題解決のために調整する力の養成が求められるのである。実際に「つながる」ことにより，さまざまな問題が顕在化し，同時にそれに対処する力の養成にもつながるのである。外国語教育を通じて「めやす」が最終的に目指しているのは，言語を使って社会活動をする力や考える力までを意識した総合的コミュニケーション能力を身につけることなのである（『めやす』p.57）。

　「めやす」のこのような考え方は，小玉（2003）や細川（2016）のいう実践的コーディネータの考えにも通ずるところがある。細川（2016）によると，この実践的コーディネータは今すぐ役に立つ「エリート」人材を育成することではなく，ここには自己・他者・社会をつなぐ思想が必要であり，また，この思想とは，個人が他者と対話を通して社会に対して自分を開いていくという活

動の方向性のことを指している[7]。

　こうした外国語学習と社会活動を結びつけるために、具体的にどのようなことをするとよいのであろうか。次節では教育の現場での「めやす」活用について考察していく。

3 「めやす」が目指す「つながる」とは

3-1 「つながる」ことによって何がもたらされるか

　「めやす」の目指す外国語学習とは単なる語学力だけではなく、21世紀を生き抜くための人間力、社会生活における諸問題に対処することのできる総合的なコミュニケーション能力を養成することがあるということはすでに述べたとおりである。それでは、「つながる」ことが具体的な学習の場面においてどのような役割を果たすことができるのか。

　「つながる」ための学習、すなわちプロジェクト授業を実践しようとすると、必然的に座学の時間が削られる。教師から学習者に対して教授する時間が短くなるため、伝統的な授業の物差しからこうした「つながる」ための学習を眺めた場合、教授内容が大きく削減されることになる。より多くの内容を教授することを重んじる場合であれば、伝統的な一方向的授業がその目的にかなった方法であろう。それぞれの教育機関でのカリキュラム内に位置づけられた一つの教科として、その授業目標をどこに置くべきなのかという問題に関して、一教師の立場で自由に判断を下すことは困難であることが多い。それでも、「めやす」では必ずしも大掛かりで長期間にわたるプロジェクト授業のみを推奨しているわけではない。「めやす」実践知の集合を目指して開設されているウェブサイト「めやすWeb」[8]にはさまざまな実践例が掲載されているが、そのなかには小規模プロジェクトも多く見られる。

---

[7] 細川（2016）p.8。
[8] 国際文化フォーラムのウェブサイトのコンテンツの一つとして開設されている。http://www.tjf.or.jp/meyasu/support/

すでに述べたように,「めやす」では外国語学習を通じて人間力,社会的実践力を養成することを目指している。現実問題として限られた授業時間内のみでこれを実現させることは困難だが,外国語授業を通じて個々の学習者の意識を変えるきっかけを与えることは可能である。外国語を学ぼうとする意欲,外国語や外国の文化への関心,社会のコミュニティに参加しようとする意識を喚起させることができれば,そのプロジェクト授業は規模の大小に関係なく「めやす」の目指す外国語学習を実践していると言える。つまり,プロジェクト授業が学習者の動機づけにどの程度まで寄与できるかが重要なのである。

　義務教育における英語学習はともかく,英語以外の外国語の学習は,ほとんどの場合学習者自身の自主的な選択が行われた結果である。つまり,その言語の選択について何かしらの動機があると考えてよい。ただし,その動機の内容も強さもさまざまである。大学の外国語学部での専攻言語としての選択と,法学部や経済学部など他の学部での必修の第二外国語としての選択とでは,個人差こそあれその動機の強さは雲泥の差であろう。そして多くの外国語教員は後者のような選択をした学習者に対して授業を提供している。こうした学習者のなかには,自らが学習している外国語を実際に用いたり,その話者と交流したりすることを望んでいない者もいる。このような消極的学習者も含め,学習動機がさほど強くない学習者の学習意欲を高めるため,学習を動機づけるためには,教室外の社会と「つながる」ためのプロジェクト授業が効果的である。自らが学んでいる外国語の話者に対して,学習した表現が通じたり,あるいはあいさつを交わしたりするといった小さなことであっても「感動が生まれ,生の文化体験となって,学習者の関心を喚起することにもつなが」(『めやす』p.21)るし,また,「必然的にコミュニケーションが求められる環境のなかで,本物のコミュニケーションをする方が,学習の動機づけも高ま」(『めやす』p.21)るのである。

3-2 「つながる」の具体例

　すでに言及したように、「めやす」に基づくさまざまな授業案や実践例は、めやす Web に多く掲載されており、そのなかの二例は筆者自身によるもので、「ドイツ語で大学紹介」「ドイツ語で紹介する立命館グルメ」の実践例である[9]。いずれの実践も、筆者が所属する立命館大学法学部のクラスで行った。当該クラスの学生はドイツ語を専門としているわけではなく、選択必修の第二外国語としてドイツ語を選択したのであり、その学習動機は千差万別である。明治期以降、ドイツ語は多くの高等教育機関において主要な外国語として教授されてきた歴史がある。明治から昭和初期にかけては英語と並んで最も重要な外国語の一つとしての地位を有していた。しかしながら、現在ではあらゆる分野における英語の地位は揺るぎないものとなっており、ドイツ語の重要度は格段に低下した。また、日常生活においてもドイツ語話者と接する機会は中国語や韓国語のそれと比較すると圧倒的に少ない。つまり、ほとんどの学習者のドイツ語学習を支えるのは社会的必然性ではなく、自らの学習動機である。

　上で言及した２つの実践は、「つながる」ことが学習者の学習動機に寄与したといえる例である。しかしながら、いずれの実践においても学習者は実際にドイツ語話者とつながっていない。もちろん、実際に「つながる」ことができるのであればそれに越したことはないが、現実にそうした機会を設けること、創り出すことが困難である場合も多い。それでも、「めやす」において重要なのは相手の立場や考え方を尊重することであり、「つながる」相手の存在を念頭に置きつつ活動することができれば、最終的に「つながり」を達成できなくとも「めやす」理念を十分に達成したことができたと言える[10]。

　一方で、いずれの実践例もグループワークを活動の中心に据えたプロジェクト授業である。授業内においてはもちろんのこと、場合によってはグループで授業時間外に打ち合わせをしたり、また実際に下見や動画撮影などの活動をし

9　詳細はめやす Web の該当ページ（「ドイツ語で大学紹介」：http://www.tjf.or.jp/meyasu/support/handai-A/taharanorikazu/post-6.php）、「ドイツ語で紹介する立命館グルメ」：http://www.tjf.or.jp/meyasu/support/handai-A/taharanorikazu/post-51.php 参照。なお、前者については田原（2015）でも報告している。
10　2013年1月12日に開催された外国語授業実践フォーラムでの山下誠氏（「めやす」提言者の一人）の解説による。

たりと,学生間において通常の講義型授業の場合と比較してもはるかに深い「つながり」を構築することができた。「めやす」ではこうしたクラスメートとの関係性においても「つながり」の実現とみなしている。こうした身近な人との「つながり」から教室外の人との「つながり」へと発展させていくことが「めやす」の学習においては重要であり,教員は常にそうした視点を持って活動を計画することが肝要である。

筆者自身の実践例以外にも,「めやす」の冊子そのもののなかや,上述しためやすWebにおいても多くの例が掲載されている。「めやす」の冊子で紹介されている例[11]は韓国語と中国語の授業に関してのみであるが,めやすWebにはこの2言語以外にも日本語やドイツ語,フランス語,スペイン語,ロシア語に関する実践例が掲載されている。それぞれの実践における「つながり」の程度はさまざまであり,筆者のようにドイツ語話者との実際の「つながり」に至っていない例もある一方で,ロシア語を学ぶ高校生が日本に寄港するロシア船を訪問し,実際のロシアに触れる体験をしたという例もある[12]。

こうしたプロジェクト授業を行っていくにあたり,教員に求められるのは,学習者が現実味を持って取り組み,実際に「つながり」を感じられるような学習プランを立案することであり,また学習者の活動を支援することである。

4 「つながる」ことと動機づけの関連性

4-1 「めやす」が推奨する授業設計と動機づけ

外国語に限らず,学習を開始する際には必ず何らかのきっかけがある。ライアンとデシによって提唱された自己決定理論においては,学習者が学習に取り組む際の動機づけは大きく非動機づけ,外発的動機づけ,内発的動機づけに分

---

[11] 厳密にはこれらは実践例ではなく,単元案の例である。
[12] 富山県立志貴野高等学校の角谷昭美教諭の実践例。http://www.tjf.or.jp/meyasu/support/handai-A/kakutaniakemi/post-8.php
[13] 動機づけ理論については Ryan & Deci (2009),シャンク&ジマーマン (2009),岡田 (2012),鹿毛 (2013) などに詳しい。なお,ここでは主として岡田 (2012) および鹿毛 (2013) の記述を参照している。

類される[13]。非動機づけとは活動にまったく動機づけられていない状態のことであり，内発的動機づけとは活動それ自体を目的として，興味や関心，楽しさなどといったポジティブな感情が源泉となり動機づけられている状態のことである。外発的動機づけは，報酬を得たり罰を避けたりするために行動している状態，不安や恥などの感情を低減させ自己価値を守っていたり，自尊心を高めるために行為している状態，活動に個人的な重要性を感じて積極的に取り組んでいる状態，行為の目標そのものが自身の持つほかの価値や欲求と相互に矛盾することなく折り合いがついているような調和的な状態など，実に幅広い。しかしいずれにしても学習を動機づける因子は学習者の外部に存在しており，それに対して葛藤したり受け入れたりしつつも学習をしている状態と言えよう。

さて，それでは「めやす」ではどのような授業設計によって動機づけがもたらされると想定されているのであろうか。まず，授業設計については次のように言及されている。

> カリキュラムの目標を，外国語を使って「〜ができる」という形で設定し，それを達成するように教えると，カリキュラムの最後に学習者が何ができるかを評価しやすく，「できる」能力をもった学習者が育ちやすくなるのです。具体的な能力指標をまず作り，学習者に最初に明示しておくと，学習者は学習の成果が実感でき，学習意欲を高めることにつながります。また，教科書を1冊終えることを目標化するよりも，具体的なコミュニケーション能力が身につくことを目標化（指標化）するほうが，特定の教科書に縛られずに自分のクラスの状況にあった授業計画が立てられるという利点もあります（『めやす』p.iv）。

学習効果をもたらすためには学習者が自らの学習効果を実感することが重要であるとされており，そのために教師は授業の最終的な目標を設定し，そこに至るまでのプロセスを明確に示す必要がある。授業の内容も，「学習者に関連した，意味のあるテーマ・内容で言語を学習したほうが，言語そのものの学習を目的とした時よりも効果が現れる」（『めやす』p.58）とされている。さらに，学習の動機づけを高めるためには「学習者のニーズ，興味，能力，知識を考慮

してデザインすることが望まれ」(『めやす』p.60) るとしている。すなわちこれは「学習者中心」の考え方に基づいている。教師がこうした学習者の特徴や気質を理解し,適切に授業設計をすることが,学習者の動機づけを喚起することにつながるのである。

4-2 どうして「つながる」ことが動機づけを導くのか

　学習者が動機づけられる要因はさまざまである。極端な例を示すと,期末試験で60点未満であれば即落第させると宣言し,強制力をもって学習するように圧力をかけることですら,学習者に一定の動機づけをもたらしうる。ただし,これは上で示した外発的動機づけのなかでも最も低位のものである。目標(期末試験)を終えてしまえば,その結果はともあれその動機づけは収束に向かい,継続的な学習には至らないであろう。学習者が自らの問題として内面化し,自らのために学習するということが継続学習への第一歩である。外発的動機づけと内発的動機づけは互いに異なるものであるが,外発的動機づけが内発的動機づけを促す可能性もある。プロジェクト授業を通じ他者と「つながる」ことにより,より内面化された動機づけを導きうるのである。

　まず,教室外に出て外部の人,とりわけ自らの学習言語を母語とする人やそのコミュニティと交流をするような学習シナリオであれば,現実の文脈のなかで言語を使う環境を生み出し,さらに学習がより具体的なものとなるため,動機づけも高まるとされる(『めやす』p.59)。一例を挙げると,授業目標として「ドイツ語の基礎を理解し,ドイツ語で簡単なコミュニケーションをとることができる」を掲げるより,「ドイツ人観光客のために地域案内マップを作成し,地域の駅や商店に置いてもらう」としたほうが,学習者にとってより明確なゴールとなり,そのための各ステップもまたやはり明確で具体的なものとなる。

　最終的な目標に至るまでの過程において,その都度の小さな目標を設定することで,学習の動機づけをより高めることができる。「めやす」では「コミュニケーション能力指標」として現実に起こりうるさまざまな場面でのコミュニ

ケーション行動を指標化している。「「簡単な日常会話ができる」というまとまった目標ではなく，一つひとつの小さな目標の達成＝「使える」という実感が次への学習意欲につなが」（『めやす』p.iii）るのである。

　アメリカの教育心理学者のジマーマンは，学習の動機づけに関して目標の8つの優れた特性を示している。そこに，第一に目標の具体性，第二に目標の近時性が具体例とともに示されている[14]。すなわち，具合的な目標はその目標への進み具合を図るのが容易なので，一般的で曖昧な目標よりも効果的であるということ，そして，近時目標は進み具合の直接的フィードバックを与えるため，遠い目標よりも効果的であるということである。遠い目標はプロジェクト授業における最終的なゴールに相当するが，こうした長期的な目標と短期的な目標が階層的に結合され，学習者にとって短期的な目標の積み重ねが長期的な目標を達成するために必要であると認識されると，長期間にわたる学習の動機づけが可能となる。こうした階層的統合が目標の第三の優れた特性として示されている。

　「つながる」という最終的で具体的な目標設定，そこに至るまでの小さなステップとその積み重ねによる目標達成といった一連の流れが，学習者の動機づけに対しておおよそ有効であると言えよう。

5 「めやす」が目指す学習者像とは

5-1　理想的な学習者

　「めやす」は日本の高等学校における中国語と韓国語教育の立場からの提言である。読者として想定しているのは主として外国語の教師である。そのため，学習者はこうあるべきであるといった観点からの記述は見られない。もちろん，一人の外国語教師の立場からは理想的な学習者像が存在するが，教室内の全員が当初から理想的な学習者である可能性はほぼゼロに等しい。学習者の意欲や

---

[14] 詳細はシャンク＆ジマーマン（2009）pp.222-231参照。

関心, 態度は実にさまざまである。教師はまずその状況を理解した上で授業を構成する必要がある。

「めやす」に基づく学習を通じ, 目指すべき学習者像は存在する。それは「言語・文化・グローバル社会」の3領域における「わかる・できる・つながる」の3能力で示されている。たとえば, 学習言語のしくみを知識として理解し, 母語のしくみを客観的に見る力を持ち（言語×わかる）, 文化を捉える複眼的な視点を持ち, 積極的に交流活動に参加し, 相手の背景にある文化を尊重しつつ自らを振り返り関係性を構築でき（文化×つながる）, 他者と協働し, さまざまな情報源にアクセスしてその情報を整理, 評価し, 事実や問題, データなどを解釈, 分析, 評価し発表できる（グローバル社会×できる）ような学習者である。

ただし, こうした学習者を育成するためには, 教師自身が「めやす」を十分に理解し, 授業の設計と運営に当たる必要がある。

5-2　理想的な学習者に育てるには

本章のキーワードとなっている「つながり」と「動機づけ」は, それぞれが単独で論じられるものではなく, これらの相互作用こそが実現への第一歩である。しかしながら, 実際のクラスやその条件, 学習者の背景などによってその実現までの道のりはまったく違ったものになる。

教師がまず行うべきなのは, こうしたクラスの条件を考慮し, 学習者のニーズを把握することである。というのも, 常に学習テーマを教師から与えられるだけではなく, 学習者自身の関心や興味, ニーズに基づき, 学習者自身が学習内容を決めることができれば学習の動機づけは高まるからである（『めやす』p.61）。「めやす」では教室外の社会と「つながる」学習を推奨しているが, それは「現実の社会の状況の複雑さを反映したほうが, 記憶や理解を中心とした単純な活動よりも学習効果がある」（『めやす』p.61）からである。そして教師は, その意義を学習者に理解させ, 必要に応じてガイダンスやフィードバックを行うことで学習者の動機づけを高めていく必要がある（『めやす』p.61）。

また，教室内での活動を大きなテーマに結びつけていくため，「めやす」ではセマティック・ユニットを取り入れた活動を推奨している。これは，語彙や文法などの学習を，たとえば環境問題や家族のあり方などといったさまざまなテーマと結びつけて学習することである。こうすることで，外国語の知識のみならず，いろいろな知識や情報を現実の世界と結びつけて発展させることができ，それがより積極的に外国語を学ぼうという態度を生み出すのである（『めやす』p.82）。さらにセマティック・ユニットでは，ほかの科目の学習内容や，学習者の自立性を高める活動，協働作業，高度の思考能力を使った作業，テクノロジーを使った作業を外国語学習に自然に組み込むことができる（『めやす』p.83）。セマティック・ユニットは「めやす」理念を取り入れた授業を設計する際に非常に有用である。

　教育機関での授業として外国語の授業を展開する場合，教師にとっても学習者にとっても評価の問題を避けて通ることはできない。よりよい活動とするため，ゴールに至るまでのプロセスをすべて意味のあるものにするため，教師は「能力目標を立て，それに基づいた評価をあらかじめ作り，学習者に，カリキュラムの最後にどのようなテストを行い，どのように評価されるかを知らせておく」（『めやす』p.62）ことが重要である。こうすることで，学習者がこのプロジェクト授業を通じて習得すべきことが理解できるのである。こうした評価は，ルーブリックを用いるとその焦点がより明確になる。ルーブリックとは学習のプロセスとその成果の評価に用いる採点の基準を明記した，評価指針ともいうべきものである。教師はルーブリックを用いることでプロセスも含め多角的に評価することができる。一方，学習者にとっても，評価されるポイントが明確であれば学習目標を定めやすく，活動を進める上で有効に作用する。ルーブリックは教師から学習者に対する一種のメッセージと言えよう。

　また，学習者自身の成長やより深い学びを促すため，教師は学習過程において必ずフィードバックの機会を設け，学習者に自分の学習を内省する機会を与えることが必要である（『めやす』p.68）。フィードバックをすることで，学習者自身が自らの理解度を認識するとともに，学習内容や学習方法を改善する

きっかけを作ることができる。

　ここでは，テーマ設定や評価，フィードバックについて言及してきたが，全般にわたって一貫しているのは学習者中心という考え方である。教師中心の授業展開ではなく，学習者中心の授業を展開することで，学習者の動機づけも高まり，「つながり」が実現されると言えよう。

6 まとめ —「つながりの実現」のその先へ

　「めやす」は「他者の発見，自己の発見，つながりの実現」をその教育理念としている。外国語の学習を通して自他の理解を深め，関係性を構築し，協働社会を創ることを目指している。

　外国語の教師は，もはや単に外国語を教授するだけの存在ではない。学習者の関心やニーズに合わせて授業を設計し，学習者の動機づけを促し，学習者に寄り添いつつ学習をサポートすることが，現在の外国語の教師には求められている。また，教師自身が「めやす」の目指す学習者像を体現している必要がある。すなわち，教師自身が外国語を通じて自他の理解を深め，教室外の人やモノ，情報とつながり，協働社会を創るための一役を担うような存在たるべきである。教師自身も学習者とともに成長し，「めやす」の教育理念の実現を目指す必要がある。

　また，外国語の授業としては，学期末や年度末など，必ずどこかで終わりを迎える。しかしながら，築き上げられた関係性はその後も保持し続けたり，形を変えたり，さらに発展させていくことも可能である。「めやす」が真に目指しているものは，そうした関係性や「つながり」を実現させる過程における精神的成長であり，21世紀のグローバル社会を生き抜くための人間形成である。

　他者と「つながる」ことで学習者の動機づけが喚起され，さらに深い「つながり」へと向かったり，新たな「つながり」へと広がったりすることもあるだろう。学習者の外国語への関心や行動が教育機関での授業の枠を超え，学習者本人のライフサイクルの内部に位置づけられてしまえば，もはやその学習動機

は学習者本人の内部から発するもの，すなわち内発的動機づけとなる。「つながる」ことによる外発的動機づけは，こうした将来的な内発的動機づけに展開する可能性もあるのだ。

　どれだけ学習意欲を持った学習者でも，ただ単に教室内での授業を受けているだけでは外国語の習得は不可能である。外国語を習得する過程においては，授業外における積極的な学習もまた必須である。「つながる」ことが学習の動機づけを刺激し，授業外学習，授業期間終了後の継続的な学習にも結びつく。「めやす」は外国語学習のための一つの指針に過ぎないが，その理念は外国語教育を通じた人間形成というところにまで広がっている。外国語教師がグローバル社会を生きる資質を備えた人材を育成することは一見すると困難なことであるかのように思われるが，学び続ける学習者，「つながり」続ける学習者を育成することがその近道である。「めやす」はこうした「つながる」ための授業設計に際し，私たち外国語教師に重要な示唆を与えてくれるものと言えよう。

8 「内容」と「思考」を重視する言語教育
「めやす」と CLIL が志向するもの

植村麻紀子

1 はじめに

『めやす（試行版）』[1] から現在の「めやす」へバージョンアップするに当たっての最大の特徴は、「グローバル社会領域」と「つながる力」および「3×3＋3」のプラススリー（3連繋）の部分をキーコンセプトの一部に加えたことである[2]。これらは當作（2013）で「ソーシャルネットワーキングアプローチ（Social Networking Approach: SNA）」と提唱された考えに基づくもので、

> 『外国語教育のめやす』では、外国語学習の目標が拡大し、グローバル社会に対応した言語の使い手を生み、社会に貢献し、社会の発展の一翼を担う人材を創り出すことが、外国語教育の新しい役割だと提案しています。言語教育の目標を単なる能力開発から人間形成に移行させたのです。（當作，2013，p.95）

とあるように、「めやす」は 21 世紀のグローバル社会の一員としての自覚を持ち、その社会づくりに貢献できる人を育てることをめざし、「人間形成とグローバル社会を生きぬく力の育成」を教育目標としている。（『めやす』p.18）[3]

一方、近年、英語教育を中心に注目されているアプローチの一つに CLIL (Content and Language Integrated Learning: 内容言語統合型学習）がある[4]。CLIL は 1995 年に欧州評議会（Council of Europe）が出した「母語＋2 カ国語」を原則とする「ヨーロッパ市民」の育成を目指して、その実践がス

---

1 国際文化フォーラム (2007)『高等学校の中国語と韓国朝鮮語学習のめやす(試行版)』。
2 「めやす」作成の背景については、第 1 章山崎氏の論考を参照。
3 引用出典として冊子に言及するときのみ二重括弧で「めやす」と表記している。
4 2017 年 4 月、日本 CLIL 教育学会 (略称：J-CLIL) が発足し、小学校から大学までさまざまな教育現場で、内容学習と言語（多くは英語）学習を結びつける実践報告と研究討論が盛んに行われている。

ペイン，イタリア，ドイツ，オランダ，オーストリアなどの西欧諸国に急速に広まったもので（池田，2011，p.4），CEFRの「複言語・複文化主義」を根底に，言語を通して平和な社会の実現に必要な汎用的能力（知識活用能力，批判的思考力，問題解決力，革新創造力，意思疎通力，協調協働力，社会貢献力，国際感覚力）を育成することを目指している（奥野編，2018，pp.4-5）。

「めやす」もCLILも，学習言語の高度な運用能力を身につけることを最終目標とするのではなく，多様なことばや文化的背景を持つ人びとが共生し協働できる社会づくりに参画するために必要な力を身につけることを目標としている点が共通している。

さらに，日本語教育界では，内容重視のCBI（Content-based Instruction）を一歩進めたCCBI（Critical Content-based Instruction: 内容重視の批判的言語教育）が注目されているが[5]，CCBIとCLILがともに重視している「批判的思考力／高度思考力」について，「めやす」ではグローバル社会領域の「できる」の一要素としてあげている（『めやす』p.29）。

本章では，CLILの4C（Content: 内容，Communication: 言語，Cognition: 思考，Culture/Community: 協学）の枠組みを活用しながら，「めやす」の特徴や課題について，特に「内容」「思考」を中心に考察する。コミュニカティブアプローチ（CA）に替わるSNAが，「めやす」の「3×3+3」概念図で示されたように（當作，2013，pp.92-95），4Cの枠組みはCLIL授業の設計図としても提案されている（池田，2016，p.17，詳細は2-3節で後述）。奥野編（2018）には「CLILはとても便利なコンセプトであり，ツールです。最低限，4Cを意識すればいいのです」とある。

なお，「めやす」はCEFRやNS，JF日本語教育スタンダードと同じく言語教育のスタンダードであり[6]，一方，CLILは，Coyle, D., Hood, P.& Marsh, D.（2010）で "a dual-focused educational approach in which an additional

---

[5] 佐藤・長谷川・熊谷・神吉（2015）では，物事を論理的に分析する技能，知識などの習得をめざすにとどまらず，自分の置かれた現状や社会に内在する社会的・慣習的な前提を問い直し，その維持や変革に能動的に関わっていこうとする意識・視点・姿勢・態度の育成に焦点を置く内容重視の言語教育のことをCCBIと呼んでいる。
[6] 第1章山崎氏，第2章齋藤氏，第3章田中氏の論考参照。

language is used for the learning of both content and language" と記されているように，言語教育のアプローチの一つであって，本来両者を同じ土俵の上に乗せて比較することはできない。また，CLIL は教育現場での柔軟性が高く，さまざまなバリエーションがあることもその特徴の一つである。

Soft CLIL	目的	Hard CLIL
英語教育		科目教育
Light CLIL	頻度・回数	Heavy CLIL
単発的／少数回		定期的／多数回
Partial CLIL	比率	Total CLIL
授業の一部		授業の全部
Bilingual CLIL	使用言語	Monolingual CLIL
英語・日本語		<u>英語</u>

図1　CLIL のバリエーション（池田，2011, p.10 より）

　図1の通り CLIL には一つの決まった形はないが，池田 (2011, 2012, 2016) に依って基本原理や枠組み，重要な概念を確認した上で，「めやす」との比較を試みる。用語の訳語についてもこれらに従う。図1で「<u>英語</u>」と下線つきで書かれているところは「学習言語」に置き換えて読んでいただきたい。はじめに，「めやす」と CLIL がともに内容重視の CBI に包括されることを確認し，その背景と理論的根拠を示し，実際の授業設計の方法と評価について簡単にまとめた上で，主体的・対話的で深い学びを促す「内容」について考察を試みる。

2 「めやす」と CLIL

2-1 キーコンセプトと方法論上の両者の位置づけ

「めやす」は，キーコンセプトとして「3×3＋3（3領域×3能力＋3連繋）」を掲げ，言語・文化・グローバル社会の3領域における3つの能力（わかる・できる・つながる）から成る「総合的コミュニケーション能力」を身につけることを学習目標としている。

一方，CLIL では，教科やテーマなど内容のあるものを学習の中心に据え，内容学習のためのツールとして学習言語を使い，オーセンティックな教材を用いた4技能統合型のタスクを通して，4C（Content: 知識力，Communication: 言語力，Cognition: 思考力，Culture/Community: 協働力）の育成を目指している。

「めやす」も CLIL も言語知識や言語技能の獲得だけを目標としていない点は同じだが，「めやす」はそのキーコンセプト「3×3＋3」のプラススリー（3連繋）の一つとして既習内容や他教科の内容を扱っているのに対し，CLILでは内容学習と語学学習の比重は 1:1 であることが基本である (池田，2012, p.6)。CLIL は，小学校の算数・理科・社会・音楽・体育などの各科目から大学における専門科目に至るまで，各教科・科目の内容学習を外国語（日本の場合はほぼ英語）で行っている実践を指すことが多いが，一方「めやす」はあくまでも外国語教育（日本語母語話者以外への日本語教育も含む）のなかで他教科の学習内容と関連するようなテーマを扱っている実践がほとんどである[7]。CLIL を称する実践には前掲の図1のようにかなりの幅があるが，「他教科との関連」という視点で見た場合，「めやす」よりも CLIL のほうが内容学習により重点があると言ってよいだろう。

なお，CLIL は内容と言語どちらも扱うという点でイマージョン（Immersion）

---

[7] 外国語以外の授業に「めやす」を活用した実践例として，TJF「めやす Web」では，高校の現代文の授業（依田（2014）「主体的に舞姫を読む」）が紹介されている。（http://www.tjf.or.jp/meyasu/support/handai-A/yodasachiko/post-58.php）。

やCBIとの違いが度々議論されるが（アレン玉井光江2016, 池田2017b），Angel M.Y.Lin（2016, p.7）では以下のように記している（下線は筆者）。

> In this book, CBI will be used as an umbrella term to cover various kinds of programme models and curricular approaches that have an interest in integrating content learning with language learning. Immersion and CLIL are treated as types of CBI with overlapping features.

一方，「めやす」の言語領域も，文化領域，グローバル社会領域と並んで学習領域の一つに過ぎず，『めやす』(pp.82-87)には「セマティック・ユニット（主題中心単元）」，「プロジェクト型学習」の設計が具体例とともに示されている。後述するカリキュラムの設計方法などを見ても，「めやす」もCLIL同様，内容重視のCBIに包括されると言えるだろう。『めやす』(pp.56-57)には次のような記述があることも改めて確認しておきたい。

> これまでの外国語教育では，語彙と文法表現を教えることが中心にありました。近年，語彙・表現を使ってコミュニケーションを行なうことに注意が払われるようになってきたものの，コミュニケーションによる社会活動および高度思考能力の使用や発展までは意識されてきませんでした。「めやす」が最終的にめざす外国語教育の目標は，言語を使って社会活動をする力や考える力までを意識した総合的コミュニケーション能力を身につけることです[8]。

半沢(2017, p.36)ではCBI・CLIL・EMI（English-Medium Instruction）における「内容と言語のバランス」を次のように図示しているが（図2），「用語の使用については研究分野全体で混乱が起こっており，最終的な用語選択は研究者の好みに委ねられている」とも指摘している[9]。

---

[8] 教室と社会のつながりについては，第14章中川氏の論考を参照。
[9] 各論文で使用されている用語（CBI・CLIL・EMI）がどのような意味として使われているのかを明確にし，自身の持つ定義とすりあわせる必要があること，また，異なる用語が使用されていても同じ実践を示している可能性もあるので，文献検索の際に視野を拡大する必要性があることを指摘している。

図 2　CBI・CLIL・EMI における「内容と言語のバランス」(半沢 2017, p.36 より)

　CBI を以下のような 3 つのタイプに分類した場合(原田, 2008, p.152)[10]、「めやす」による実践の多くは 1)、広義の CLIL は 1)～3) と言えるだろう。

1) あるテーマを扱いながら言語学習が中心となるテーマベースの指導 (theme-based language instruction)
2) 内容の学習が中心で、言語学習は内容の理解をサポートするのみのシェルター指導 (sheltered content instruction)
3) 母語話者とともに講義科目を履修し、さらに言語面を補うために、講義科目と直接関係するように設置された言語コースを同時履修し、内容と言語の両方を学習の対象とするアジャンクトモデル指導 (adjunct language instruction)

2-2　CBI の背景とその理論的根拠

　原田 (2008, pp.153-157) では、CBI の背景と理論的側面についても詳述している。CBI の初期の形態は ESP (English for Special Purposes)[11] と 1965 年にカナダのケベック州の幼稚園で導入されたフランス語イマー

10　Brinton, D., M. Snow and M. Wesche (1989) Content-Based Second Language Instruction. Boston: Heinle & Heinle. を参照した分類。ほかに、CBI をより細かく分類している論考もある。
11　パイロットや医療関係者等の職業人が使う英語 (EOP: English for Occupational Purposes) や、学問的な専門分野で必要とされる英語 (EAP: English for Academic Purposes) を指す。

ジョン教育であるが，英語教育以外の外国語教育で小学校から大学レベルまでCBIが導入されることになった背景には，アメリカの『21世紀の外国語学習スタンダーズ』(The Standards for Foreign Language Learning in the 21st Century, 1999)の5C (Communication, Culture, Connection, Comparison, Community)の影響が大きいと指摘している。現在の「めやす」の土台となっている試行版 (TJF, 2007)[12]の作成時にはこのスタンダーズを大いに参照している。

また，原田 (2008) では，CBIの理論的根拠として，理解できるインプットの重要性を唱えたクラッシェン (1982,1985)[13]，産出能力養成のためにアウトプットも必要としたスウェイン (1993)[14]，ヴィゴツキーの社会文化理論，発達の最近接領域や内的発話（内言）の考え方などを挙げている。さらに，カミンズのBICS (Basic Interpersonal Communicative Skills: 日常生活におけるコミュニケーションに必要な言語能力）とCALP (Cognitive Academic Language Proficiency: 学習に必要な言語能力) についても触れ，21世紀に求められているコミュニケーション能力とはCALPであり，この能力は従来の言語学習中心の教育では到底達成できないと論じている[15]。さらに，認知学習理論や数々の動機づけ理論などからも，内容重視のCBIが言語学習に有効であることを述べ，最近の言語教育で唱えられている，協力学習や学習指導方略指導の重要性などからもCBIが支持されることを詳細に論じている。

前節で確認したようにCBIに包括される「めやす」とCLILも，上記のような第二言語習得の各種理論がその根拠となっている（奥野編 2018, pp.14-19)。

---

12 財団法人国際文化フォーラム（2007）『高等学校の中国語と韓国朝鮮語学習のめやす(試行版)』。
13 Krashen, S.D (1982) *Principles and Practices in Second Language Acquisition.* New York: Pergamon Press / (1985)The Input Hypothesis: Issues and Implication. New York: Longman
14 Swain, M (1993) *The Output Hypothesis: Just Speaking and Writing Aren't Enough.* The Canadian Modern Language Review50:158-64.
15 Angel M. Y. Lin (2016, pp.11-27, Chapter2) では，第一言語のCALPが第二言語のCALPの養成をサポートすること，そしてその逆もあることについて言及されている。

2-3 カリキュラムデザイン・授業設計

「めやす」では、目標を掲げ、その達成度を測る評価を決めた上で学習項目や活動を設計する「バックワードデザイン（逆向き設計）」が推奨され、『めやす』(pp.62-64) では、9つのステップでカリキュラム設計の方法を具体的に示している。音声や文字の教え方、語彙や文法の導入の仕方（5＋5アプローチ）についても、『めやす』(pp.77-81) で提案されている。

一方、CLIL はそれ自体に特別な学習理論や学習メソッドがあるわけではなく、スマートフォンに例えられるように（池田、2017bほか）、さまざまな教授法や教育法を取り入れ、有機的に結合させることにより、質の高い学習を生み出す柔軟性の高い統合的アプローチである（奥野編、2018, pp.6-7）。そのため、「めやす」のような具体的な設計手順は示されていないが、Angel M. Y. Lin (2016, pp.147-148) に、「初めにプログラムのゴールを決定し、そのゴールを達成するためのいくつかのコースを用意する。各コースのカリキュラムは、相互に関連のある少なくとも三つの要素（シラバス、教授法、評価）から成る。最終的なゴールが内容中心か言語中心かで CBI のさまざまな形態が生じる」とあるように、文法項目や語彙に先んじて、扱う内容・テーマや目標を決める「めやす」と CLIL は、目標の立て方次第で現場のニーズに即した授業設計ができるという利点がある。

しかし、4C という枠組みだけで授業設計をするのは、教師それぞれの技量や経験に負うところが大きい。そこで、池田 (2016, p.17) では以下の表1

Content （内容）	Communication （言語）	Cognition （思考）	Community/ Culture（協学）
Declarative knowledge （宣言的知識）	Language knowledge （言語知識）	Lower-order thinking skills （低次思考力）	Cooperative learning （協同学習）
Procedural knowledge （手続き的知識）	Language skills （言語技能）	Higher-order thinking skills （高次思考力）	Global awareness （国際意識）

表1　CLIL 授業の設計図（池田、2016, p.17 より）

のように，CLIL の 4C の各要素をさらに上段と下段に分け，意図的にバランスよく取り込むためのツールとして「CLIL 授業の設計図」を提案している。

Content は教科書に載っているような基礎知識（宣言的知識）と，実社会への活用を考える手続き的知識に，Communication は言語知識と言語技能に分ける。「めやす」でいえば，Content 上段が文化／グローバル社会領域の「わかる」，Communication 上段が言語領域の「わかる」に相当し，下段がそれぞれの「できる」に相当する。Cognition は LOTS（記憶・理解・応用といった低次思考力）と HOTS（分析・評価・創造といった高次思考力）に [16]，Community/Culture は協同学習（ペアワーク・グループワーク）と国際意識（異文化理解・世界的課題）に分ける。高次思考力と協働学習は「めやす」ではグローバル社会領域の「できる」に含まれている。

表の 8 つの枠をすべて埋めるように授業設計すると CLIL 型の授業ができる仕組みになっており，これは授業観察の分析・評価シートとして使うこともできる。「めやす」で言えば，「3×3＋3」の枠組みに相当するものと言えるだろう。ただし，「めやす」の「3×3＋3」はすべての枠を埋めなくともよいが，CLIL では 4C がそろっていることが必須であるため，表 1 の 8 枠をすべて埋める必要がある。以下に筆者が翻訳の授業で行った CLIL 的実践の授業設計図

内容	言語	思考	協学
留守児童をめぐる様々な問題と彼らの心理を手紙や調査データ，映像から読み取る	手紙や調査データ中の語彙・発音・表現・文法を学ぶ	語彙・表現・文法ポイントを「暗記」し，「理解」する	グループワークを多用する（ジグソー・リーディング，ピア・エディティング）
留守児童をめぐる問題の解決方法を具体的に考える	手紙やデータを翻訳したり，映像中の台詞を聞き取る[読む・聞く]	手紙の内容を「分析」し正しい順に並べ替えたり，データを「評価」し，解決策を「創造」する	中国・台湾・日本における子育て支援のあり方，世界各国における貧困や格差の問題を考察する

表 2　中国の「留守児童」をテーマにした授業の設計図 (植村 2018 より)

[16] ブルームの教育目標タキソノミー改訂版を参照。
[17] 植村（2018）「中国語教育における CLIL 活用の可能性—"中国留守児童"を題材に—」，『中国語教育』16 号 . 中国語教育学会。池田 (2016, pp.22-25) には，高校 1 年生の理科「熱の伝わり方」(英語レベルは CEFR の A2) の授業構成を具体的に書き込んだ授業設計図もあり，参考になる。

8 「内容」と「思考」を重視する言語教育──「めやす」とCLILが志向するもの

を参考までに挙げておきたい[17]。

　さらに，CLILには，言語知識と言語技能をつなぐものとして「3つの言語：language of learning（学習の言語），language for learning（学習のための言語），language through learning（学習を通しての言語）」という考え方がある。「学習の言語」とは，取り上げるテーマやトピックの理解に直結する言語材料や技能のことで，具体的にはその単元の重要語句や必須文法項目などを指す。「学習のための言語」は，ある言語で何かを学ぶ際に必要な表現や学習スキルのことで，CLILでは最も重要とされる。たとえば，議論の方法，情報収集法，レポートの書き方，ペアワークやグループワークの進め方などである。最後の「学習を通しての言語」がその二つを結びつける仕組みであり，すでに学んだ言語材料や学習スキルを組み合わせて，何度もリサイクルさせることで言語習得を加速させる。「めやす」でも，協働力や情報活用力は学習目標の一つではあるが（グローバル社会領域の「できる」），「学習のための言語」の指導に重きを置いた実践例は少なく，今後の課題といえるだろう。

　単に学習言語で教科内容やトピックを教えるだけでは，CLILならではの統合効果が出にくいとされ，最近の研究では新しい概念として「言語意識」（language awareness）が提起されている（詳細は池田，2016, pp.6-11参照）。「めやす」との関連で特に注目したいのは，translanguagingである。CLILの授業ではすべての活動を学習言語で行うのが基本とされてきたが，近年，積極的母語活用が推奨され，母語の使用に肯定的な意見が多い[18]。

　　池田：CLILはとにかく英語（引用者注：以下，下線つきの英語＝学習言語）
　　　　　だけのことではなく，学習全体の効果を考えます。学習効果全体と
　　　　　しては，思考とか内容とか言語というのは，英語と日本語の両方を
　　　　　考えて，全体の学習がマキシマイズするという考え方をするのです。

---

18 上記3名の発言は，2016年12月17日に早稲田大学で開催された「英語で教科内容や専門を学ぶ─内容重視指導（CBI），内容言語統合学習（CLIL）と英語による専門科目の指導（EMI）の視点から─」のパネル・ディスカッション上での発言の一部抜粋（『早稲田教育ブックレット⑰英語で教科内容や専門を学ぶ─内容重視指導（CBI），内容言語統合学習（CLIL）と英語による専門科目の指導（EMI）の視点から─』所収（p.100））

ですから母語も積極的に活用していくという考え方です。

福田：教員は基本的に<u>英語</u>を使用しますが，生徒の日本語使用に関しては寛容です。どうしても<u>英語</u>で表現できなければ，日本語を使ってもいいと，要するに会話の流れを重要視して日本語使用を有効に考えています。

澤木：母語のサポートというものをネガティブに見るよりは，資源であり，それを使うことによって学習が進むと考えたほうがいいのではないかと思います。

　一方，「めやす」は学習言語での授業運営を前提にしておらず，これまでの実践例のほとんどが，日本語母語話者である教師が日本語母語話者である学習者を対象に日本語で行ったものである。高次思考力の養成を重視するならば，ペアやグループでのディスカッションは母語を使用したほうが深い対話となることは言うまでもない。一般社会においても母語が同じ者同士があえて外国語を使ってやり取りする場面はかなり特殊な状況と言えるだろう。しかし，近年では，教室のなかの学習者の母語が一様であるとは限らず，筆者の担当する授業でも，中国，台湾の留学生と日本人学生がペアワークやグループ学習を行うことも多い。そうした際に，教師が必要に応じて足場かけ (scaffolding) をしながら，教室内の共通言語として，学習言語をより積極的に用いるべきではないかと考える。

2-4　評価

　『めやす』(pp.66-76) では，1) 伝統的評価から新しい評価へ，2) ルーブリックによる評価とその作り方，3) 総括的評価と形成的評価，4) 自己評価，5) ポートフォリオによる評価の5項目に分けて，教師が学習者を効果的に支援し，学習を促進するための評価について詳しく説明している[19]。

　一方，CLIL の評価については Angel M. Y. Lin (2016) の Chapter 6

---

19 「めやす」の評価については第6章池谷・中川氏の論考を参照。

Assessment Issues (pp.111-141), 池田・渡部・和泉(2016) の第 5 章「CLIL における学習評価の理論と実践」(pp.145-179), 奥野編(2018, pp.124-147) などで詳述されているが, やはり一つの決まった形があるわけではない。

「めやす」と CLIL に共通しているのは, いずれも従来のような, 言語知識を問うだけのペーパーテスト, 学習者の成績をつけるためだけの評価ではなく, ①教師が自分の授業実践をふりかえるため, ②学習者が自分の学習内容や方法をふりかえるため, ③活動の最初にルーブリック等で評価基準を提示することで学習の指針とするための「評価」であるという点である。ただし CLIL では, 各教科の学習内容も評価の対象となるため, 評価における「内容」と「言語」のバランス, 両者をどう結びつけて評価するのか(あるいは別個にすべきなのか)という点が議論の対象となることが「めやす」とは異なっている。また, 「内容」についての理解力を問う問題では, 学習者が持っている既存の知識や一般常識で解ける問題になっていないかのチェックと, CLIL の場合, 設問も解答も母語ではなく学習言語で示されることが多いので, 極力平易な表現を用いることが求められる[20]。

2-5 「めやす」と CLIL の共通点と相違点

「内容」と「思考」についての考察に入る前に, 「めやす」と CLIL の共通点と相違点をまとめておきたい。

共通点
1) 多様性を尊重し, 調整し, 共有できる価値を見いだすために必要な力を身につけ, よりよい社会づくりに積極的に参画する人材の育成をめざす。
2) オーセンティックな素材を用い, 内容を重視し, 目標からの逆向き設計を

---

[20] 筆者自身が表 2 で設計した実践をした際は, プロジェクト授業の冒頭に「"留守児童"とはどのような子供だと思いますか。一言で説明してください」とプレテストをしてから始めたところ(知っている場合はいつ, どこで学んだかも含めて回答), 正解者はクラスで 1 人, 残りの 19 人は聞いたことがないか, 聞いたことはあってもはっきり覚えていないので説明できない, という状況であったため, 授業で扱う教材のなかに「留守児童の定義」について書かれた文章を入れてポストテストで確認した。狭義の CLIL に則るならば, 学習言語の中国語で解答させるべきであるが, 正しく理解できていても中国語で正しく表現できるとは限らないので, 2018 年度はクラス全員が日本語母語話者だったことも鑑みて, 設問も解答も母語である日本語を使用し, 内容理解のみを評価した。

推奨する。学習言語を用いたコミュニカティブな活動を通して，総合的コミュニケーション能力／21世紀型スキルを養成することをめざすが，母語の使用が効果的な場面では積極的に使用してよい。
3) 得られた知識や技能を現実の社会でどのように用いて社会参加や自己実現をするか，個々の学習者の興味・関心やアイデンティティ，学習者それぞれの社会との関わりを尊重する。
4) 教師の一方的な評価ではなく，自己評価，相互評価を通して，言語活動主体としての自らをメタ認知できる力を養う。評価は学習の指針としても用いる。
5) 上記のような理念や目標の達成のために，現場の教師の共通言語となる可視化された枠組み（「3×3＋3」や4C）を持つ。

相違点
1) 「内容学習」と「言語学習」のバランス（CLIL は小・中・高レベルで英語以外の教科学習に英語を用いる実践に使われることが多いが，「めやす」はあくまでも外国語（言語）の授業で他教科との連携を図ることが目標）。
2) 「めやす」には話題・レベル別の Can-Do 指標があるため，学習言語を用いてできることを具体的に示せるが，CLIL には到達度を示す指標はない。
3) CLIL は，学んだ内容や言語知識の理解・習得状況をペーパーテストで確認することが多いが，「めやす」では協働で作成した成果物をルーブリックやポートフォリオで評価することが多いため，「内容理解」や知識に基づく応用力の確認の評価は不十分になる可能性もある。

3 考察：主体的・対話的で深い学びを促す「内容」とは

以上見てきたように，「めやす」と CLIL は理念や逆向き設計など共通点も多く，ともに「内容」を重視し，「高度思考力」の養成を目標の一つとしている。池田 (2017b, p.17) には，「CLIL の学習場面ではとにかく考えさせるのです

残念ながら既存の英語教育というのはあまり考えさせません。ですから，そこのところが多分一番大事なのではないかと思います」とある。それでは一体，どんな「内容」を扱ったらよいのか，「内容」を誰がどのように決め，どう展開すべきか考えてみたい。

　学習言語を使って他教科の内容を教える CLIL では，「そもそも外国語教師が内容をどこまで扱えるのか」という問いがある。これに対し，2-1 で引用した「アジャンクトモデル」のように，言語と内容それぞれを専門とする教師が積極的に協力し，学校全体（あるいはそのプロジェクトに関わる全員）の共通理解と連携を図ることの重要性が指摘されている。専門家の意見を聞いたほうがより深く正確な「内容」の設計ができるだけでなく，言語の教師の準備の負担を減らすことにもつながる。高校では国語・英語・社会科などの教諭が英語以外の外国語の授業を兼任することも多いので，今後は他教科の学習内容との連携をより積極的に図っていってはどうかと考える。「めやす」の授業実践において，教室外との連繋は広く行われているが，CLIL のように学習言語を用いた（他教科の）内容学習はこれまであまり行われていない。筆者が CLIL の枠組みで設計した翻訳の授業（前掲の表 2 参照）後の学習者アンケートには「留守児童についての理解が深まり，問題意識も高まった」，「留守児童のことは知っていましたが，手紙やデータを学び，とても深刻なことが分かったので，このようなテーマだと，中国語の翻訳の勉強だけでなく，社会の事も学べるので良いと思いました」とのコメントが見られ，「内容」と「言語」をともに重視する CLIL 的アプローチを，積極的に取り入れていくことの意義を感じている。今後は，CLIL の「3 つの言語」という概念のなかの「学習のための言語」「学習を通しての言語」をより意識し，「フォーカス・オン・フォーム」の手法も取り入れ，教室でのインタラクションのなかで，「内容」とともに学習「言語」の知識や技能の獲得を進める工夫，BICS だけでなく CALP の養成が求められる。

　たとえ「内容」教師の協力が得られなくても，言語の教師自身が一学習者として「内容」学習を楽しみながら準備し，ともに成長することにも意義が

ある[21]。その際，個々の学習者の興味・関心を日頃からリサーチしておき，主体的に取り組めるような「内容」を扱うこと，教師の独りよがりにならぬよう注意しなくてはならない。一方で，動機づけの弱い学習者や入門期の学習者自身にはこれといったニーズがない場合もある。筆者は，ゾルタン・ドルニェイ (2005, pp.28-29) やソクラテスのことば「シビレエイは自分自身がしびれているからこそ，他人もしびれさせる」[22] と同様，動機づけも教師の仕事の一部であると考えている。教師がやや大きめにテーマを提案し，学習者が「自分ごと」として捉えられるような仕掛けや工夫をして提示した上で，学習者と合意形成し，学習者の興味・関心に沿って自らの創造性を発揮できる中目標を設定させた上で，小目標を立て，具体的なタスク活動に落とし込むような流れが理想的ではないだろうか。

　高見・熊谷・佐藤・長谷川・森岡（2015, pp.83-84）が指摘するように[23]，学習者の発達段階に合わせて「知的好奇心を満たす内容」を追求することも重要であろう。「めやす」や CLIL の理念である「よりよい社会を作る人材の育成」をめざすならば，国際バカロレアの必須科目である「知の理論」の各テーマ[24] や国連で 2015 年に採択された「持続可能な開発目標（SDGs）」[25]，奥野編（2018, p.156）に記されている PEACE[26] など，地球規模の課題をテーマに学習者の視野を広げ，教師も含め「自分にできることを共に考えて」いきたい（前掲の表１では「Procedural knowledge: 手続き的知識」，「Global awareness: 国際意識」に当たる）。

---

21 奥野編 (2018, P.33 コラム)「イチ日本語教師が，専門でもない内容を扱っていいの？」
22 プラトン著『メノン』（師匠ソクラテスと青年メノンの対話）の一節
23 「1990~2000 年代には『文化』『リテラシー』『ジャンル』の概念が再考 (Kramsch 1993, Kern 2000, Byrnes1998 など) され，高等教育機関における言語教育のあり方が議論され始めた。大学・大学院での教育は，言語クラスであろうとも学生の知的レベルに見合う授業内容でなければならないという主張である。(中略) 言語教育における社会文化的アプローチの台頭や，既存の言語教育に対する批判的な観点により，教授法の関心は「なぜ」教えるのか，そしてさらに「学びとは何か」という「教育」の根本的な問いにシフトし，学習者のアイデンティティや教師の役割なども含めて検討されてきた。流暢で円滑なコミュニケーションをめざす『言語訓練』や『コミュニケーション・スキル』の育成から一歩進んで，言語「教育」の「内容」が問われるようになったのである」と論じている。
24 https://www.ibo.org/contentassets/93f68f8b322141c9b113fb3e3fe11659/tok-guide-jp.pdf
25 http://www.jp.undp.org/content/tokyo/ja/home/sustainable-development-goals.html
26 PEACE とは Poverty（貧困からの脱却），Education（教育），Assistance in need（自立のための援助），Cooperation & Communication（協働と対話），Environment（環境）を指す。

また,「カリキュラム,コース,授業が内容重視であるかどうかの判断要因は,言語のクラスで教師が内容をどれだけ取り上げようとしているかの心持ちが大きく関わっている」(佐藤・長谷川・熊谷・神吉,2015, p.23)とあるように,何を扱うかだけでなく,どう扱おうとしているのか,その熱意が学習者に伝わるのではないかと考える。教室における教師の役割は,知識の伝達者からファシリテーターへと変化しつつあるが,テーマの選択や扱い方を通して教師の思いを伝えることは,人間形成をその目標に掲げた「めやす」において,また広く「教育」という営みにおいて,大きな意味を持つと考える。

4 おわりに

　「めやす」では,「コミュニケーション能力を身につけたいならば,コミュニケーション活動を実際にすること」が強調されてきた。それを一歩深め,その理念に掲げているような「よりよい社会づくり」をめざすならば,そのための言語活動を具体的に考え,実際に取り組むことが「めやす」の理念の実現につながるのではないだろうか[27]。買い物やレストランでの会話レベルの外国語は,AIや機械翻訳でもある程度対応可能な時代になりつつある。言語教育自体を「語学」の枠を越えた「教育」のなかに位置づけ(佐藤・長谷川・熊谷・神吉,2015, p.29),教師一人ひとりが自身の言語教育観を問い直す時が来ているといってもよい。「めやす」の根本に立ち戻り,「人間形成とグローバル社会を生きぬく力の育成」という教育目標を実現するには,どんな「内容」で何を「考える」授業にするのか,熟慮の上で授業設計に取り組みたい。

　「よりよい社会づくり」をめざすのであれば,これからの時代の言語教育には,「すべての学習者の学びを保障する」インクルージョンの視点も欠かせない。「めやす」のコミュニケーション能力指標を改めて見直すと,なんらかの疾病や障がいを持つ学習者には達成できないような指標も含まれており(例:

27　佐藤慎司・熊谷由理編(2011,はじめに)では,外国語教育における社会参加をめざす活動の留意点が詳述されている。言語を学び,使用することはアイデンティティ形成にも大きな意味を持っており,ここでいう「社会」とは「個人」と対峙する社会ではない。詳しくは第14章中川氏の論考を参照。

「〜を聞いて理解できる」），授業設計の際には目標の立て方に注意が必要である[28]。CEFRのCOMPANION VOLUME WITH NEW DESCRIPTORS[29]にも，手話，複言語・複文化能力，仲介能力の能力記述文が新たに加わっている。

　いつか，ではなく，今できることを考えながら，考えるだけでなく行動する学びとなるよう心がけながら，「めやす」の理念や目標をより意識した授業を設計していきたい。

28　第1章山崎氏の論考を参照。
29　https://rm.coe.int/cefr-companion-volume-with-new-descriptors-2018/1680787989

第3部

「めやす」の実践的活用

9 「めやす」の考え方を取り入れた スピーチ授業の実践と学び

松﨑真日

1 はじめに

　外国語学習において，言語の構造的知識を蓄積することが重要であることは言うまでもないが，その知識を言葉にすること，その言葉を他者に対して使う練習もコミュニケーションを重視する教育においては強調されるところである。そして，それはしばしば，レストランでの注文，チケット予約，道案内をはじめとした場面や機能別に行う台本に沿ったロールプレイ練習として行われる。このような練習は一見すると教室中に学習者の声があふれることから，いかにもコミュニカティブな授業に感じられるが，よく観察すると，学習者は与えられたモデル会話文を再現しているのに過ぎないことが少なくない。心と心を通わすやり取りでもなく，学習者自身の思考や気持ちを言葉にすることはあまり意識されないように見える。

　これに対し，「めやす」では，「外国語の学習を通して，他者を発見し，自己を発見し，自他の理解を深めながら関係性を築き，共同社会を作ることをめざす」という教育理念のもと，総合的コミュニケーション能力を「3領域×3能力＋3連携」として提示している。そこでは，母語話者をモデルとしてではなく，関わりのなかで相互理解を深め，現実社会のなかで協働する相手として見ている。総合的コミュニケーション能力とは，母語話者の言語を再現する能力ではなく，「知識理解を深め，それを活用するスキルを身につけ，ひいては他者，多文化，グローバル社会とつながる」（『めやす』p.20）ための能力と見ているのである。言うまでもなく，その前提になっているのは，学習者は「一人ひとり異なっていて多様」（『めやす』p.21）であるという認識である。

　以上のような理解のもと，本稿では，「めやす」が示す「総合的コミュニケー

ション能力」を身につけるための授業として筆者が2017年度に行った授業実践について報告する。授業期間中に学習者が記録したノートの記述から，学習者が何を考え，何を学んだと感じていたのかを示したい。その上で，外国語教育において「めやす」を活用する意義について述べる。

2 「めやす」を基盤とした韓国語スピーチ授業の概要と設計

　筆者が勤務する大学の東アジア地域言語学科では，韓国学を専攻するコースが設置されている。筆者は，韓国語学及び韓国語教育学の担当として3・4年次の学生を対象とした演習形式の授業「韓国学演習（以下，演習）」を開講している。韓国学専攻の学生のなかでもとりわけ韓国語に関心を寄せる学生が受講しているため，毎学期，韓国語に関わるテーマを設定し，授業を行っている。本稿では，2017年度後期に実施した「めやす」を参考に計画した韓国語スピーチをテーマとした演習について報告する。

2-1　授業の概要

　演習では，「韓国語のスピーチ」をテーマに設定し，週1回90分の授業を15回実施した。受講者は，3年生5名，4年生10名であった[1]。受講者全員が韓国語を1年次から学んでいるため，実力には違いはある[2]が，ほとんどの受講者は中級レベル以上であった。演習という授業形式の特性から，講読と討論を通じ知識を構築しながら実践を行うことで，知識を経験へと結びつけるとともに，教室の外でも役に立つ力を身につけることを授業の狙いとしている。
　そこで，本演習では授業に組み込む実践として，学外のスピーチコンテストへの応募を行い，スピーチコンテストへの出場を目指すこととした。具体的に

1　4年生10名のうち，2名は卒業論文執筆に専念したいという事情を考慮し，文献の講読と討論を中心に参加した。したがって，実際に韓国語によるスピーチを行ったのは3年生5名，4年生8名の13名であった。
2　韓国滞在経験が長いほど韓国語が流暢であるという一般的な傾向がある。13名の内5名は1年間の韓国滞在経験があるため，韓国語が流暢であった。ただ，留学経験がない学生にも流暢な学生はおり，後述する通り，外部のスピーチコンテストで最も良い評価を得たのは留学経験のない学生であった。

は，韓国政府機関である韓国文化院が主催するスピーチコンテスト「話してみよう韓国語」の福岡大会を目標に全員が準備を行った。

このスピーチコンテストは福岡市や北九州市，佐賀県や長崎県を含む北部九州地域から出場者が集い，また多くの観覧者を集める比較的規模が大きい大会である。応募者が多数に及ぶことから，出場者は書類審査を経て決定されることになっている。書類審査は，スピーチコンテスト主催機関内部で行われ，応募した受講生全員が出場することはかなわなかった。そこで，選に漏れた受講生については主催者に，スピーチコンテストの運営に携われるよう依頼し，当日司会者として，多くの観覧者，司会者，審査委員等の前で話をする機会[3]を得られるようにするとともに，授業内でスピーチ大会[4]を開催した。司会者などとして携わる学外スピーチコンテストが，学内スピーチ大会に向けての学びの場となるよう配慮した。

本演習の授業目標を表1に示す。

＜授業の目標＞
① 韓国語で書かれたスピーチに関する本を一冊読み、スピーチとはいかなるものであるかを学ぶ。
② スピーチについて学んだ知識をもとに実践し、その過程で改善を行う。
③ 実際に人前でスピーチを行い、その経験から学び，スピーチについて一定の自信を持つ。

表1 授業の目標

この目標は，第1回目の授業で受講生に配布され，授業の目標を教員と学生の間で共有してから授業を開始した。なお，①〜③のそれぞれの目標は，「めやす」の「わかる」，「できる」，「つながる」を参考に設定した。目標①は「わかる」に相当する目標である。教科書として指定した『스피치』（『スピーチ』，

---

[3] 学生によるスピーチコンテストの司会・運営が可能になるよう協力してくださった大阪韓国文化院にこの場を借りて感謝申し上げる。
[4] 授業内のスピーチ大会とはいえ，階段式の大教室でマイクを使用してスピーチを行うようにするなど，可能な限り学外のスピーチコンテストのような非日常の環境を整えた上で開催した。

以下では「教科書」とする)[5]を講読し，スピーチに対する体系的な理解を得ることを目標とした。この教科書の目次を日本語訳して示すと次の表2のようになるが，効果的なスピーチに必要となる聞き手に対する理解（2章），談話構造（4章，5章，6章）に関する知識，ボディランゲージ（8章），発音，発声など（9章）の効果など，スピーチに必要な知識を幅広く扱っている。

・スピーチ能力は21世紀の核心力量だ	
1章　発表不安症	6章　オープニングとエンディング
2章　聴衆と状況の分析	7章　概要書，キューカード，視覚資料
3章　ストーリーテリング	8章　ボディランゲージ
4章　説明の技術	9章　発音，発声，話し言葉
5章　説得の技術	10章　練習とリハーサル

表2　「教科書」の章構成

　目標②は，スピーチを作り上げる過程で必要となってくる心構え，スピーチの目的の検討，草稿執筆，話し方，リハーサルなど教科書で学んだ知識を実践に移す過程で改善を行うことを提示したものである。

　目標③は，学外・授業内でのスピーチ大会に出場することで，聴衆の前でスピーチという形式で自らの心情や思考を伝えることを通じ，韓国語で伝えることの実際を経験するとともに，今後の人生でスピーチをする上で必要な態度や自信，基本的素養を得ることを示したものである。

　以上の①〜③の目標を達成するために15回の授業を次のように計画した。

---

[5] この書物はソウルにある出版社であるコミュニケーションブックス社（커뮤니케이션북스）から刊行されている「コミュニケーション理解叢書」のうちの一冊であり，100ページほどの書籍である。韓国語による書物を教科書に指定した理由は二つある。一つめは，韓国語でスピーチを行うという授業のテーマに適合していると判断したためである。この教科書の記述内容は，韓国語によるスピーチを前提としているため，発音や談話構造についての記述は，日本語によるスピーチを前提とした書物を使用するより，より適切であると考えられた。二つめの理由として，受講者がとりわけ韓国語に関心の高い学生であり，韓国語の書物を十分に読み解く力を身につけているだけでなく，韓国語で学びたいという強い学習意欲を持っていることが挙げられる。韓国語のスピーチについて韓国語で学ぶことで，一層の韓国語の実力向上を期待した。

回数	授業時間に教室で行うこと	授業時間外で学習者が行うこと
1	【ガイダンス】　スピーチ映像鑑賞	
2	【講読】　1章 発表不安症 　　　　　2章 聴衆と状況の分析	
3	【講読】　3章 ストーリーテリング 　　　　　4章 説明の技術	構成の検討 メッセージの検討
4	【講読】　5章 説得の技術 　　　　　6章 オープニングとエンディング	草稿執筆 草稿修正
5	【協同学習】　草稿のグループでの検討 　　　　　　　教員の指導	
6	【原稿執筆など】　草稿から原稿へ 　　　　　　　　　スピーチコンテスト応募書類作成	原稿執筆
7	【講読】　7章 概要書，キューカード，視覚資料 　　　　　8章 ボディランゲージ	原稿執筆・修正
8	【講読】　9章 発音，発声，話し言葉 　　　　　10章 練習とリハーサル	概要書作成 原稿完成
9	【交流】　韓国・高麗大学との交流 　　　　　日韓の学生代表と教員によるスピーチ	練習
10	【練習】　グループ別練習	
11	【リハーサル】	
12	【協同学習】　リハーサル映像確認	スピーチの修正
13	【実践】　「話してみよう韓国語」福岡大会参加	実践
14	【実践】　授業内スピーチ大会	実践
15	【省察】	

表3　授業の構成表

　全15回の授業は，全体として，「わかる」→「できる」→「つながる」の順で展開していく。また，「わかる」→「できる」は講読の進展に合わせ，組み合わせて学習が行えるようスケジュールを組んでいる。具体的には，知識を得て理解を深めることを目的とする講読を，第2回から第8回の授業のうち5回行い，授業以外の時間を使用して行う草稿や原稿の執筆，またスピーチの練習は，講読で取り扱った後に行うよう計画した。このように「わかる」から「で

きる」への組み合わせ学習を積み重ねた後,「つながる」の学習へと進むようになっている。そして,「つながる」ための学習として,第 13 回で学外のスピーチコンテスト,第 14 回で授業内のスピーチ大会を設定している。

2-2 「わかる」・「できる」・「つながる」を結ぶ授業設計

　上述のように,授業の目標①〜③を「わかる」・「できる」・「つながる」という 3 つの能力に対応してそれぞれ設定した。これは 15 週という長期にわたる授業であるため,スピーチというテーマのもとで 3 つの能力を結ぶことを狙ったものである。ここでは,本演習を通じて身につけようとする各能力について見ていくこととする。

　まず「わかる」についてであるが,よいスピーチを遂行するためには,スピーチに相応しい表現,談話構造などの言語構造的知識を有していることが望ましい。また,スピーチ遂行上のさまざまな技術を知っていることもスピーチ遂行にあたり有用である。授業においてこれらについての知識を取り扱わない場合,受講者はスピーチとはいかなるものであるかを十分に認識できないまま実践に放り込まれる[6]ことになってしまう。多くの学習者にとって多数の聴衆の前で行うスピーチは未知の体験であり,準備不足のまま壇上に立つことになった場合,十分な力を発揮できないまま終わってしまう可能性が高い。スピーチとはいかなるものであるかを,実践を行う前に学習しておくことは,学習者の実力を十分に発揮させるために重要である。

　次に,「できる」は,学習した知識を活かして言語を運用する力と言える。授業では,知識が十分に活用されるよう,スピーチをいくつかの段階に分解し,各段階で教師の指導や協同学習を通じスピーチの準備に知識が活かされている

---

6 「わかる」に相応する指導がなされない場合,言語構造的知識についての指導は,提出された草稿や原稿を確認する際に行われることになるだろう。この場合,語彙や文法などの表現,理解しやすさを念頭に置いた主述関係の修正などの指摘は行いやすいが,メッセージの妥当性や,談話構成の指導は根本的な問題の指摘になるため,つまりもう一度最初からやり直すことを指示することになるため,指摘しにくい。また,そもそも言語構造的知識について,学習者との間で共通理解を確認していないため,声量や表情,原稿を暗記しているかなど外形的な部分についての指導が中心になりやすいことも指摘できる。いずれにしても,事後対応的な指導方法にならざるを得ず,プロセスのなかで体系的な指導を行うことができないという問題が指摘できる。

かの検討を行っている。この検討は，スピーチの大きな枠組みを決定するメッセージや談話構成についての検討（3回目の授業の後），草稿及び原稿の執筆に関して（5回目から8回目の授業の前後），発声や視線・態度など外形的な部分（9回目から12回目の授業の前後）について行った。

　受講者の準備途中の成果物について，主として授業時間にフィードバックを行い，授業後にさらに改善に取り組ませることを繰り返すなかで，学んだ知識を原稿やパフォーマンスに反映させていけるよう心がけた。学習者に知識が示されたとしても，それがパフォーマンスに活かされるとは限らない。原稿執筆や発表練習が学習者に一任されてしまった場合，学習者はフィードバックのチャンスを得る機会がなくなるため，知識が運用に，つまり「わかる」が「できる」に結びつけられることなく，知識としてのみ保存されたままスピーチの準備が進められていくこともありうる。しかし，準備途中の段階で検討の機会を幾度も得られるならば，そして教師がフィードバックを行うならば，学習者は学んだことをパフォーマンスにつなげていくことが可能になる。こうすることで，スピーチについての「わかる」は「できる」に活かされることになる。本演習の受講者のように，スピーチについてこれまで学習や実践の経験がほとんどない者がスピーチの遂行をめざす場合，「わかる」と「できる」が両立するように授業を設計することは，理論と実践の両側面から学びを支援することになる。

　最後に「つながる」についてであるが，この段階として「学習対象言語を使って積極的に他者とコミュニケーションしようとする態度をもって他者と対話し，異なる考えを調整しようとする」（『めやす』p.20）ことができるようになることを目指した。これを実現するために，学外で開催されるスピーチコンテストへの出場を目標に定めた。このことにより同僚学習者や教員に向けてのスピーチではなく，不特定多数の聴衆や審査員を相手に韓国語で自らの心情や思考を伝え，共感を得られるよう工夫しながら準備する環境が整ったといえる。この準備と実践の過程を通じ「めやす」が言及する異なる他者との対話や考えとの調整を経験できることを意識してのことである。

また，9回目の授業では，韓国の大学生との交流の機会を設けた。勤務校の韓国コースでは，毎年韓国の協定大学と共同でセミナーを実施しているが，これを本ゼミの「つながる」ための学習の一部として活用した。共同セミナーの際に行われる日韓両校の学生代表によるスピーチにおいて，日本側学生代表として，本演習の受講生2名が登壇しスピーチを行い，登壇しない学習者も，大学生という同じ立場にある者が行うスピーチを見ることで，教科書や授業内での学習とはまた違う気づきが生じることを期待した。また日韓の教員各1名が行うスピーチでは筆者が日本側教員としてその役を務めることで，教員のスピーチを観察する機会とした。

　外国語を学ぶ学習者にとって，学習言語を用いて自らの心情や思考を伝え，共感を得ることは，話者としての喜びを感じる瞬間であり，その喜びは，教室での練習よりも，実際の場面で本物の相手を前にコミュニケーションが取れたときにより大きなものとなるだろう。本演習において，「つながる」ために学外のスピーチコンテストへの応募をすることの意味は，「わかる」，「できる」で身につけた力を，練習のための学習にとどめず，他者との心の通い合いや調整を図ることを含んだ学びの環境がたち現れるという点にある[7]。もちろんその先には，授業が終了した後に，スピーチに自信を持ち，人前で話すことに対する態度や意識に変化が起きることも見据えているが，それはあくまで，「つながる」の先にあるものである。まずは，本物の環境を念頭に置いた学習と準備が前提になる。

　スピーチとは，自らとは異なる人々を前にして，言語によって自らの心情や思考をまとまった形で伝え，共感を得る行為である。スピーチを効果的に行うためには，スピーチがいかなるものであるのかを知り，スピーチについての知識を運用に活かし，実践のなかでは聴衆と向き合い心を伝えていくことになる。そのためには，「わかる」・「できる」・「つながる」のすべてが大切であり，すべてを結びながら学ぶことが効果を発揮するであろう。知識，運用能力，そし

---

[7] また出場が実現した場合には，学外のスピーチコンテストに実際に出場し，韓国語で自らの思考や心情を伝えつながる経験をする可能性が開かれることにある。

て他者との調整能力を身につけていくことは,「めやす」が提案している総合的コミュニケーション能力を身につけていくことにほかならない。

3 学習者が記録した学び

本演習では第1回目の授業で受講生にノートを配布し,受講期間中に感じたこと,考えたこと,またスピーチの作業経過や,授業中の記録など授業に関することなら何でも記録するよう依頼した。また,15回の授業終了後には,授業アンケートを実施した。ここでは,それらの記録から学習者が何を学んでいったのかを明らかにしたい。

3-1 「わかる」をめぐって

まず教科書からの学びについての記録を見ると,特に教科書の3章のストーリーテリングは印象的であったようで,多くの記述がなされていた。ここでは,そのなかから4名の記述を見てみたい。

学習者A「スピーチというと自分の伝えようとすることを聴衆に伝えることが全てだと思っていたが,聴衆が求めていることを伝えるという部分も大事なんだなと思った。」

学習者B「スピーチを考える上で,相手の気持ちを惹くためなど,たくさんの要素が必要なんだと思った。ストーリーテリングについて,時間をかけて考えること自体したことがなかったので,よくよく文面で勉強してみると,なるほどと思う部分が多かった。」

学習者C「スピーチ内容にストーリー性をもたせることが重要であることはわかっているが,自分の体験談と内容をうまく結びつけることは意外と難しい。体験談が先行して,本当に自分が伝えたいことが何であるのかを見失ってしまうことがあるからだ。自分が伝えたいこと(核心)を自分できちんと理解しておくことはいちばん重要なのではないかと思う。その上で,構成に脈絡をつけながら聴衆に

思いを伝えられるようにしたい。」

学習者D「ストーリーテリングを行うことで，相手への伝わり方や引き込まれる度合いがだいぶ変わってくるなと思った。（中略）原稿を見ないことや，ジェスチャー等が，良いスピーチの条件ではないことがわかった。しかし，場面や状況においては，そういった要素がとても重要視されることもあるのだと思った（XX[8]のスピーチコンテスト）。」

学習者Aは，ストーリーテリングを扱った章を読み，スピーチに対する考え方が揺さぶられたことを記述している。Aは，ストーリーテリングという話し方を知ったことで，自分が述べたいことを一方的に話すのがスピーチである，というそれまでの考えに修正を加え，聴衆に合わせて話すことの重要性に気づくに至っている。学習者Bも，相手の気持ちを惹くこと，つまり聴衆を意識することの重要性に気づいたようだ。ただ，Aが聴衆の存在に対する注目であるのに対し，Bは聴衆の気持ちを惹くことの重要性に重心がある。

Cはストーリーテリングの重要性を認識した上で，その困難さをも指摘している。スピーチにおいては，本来，伝えたいことが先にあり，その伝え方としてストーリーテリングという技法があるが，これが本末転倒になりやすいことを指摘するとともに，そうならないようにスピーチをしたいという意欲を表明したものといえる。Dはストーリーテリングの効果を認識する一方で，これまで経験してきたスピーチコンテストと対比し，教科書の内容を相対的に位置づけている。

4名の記述を紹介したが，同一のテキストを読んでいるにもかかわらず，学びはそれぞれ別のところで起こっていることがわかる。それは，各学習者が経験していること，知っていることが違っているからであり，その経験や知識の上に接続する形で学びが積み重ねられているためである。経験や知識によって接続できる学びは違っている。ただ，このそれぞれの学びは，学習者がこの後に行うことになっているスピーチコンテストという目標に向けて，それぞれの学習者が獲得したものであり，各学習者にとってはいずれも貴重な学びになっ

---

8 特定のスピーチコンテスト名を挙げているため，ここでは，XXと表記する。

ている。各学習者はスピーチコンテストという実践に向けて，自ら学ぶ必要があるものを選び取って学びを進めている。つまり，すべての学習者が画一の知識を獲得するような学習ではなく，自らが価値を認めるところ，個人の弱点や必要に応じた学びである。このようにして，本演習では講読が進められ，毎回，各学習者のスピーチに関する概念は新たなものへと変化していった。

2-3 「できる」をめぐって

スピーチにおいては，教科書から学んだことを実際に運用する過程で改善を行うことが目標であった。ここでは，改善に関する記述に注目する。まず，概要書[9]の改善についての学習者Eの記述から見てみたい。これは，8回目の授業後に自宅で作成した概要書を，10回目の授業で同僚学習者に提示し，意見をもらった際に記したものである。

学習者E「概要書を書くことで自分の言いたいことをまとめることができました。他人に見てもらうことで，自分でも気づかなかった点に気づくことができました。本論と結論のつながりが薄かったので，修正を加えて，理解しやすい原稿を作るように心がけます。また，テーマと結論が結びつかないと指摘されたので，テーマについても再考しようと思います。他人に意見を聞くことの大切さに気づけました。」

Eは概要書を書くことで，自分の言いたいことをまとめることができたと評価している。概要書は，スピーチのポイントを，構成に沿って，簡潔に記述していくため，話す内容を明瞭に示すことができる。Eは自らが作成した概要書に特に疑問を持っていなかったようだが，同僚学習者の目からは構成上のつながりや，テーマと結論の関係に問題があるように感じられた。そのことを指摘されたEは修正を決めるとともに，他者の意見を聞くことの重要性を認識した。

---

[9] 「概要書」とは，本演習で使用した教科書で作成が勧められているスピーチ全体の設計図のようなもののことである。スピーチの全体の構造，たとえば序論―本論―結論や起承転結のような大きな構成を示し，各部分ごとに，要点を簡潔に記述することで，スピーチの構造とそれを支える話題や話しの流れを一覧することができるものである。本演習では，教科書から学んだことを実践に移すことを行っているため，受講生は全員この概要書を作成した。

本論と結論の関係を意識すること，テーマと結論を結びつけることは，教科書でも述べられているところであり，また談話構成上の常識に入るが，それを原稿上で実現することは決して容易ではない。原稿執筆の過程で，話が脱線することはしばしば起こることである。まして，ストーリー性を意識した原稿執筆においてはそうなりやすい。Eの記述からは，同僚学習者のアドバイスが学びにつながったことがわかる。ただここで注意しておきたいことは，同僚学習者が学習者Eにコメントするだけの知識・理論・観点を教科書の学習を通じて得ていたこと，また学習者Eと同様に原稿を執筆に取り組む過程で原稿を如何に執筆するかについて多くの時間をかけて検討していたという事実である。このような学習経験の共有があったからこそ，つまり，同僚学習者と学習者Eは共通の土台に立っていたからこそ，原稿を見せられたその場で鋭い指摘が可能だったと思われる。知識や理論をともに学習しておくことは，協同学習で学び合う基礎になる。このような学習を行うことなしに，学習者同士で原稿を見せ合っても，印象論的な感想を述べ合うことに終わってしまう可能性が高いだろう。

　学習者Eの気づきは，「わかる」を「できる」に移していくなかで，同僚学習者の鋭い観察眼を通じて起こった改善であると言える。

　次に，11回目の授業で行ったリハーサル[10]直後の記述を見てみたい。当日は，多少準備不足の状態でリハーサルに臨んだ者が多かった。そのため，半数ほどの学生は教科書で作成することが勧められていたキューカード[11]を作成しないままリハーサルに臨んだ。このキューカードを作成してこなかった学生のノートには，キューカード作成に対する意欲を示す記述が多く見られた。ここではまず，キューカードを作成した上でリハーサルに臨み，高いパフォーマンスを見せた学習者Aの記述から見てみたい。

---

10 このリハーサルはビデオ撮影を行い，12回目の授業で映像確認と討論を通じて改善点を話し合った。
11 キューカード（Cue Card）はスピーチ遂行にあたり，有用だとされている道具である。司会者などが進行を忘れないよう，進行の順番にしたがって，カードにキーワードを書き込んでおくものである。進行が滞った場合は，カードを参照することで，進行計画を確認し，円滑な進行を図ることができる。スピーチでは，時に話す内容を忘れてしまうことがあるが，その際に参照することができるという利点がある。カードに太字で大きくキーワードを書いておくと見やすく使いやすい。教科書では7章でキューカードについて扱われ，作成が勧められていた。

学習者A　ノートの記述から

　ビデオカメラとゼミのみんなの前でのスピーチ，正直，練習できていなくて，今朝，キューカードのみ作成したので非常に不安でした。でも，実際に話し始めてみると，思った以上に言葉が出てきました。キューカード作成を通して内容が頭に入ったんだと思います。

　Aはリハーサルにおいて，自らも納得がいくパフォーマンスを見せた。言葉に詰まることも少なく，詰まった場合にも，キューカードを参照することですぐにスピーチに復帰することができていた。キューカードの効果は，Aに限らず，キューカードを作成してきた受講生すべてに当てはまっており，キューカード作成の効果は明らかであった。このことは，キューカード作成をしなかった学生には，特に印象的であったようで，本番に向けて，キューカード作成の決意を示す記述が見られた。次の学習者F，Gの記述はそれを示すものである。

学習者F　ノートの記述から

　文章を覚えていなくて，要らない時間があったので，内容が伝わりにくかったと思います。本番では自分の言葉で伝えられるように，キューカードを使って練習しようと思います。みんなの発表を聞いて，参考にしたい部分がたくさんありました。特にGさんの発表は聴衆を意識したテーマ選びや伝え方が感じられ，とても内容が伝わってきました。

学習者G　ノートの記述から

　リハーサルをしてみて，やはり人前に立つと完璧に覚えたつもりでも，言葉が詰まってしまいました。今回は原稿を持たずに，大事なところを書いた紙を持っていたのですが，分かりづらかったので[12]，次はキューカードをしっかり作りたいと思いました。

　FもGもほかの学習者がキューカードを効果的に使用しているのを見て，その効果を認識し，自らも作成する意欲を示している。実際，この二人は授業

---

[12] 紙に小さい字でキーワードや一部の文を書いていたとしても，緊張した状態で該当の箇所を見つけるのは容易ではない。学習者Gは原稿の代わりに，原稿を抜粋した紙を作成してきたが，リハーサルで言葉に詰まった際に，該当箇所を探すまで時間を要した。

9 「めやす」の考え方を取り入れたスピーチ授業の実践と学び

内のスピーチ大会に出場した際には，キューカードを活用していた。

　キューカードをめぐる記述から，学習者が実践練習の過程で改善を行う様子が見えてくる。実践練習の前から，キューカードの存在自体は，受講生全員が教科書を通じて知っていたが，それを運用の場面で用いるかどうかについての判断は，リハーサルの準備段階では，人により違っていた。使わないという判断をしていた者もいたが，リハーサルでほかの学習者が効果的に活用していることを確認し，使い始めるようになった。教科書から得たキューカードという新たな知識は，リハーサルでの観察を経て，運用に活かされるようになっている。教師の指示や命令によるのではなく，学習者自らが知識に対する認識を深めたことで，「わかる」から「できる」へと変化していったのである。

　以上，概要書とキューカードの活用に関する記述を見てきた。教科書でその効果やポイントが説明されていても，その教科書の知識は単なる知識にとどまり，運用のレベルで活かされないことは少なくない。知識の学習においてはこのようなことは珍しくない。外国語の授業の役割は知識を与えるだけでなく，その知識が運用できるよう促すことにあると言えるだろう。

　今回の記述からは，同僚学習者からの指摘と，同僚学習者の実践の様子を観察することが，学びの契機になったことがわかる。スピーチのように，同僚学習者同士が同一の課題に取り組んでいる場合，同僚学習者もまた試行錯誤しながら手探りで課題に取り組んでいる状況にある。また，同一の教科書で学んでいるため，知識の面においてはある程度共通の土台があることも指摘できる。このような学習者同士で共有していることが多い環境においては，互いに，より深く，より批判的に，より論理的に分析すること，学び合うことが可能になる。教師だけが指示を出す授業を超え，学習者同士で学び合うことを授業に取り入れるためには，学習者も知識，理論，経験といったものを持ち合わせている必要がある。今回紹介した事例では，同僚学習者が改善のきっかけになっていたが，教科書を通じた学習と，共通の取り組みという環境の重要性が見えてくる。

　たとえ，個人によるスピーチ遂行という極めて実用的な取り組み，そして個人ごとの課題であっても，知識や理論を学習すること，そして協同学習の時間

179

を用意すること[13]は,「わかる」が「できる」へと歩を進める際の原動力になると言える。

3-3 「つながる」をめぐって

本演習の特徴として,学外のスピーチコンテストへの応募がある。ここでは,大学の授業として行うスピーチの学習を学外のコンテストにつなげることで生じた学びとして,学習者Aに注目することとする。

学習者A「ゼミの中でスピーチ大会に応募し,出場することになった。正直,とても怖かった。韓国語を学んで7年めになるが,友人や家族が見ている前で,私の韓国語が評価され,残念な結果になるのがとても怖かった。唯一自信をもって人に言えることが韓国語だったので,私にとってそれを認めてもらえないということは,自分の存在を否定されるのと同じだとまで思っていた。そして同じ頃,ハングル検定の準備もあって,どちらも必ず結果を残したかった。この時期が一番韓国語に集中し,向き合った時期だと思う。そして向き合いながら夢を固めた。私は翻訳の仕事がしたい。ゼミの中で仲間と一緒に学ぶ中で多くのことを学んだ。」

学習者Aは,学外のスピーチコンテストに出場が決まったことで,家族や友人が会場に観覧に来ることになった。筆者は,授業中の様子から,Aの取り組みはとりわけ熱が入っているように感じていたが,それはAにとって「存在」をかけた取り組みであったことがノートから窺える。Aはスピーチで,自らの夢を語った。それは,韓国語の翻訳家になるという決心を示したものであり,当日,会場の聴衆はAから発せられる言葉とそこ込められた思いに聞き入っていた。結果として,Aはこのコンテストで最優秀賞を受賞したが,出場者の多くが留学経験者が占めるなかで,留学経験のないAの受賞は異例でもあった。Aは,友人や家族の前で自らの人生を語ることで,その「存在」を示したといえよう。

Aは,スピーチの準備の過程で,自らの人生について真剣に考え,考えを深め,

---

13 本演習は,演習という授業の性格上,議論をするなかで学びを深めるという前提があった。そのため,教師が「協同学習」をあえて強調することはなかったが,授業では同僚学習者との相談や議論は活発に行われていた。

そして言語化していった。学外のスピーチコンテストに応募することは，スピーチの内容や，韓国語の形式面，また発表の態度などにおいて，より真剣な準備を促したといえるだろう。Aが行った準備は，見事に実を結んだ。父親に，また聴衆に，自らのメッセージを伝え，そのメッセージはしっかりと届いた。閉じられた空間で行われるスピーチでは果たしえない成果を，Aのノートの記述から読み解くことができる。Aは他者と，またこれからの人生とつながったのである。Aは授業後に行った自由記述の感想に次のように記していた。

学習者A　授業後の感想より
「（外部スピーチコンテストに出場したことで）周りの変化としては，当日来てくれた父との関係が良くなった。私の学ぶこと，目指すことを理解しようとしてくれて，誇らしげに喜んでくれた。出場してよかったと心から思います。」

3 おわりに

本稿では，勤務校において実施した「めやす」の考え方を取り入れたスピーチ授業について報告し，その意義を考えた。学習者の記述からはさまざまな学びの様子が浮かび上がった。その学びは，韓国語スピーチに関する知識・理論の学習を基盤としながら，スピーチを実践する過程で学び合いを通じた改善が行われ，これらの学びの上に，スピーチにより他者や人生とつながり，スピーチに対する心持ちに変化が生じた，とまとめることができよう。韓国語のスピーチという外国語の使用・運用の学習において，知識や理論を学習する意義，協同学習を行う意義，実世界とつなげていく意義は，まさにここにある。「総合的コミュニケーション能力」を目指すことで，外国語授業で「他者を発見し，つながりを実現する」（『めやす』p.17）ことが可能になるのである。

フランス語科目にパフォーマンス課題を取り入れる可能性
私立高等学校における第二外国語科目の授業調査からみえてくるもの

野澤 督

1 はじめに

　現在，筆者は日本の中等教育におけるフランス語の学習指針づくりに携わっている。この学習指針策定活動の出発点となったのは，2013年8月11日に開催された会合「学習指導要領（フランス語版）作成を目指して─『外国語学習のめやす』勉強会」[1]である。そこで中等教育におけるフランス語教育の実情に初めて触れることとなった。会合に参加したフランス語を教えている高等学校の教員の話を聞くと，教育レベル，教育目標が実に多様であることに驚かされた。特に高等学校では第二外国語として開講されている場合，ほとんどで統一の学習基準はない。学習項目を明確に定めた基準がないため，授業で何をすればよいのかわからないと率直に嘆いている教員もいた。2012年に公表された『フランス語教育実情調査報告書』[2]を見ると，中等教育におけるフランス語教育の到達目標の67％は「フランス語の基本的な仕組みについての知識を獲得する」という曖昧なものである。それゆえ知識伝達型の授業活動を批判的に見つつも，実際には文法中心の教育を行っていることに不満や不安を感じている現場の声が多かった。それゆえ状況を改善すべく，フランス語版学習指導要領を望む教育現場からの声が聞かれた。一方で，学習指導要領が定められることによる弊害も指摘された。一定の学習指針を設けることで自由な授業活

---

[1] この会合については以下の論考を参考のこと。柴田隆・根岸徹郎「外国語の『学習のめやす』をめぐる一考察」，『専修大学外国語教育論集』42号，pp. 49-63.
[2] 日本フランス語フランス文学会，日本フランス語教育学会「フランス語教育実情調査報告書」（2019年2月7日閲覧）http://www.sjllf.org/iinnkai/?action=common_download_main&upload_id=161

動が制約されることを危惧する声が聞かれた。

　その後二度の会合を開催し，意見交換を重ねた結果，拘束力を持たない教育モデルの提供が現場では求められていることがわかってきたので，高等学校や大学のフランス語教師の有志が集い，フランス語教育の状況を打開するためのフランス語教育の指針の策定を始めた。その成果が 2018 年 3 月の『フランス語の学習指針—Ver. 0.1—』である。現在も，学校間でフランス語科目の設定目的，教育レベルや教育目標の調和がとれないなか，フランス語教育を充実させるために参照できる指針とは何かを追求し続けて，『フランス語の学習指針』改訂版を作成しているところである。

　本稿の目的は，2012 年度から 2017 年度まで神奈川県にある大学付属の高等学校でフランス語を教えていた筆者の授業実践の試みを報告し，文法中心の学習ではなく，生徒主体，会話中心の授業活動を取り入れた学習がフランス語学習へ与える影響について考察することである。また，こうした活動が，フランス語教育に一片の変革をもたらしうる可能性について述べたい。

2 『学習のめやす』との出会いと担当授業への導入

2-1 『学習のめやす』との出会い

　筆者がフランス語教師になったのは 2012 年春のことである。非常勤講師として，神奈川県にある私立大学とその付属高等学校でフランス語を教えることとなった。当時，筆者にはフランス語教師としての経験はなく，フランス語教員養成研修に参加したこともなかった。つまり，フランス語教育について右も左もまったくわからない者が学習者の前に立っていた。授業のために何を準備しなくてはいけないのか，授業で何をすればいいのか，常に不安を抱えて授業をしていた。筆者の置かれていた立場はおそらくフランス語教育においては一般的な立場であるといっても過言ではない。中等教育においてフランス語科目は第二外国語として設置されていることが多く，そのほとんどが選択科目とし

て提供され，非常勤講師がひとりで授業を担当していることが多い。また，こうした科目としての位置づけの不安定さは，教師の身分の不安定さにも直結していることも忘れてはいけない。腰を据えてフランス語教育を考える環境が整っていないのである。

> 中等教育の現場において第二外国語としてフランス語を開講している学校では，ほとんどの場合，非常勤講師が一人で授業をしています。そのため，履修科目としての客観的な具体的目標もない上，教科書選び，カリキュラム設定，授業目標などすべて一人で決めなければなりません。つまり多様な意見の検証を経てフランス語学習の目標を設定したり，その目標の達成を実現したりすることが困難な状況になっているのです[3]。

　筆者の場合，高等学校のフランス語の授業をフランス人講師（非常勤）と担当していた。一人で途方に暮れながら授業を行っていたわけではなかったが，授業内容の設定，教科書の選択，教育目標は基本的には現場の教師，つまり非常勤講師2名の裁量に委ねられていた。つまり，多少の状況の違いはあるものの，筆者も先の引用で説明されているような状況に置かれていたわけである。2012年度はペアを組むフランス人教師に教えを請い，相談をしながら授業を作っていたが，教えるということへの不安はつきまとっていた。もっとも自身に問いかけていたことは，筆者が行っている授業が「正しい」のか，授業活動が「効率的」なのかであった。そしてそれを判断する基準を筆者はまったく持っていなかったから，不安を払拭することはできなかった。教師一年目はフランス語教師としての仕事を把握できないまま教えていた。教育の目標は必然的に使用教材のレッスンをすべて終えることであり，それ以外に明確な目標は設定していなかった。もちろん大義名分として「会話重視の授業を行う」という目標は掲げていたが，会話重視の授業活動がどういう活動を行うことで成立するのかという問いに答えを見いだすことができないままに，教材が提案する学習

3　「フランス語の学習指針」策定研究会『フランス語の学習指針―日本の中等教育におけるフランス語教育のために―ver. 0.1―』，2018, p.185.

フランス語科目にパフォーマンス課題を取り入れる可能性
——私立高等学校における第二外国語科目の授業調査からみえてくるもの

内容を首尾よく消化していくことに多くの注意が払われていたと言える。おのずと知識を伝達し，その知識が定着しているかを確認することを教えることとしていた。

しかし，教師の仕事に不安を覚え，授業を改善したいという問題意識を持っていたことが，フランス語教育について深く考察する契機となった。フランス語教師となってからフランス語を教えることがどういうことなのかを真摯に考え始めた私は，経験豊富なフランス語教師に懇願し，多くの授業を見学させてもらった。時間を見つけて，2012年度は15クラスほどの授業見学をした。ほかの教員の授業を見ることは教える内容だけにとどまらず，授業運営の方法，教師の話し方や立ち振る舞い，教科書の使い方まで，教師が担当するさまざまな仕事を理解するのに役立った。特に授業には唯一無二のやり方など存在しないこと，ベテランとよばれる教員でも授業づくりに苦心していることを知ることができたのは大きな収穫であった。それから，自分なりにフランス語の教え方を考え始め，教育関係の研究会やフランス語教員養成にも参加し，教授法の勉強をし始めた。2013年度には3つの教員研修に参加する機会があり，私のフランス語の授業を変えようと決意した。まず毎年3月に開催されているフランス語教育国内スタージュへ参加，その後，8月下旬から翌年1月にかけてアンスティチュ・フランセとフランスのメーヌ大学（現ル・マン大学）が共催するフランス語教師養成講座DUFLEを受講して，外国語としてのフランス語教授法の基礎を学んだ。そして，2013年8月上旬には公益財団法人国際文化フォーラムが主催する，第1期『外国語学習のめやす』マスター研修へ参加した。ここでは『外国語学習のめやす』（以下『めやす』）について説明することは割愛するが，『めやす』マスター研修は上述した二つのフランス語教員養成とはまったく異なる角度から外国語教育について考える好機となった。複数の言語（8言語）を教える教師が参加する研修で，言語の垣根をこえて，『めやす』が提唱する外国語学習の意味を議論しながら，外国語の授業案を作成した。教育研究を専門としない筆者にとってはことばを教えることについて改めて考え直す貴重な経験となった。そして，教育に関心の高い教員と寝食をともにしな

がら教えることを朝から晩まで考えることができたことは，教えるということに不安を覚えていた筆者に勇気を与えてくれた。こうした教員間の交流こそが教師にとって非常に心強いものであることを強調しておきたい。

さて，このマスター研修では『めやす』の理念を土台とした授業活動づくりを学んだのだが，研修中は常に『めやす』が提案する理念や活動例をフランス語の授業に応用するにはどうすればよいのかを模索していた。『めやす』には「高等学校の中国語と韓国語教育の現場からの提言」という副題がつけられている。つまりそこにはフランス語教育とは相容れない部分が少なからずある。『めやす』が提唱する「わかる」「できる」「つながる」という3つの能力と「言語」「文化」「グローバル社会」という3つの領域は言語教育だけでなく，いろいろな科目においても応用可能で，有用なものであると思われるが，フランス語の授業に応用させるには，フランス語学習者に合わせた工夫や準備が必要であると筆者は感じていた。しかしながら，『めやす』の理念やアイデアは実践可能であるという考えは常に持っていた。マスター研修へ参加した多くの教師の実践報告や成果報告は国際文化フォーラムのサイトにある「めやす Web 3×3＋3」で公開されている[4]。その一つ一つが『めやす』の活用例であり，それぞれの教員の工夫を学ぶことができる貴重なデータバンクとなっている。たしかに副題にある通り，中国語や韓国語教育を対象にした学習指針ではあるが，その本質部分はほかの言語にも及ぶものであり，特に「3×3＋3」の概念は教育現場に応じて内容を解釈することで高い汎用性を持つものだと筆者は考えている。つまり，『めやす』に基づいた授業づくりではなく，担当授業の環境に合わせて『めやす』が提唱する核心部分を授業へ取り入れていくことが可能である。『めやす』の理念はそれほど柔軟性に富んでいて，あらゆる教育環境で活用できるものだろう。

実際，『めやす』マスター研修へ参加後の，2013年9月の授業から筆者は授業に具体的に『めやす』の理念を取り入れた授業実践の導入を検討し始め，9月から11月の授業で活動を行っている。

---

4 「めやす Web 3×3＋3」（2019年2月7日閲覧）http://www.tjf.or.jp/meyasu/support/

2-2 『めやす』の理念の導入—授業前アンケートの実施と結果から

　『めやす』が提唱する学習内容のうち，筆者が担当する授業にもっとも欠けていたものは「つながる」の部分である。「つながる」は会話重視の授業を行う上では必要な要素であり，この部分を授業活動に盛り込むためには何をすればよいのかをまず考え始めた。しかし，『めやす』マスター研修で作成した授業案を実践するには，授業時間不足を克服する必要があった。おそらく多くの教員が悩んでいることの一つが授業時間の制約であろう。授業活動のアイデアはあるものの，カリキュラム上や制度上の制約によって実現することができないという悩みである。

　私が『めやす』の理念を活用した授業活動を導入した授業は，高校三年生の選択必修科目の第二外国語の授業で，基本的には初学者を対象とした授業であった。2012年度と2013年度は一コマ50分の授業で，授業数は年間20回であった。2014年度以降は履修者増加に伴い，週2回のクラスが開講された。クラスは2クラス（2014年以降は4クラス）あり，クラス規模は20人から30人程度であった。2013年度までは週に1回（それ以降は週2回），先述のとおりネイティブ教師とのペア授業なので5限と6限で担当クラスを替えて授業が行われていた。授業では日本で出版されたフランス語教材を使用していた。2012年度の授業では文法学習が主たる教育目標となっていたことを反省し，まず2013年度からは1回目の授業でフランス語科目を履修する生徒の志望理由と学習目標を調査することを始めた。調査は自由記述式のアンケートで，調査結果を参考にして生徒の志望理由や要望に応じて授業活動をデザインするためのヒントとして活用することが調査の狙いであった。調査をしてわかったことは，毎年ほぼ同じような結果が得られることだ。次のグラフは2017年度の調査「フランス語の授業を履修した理由はなんですか？」の結果である。グラフを見ると，フランス語履修者の多くがフランスに肯定的なイメージを持っていることがわかる。また，この高等学校では個人的なつながり（「ことば・文化に興味がある」「家族の影響」「既習言語」）が動機となり，フランス語科目

を選択したことがわかる。特に帰国子女が比較的多い学校であったため，国外でフランス語を学習した生徒がいること，家族や親類など，学習者の身近にフランス語話者がいることが多かったことが特徴である。これは2017年度固有の特徴ではなく，毎年度同様の履修理由を確認することができた。

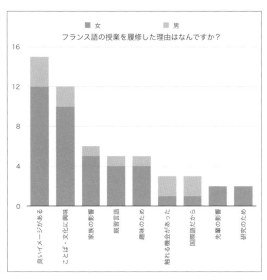

また，下の2つのグラフは「フランス語学習の目標はなんですか？」への回答を棒グラフと円グラフで表したものである。この調査も自由記述式で行い，複数回答可とした。棒グラフを見ると，「（簡単な）会話能力の獲得」と「旅行する」という回答が圧倒的に多いことがわかる。「旅行する」という項目には「旅行で困らないために」という回答も含まれている。つまり，回答多数のこの2項目はオーラルによる発信と受信を生徒たちが求めていることがわかる。しかもこの年は男子生徒の全

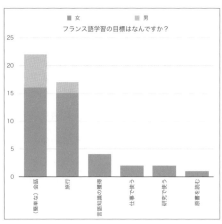
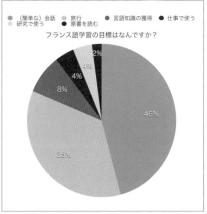

員が会話能力の獲得という実用的な目標を掲げている。また少数の意見を見ても「将来仕事で使う」「将来研究で使う」なども実用的な能力の獲得を目標としていることがわかる。

円グラフを見ると，上位2項目だけでも約80％の生徒が学習目標にフランス語の運用能力の獲得を掲げている。志望理由と同様に，学習目標の調査結果も年度ごとにばらつきが出るわけではなく，変わりなくこの上位2項目に集中する傾向があることがわかった。

2-3　パフォーマンス課題としての寸劇の導入

この調査結果を授業に反映させ，学習者が抱いているフランス語やフランス文化への肯定的イメージを維持し，学習への動機づけにこうしたイメージを活用することが授業の運営方針を決めるためには有効である。さらに，授業で掲げる教育目標が明確になった。2012年度の授業には明確な学習者主体のアウトプット活動はなかった。学習者が授業に求めることと，教員がクラスで提供していた活動が明らかに合致していなかった。それゆえ2013年度は教科書中心の授業活動からの脱却を目指して，学習者の要望に応える授業づくりを試みた。生徒に発話する機会を多く与えること，生徒がフランス語を使うことで到達できる教育目標を設けることでフランス語の授業を改善しようとしたが，具体的に何をゴールとして設定すればよいのか，そのためにどのような活動を提案するのかを問い続け，活動のアイデアを模索しながらも，2013年4月から7月は2012年度と大きく変わらない授業をしていた。

転機となったのは8月の『めやす』マスター研修への参加である。研修で学んだことやそこでの授業案づくりが，高等学校での授業活動づくりのヒントになった。『めやす』の理念である「総合的コミュニケーション能力」の獲得において，以下の7項目を高等学校の教育目標に設定した。

- 言葉を用いて，相手とコミュニケーションをとることができる。
- 正しく言語を使うことができる（文法や発音）。

- 社会文化的背景を理解して言語を使うことができる。
- 相手を尊重して，自分の考えを伝えることができる。
- 相手のことばに関心を持って耳を傾けることができる。
- 共同作業を行うことができる。
- 他者との関係を築き，その関係を維持できる。

必ずしも『めやす』の３×３＋３の内容に合致しているわけではないという批判を受けるかもしれないが，担当クラスで応用可能な項目を筆者なりに解釈して，教室内で「つながる」を実践し，「他者とのつながり」を生徒に意識させることにした。また生徒同士で何かを作り上げる活動を導入することで，「協働」や高校生にとっての「社会とのつながり」として捉えた。小さな変化ではあるが，何らかの形で学生の学習態度に好影響が与えられるのではないかと考え，生徒が男女混合のグループで寸劇の発表を行うことにした。

　一方で教科書を用いた学習は寸劇の準備活動と並行して継続した。フランス語の文法学習や発音学習が寸劇の準備活動に不可欠であること，またパフォーマンスだけに固執して言語知識の学習を軽視することはしたくなかったからである。パフォーマンス課題を導入すれば生徒の要望に応えることができ，生徒の学習意欲の向上・維持の要因にもなるが，パフォーマンス活動を重視するあまり，知識面での学習がおろそかになったのであれば，この授業改革はうまくいったとは言えないからである。あくまでも学習活動としてのパフォーマンス課題であり，レクレーションとしてのパフォーマンスにしたくなかったのだ。概して，パフォーマンス課題は生徒に人気がある。しかしパフォーマンスの実施だけで言葉の学習を完結させずに，知識習得にも一定の重要性を与えておきたかったので，年度末には従来どおりの筆記試験と寸劇によるパフォーマンス課題を行うこととした。生徒の負担が大きくなることに心配はあったが，2013年度から2017年度まで一度も生徒から不満が出ることはなかった。

3 実践報告

3-1 実践環境と実践方法

　従来の学期末試験（筆記試験）に加えて，寸劇によるパフォーマンス課題が学習目標として設定された。2013年度は後期の冒頭で課題を告げ（9月中旬，準備期間は後期5回の授業），パフォーマンス課題の準備だけに時間を割くのではなく，通常授業と並行して準備を行った。2013年度は後期に活動実施を告げたため寸劇を準備する時間が十分に確保できなかった反省から，2014年以降は4月からパフォーマンス課題を実施するための環境作りを徹底した。1回目の授業で，学年末に寸劇を行うことを生徒に告げ，劇を行うことを意識して教科書を使った文法学習を行った。また普段の学習においてもグループ活動を取り入れて，生徒同士で会話する活動を取り入れた授業を実施した。

　寸劇の準備に本格的に取りかかるのは9月からであるが，4月の授業から男女混合でのグループワークを実施し，生徒間で積極的に話し合うことを求めて，寸劇準備のために必要な活動を習慣づけるように授業をデザインした。生徒のなかにはグループでの活動に抵抗感を持っていたり，困難を示したりすることが少なからずある。そういう場合でもグループ活動を円滑に進めるためには，グループによる学習活動を習慣づけておくことがパフォーマンス課題実施のよい準備となる。また，グループ活動の導入は生徒で自主的に学ぶ習慣の獲得にも役立ったと言える。

　教員側が寸劇のテーマの大枠を提案し，状況設定や登場人物については生徒の自由な発想に任せ，生徒に責任を持たせるようにした。教科書で学習した文法項目を活用させることに配慮した上で大枠を示して，シナリオ作成が容易になるように「過去の出来事を話そう」「家族について話そう」「話し相手がどういう人か尋ねよう」のようなスピーチアクトの形でテーマ設定をした。こうすることで生徒は教科書を活用しながら寸劇の準備を行うことができた。また寸劇の準備に遊びの要素を入れるために，衣装やメイク，効果音など，演出につ

いても準備するように指示を出した。11月末ないしは12月冒頭が第二外国語科目の最終授業日にあたるため，2カ月半ほど寸劇を準備する時間があるが，修学旅行や文化祭など学校行事が入るため，授業は必ずしも毎週あるわけでもなく，また生徒の作業も継続して行うことは難しい。遊びの要素を付け加えることは，生徒に負担を感じさせない工夫であった。

　以下の寸劇の実施の規則を生徒には伝えていた。2013年から2017年度までの間，この規則は大きく変更していない。

① 発表グループは3〜4名とします。班長を決めて教師とグループのパイプ役になってください。シナリオを準備している間，班長は教師に準備中のシナリオを見せて進捗状況を報告してください。
② 7分をめやすに寸劇のシナリオを考えてください。発表では日本語は使えませんので，シンプルな会話を作ってください。グループ全員が参加するように構成してください。スケッチですので状況設定は自由に考えてください。
③ 授業で配布したプリントや，復習プリントにある文章,単語を利用しましょう。
④ 会話をしてください。準備した文を読むことは禁止！
⑤ 発表順は当日に決めます。かならず発表当日前に準備を終えておきましょう。

　ただし，寸劇のテーマについては2016年度に大きな変更を施した。先述のように，2013年度から2015年度までは学習内容に沿ったテーマを課したが，この3年間の生徒のパフォーマンスの成果を見て，ネイティブ教員と相談しながらテーマの変更を行った。フランス文化に触れることや，フランス語の文芸作品に触れる機会を加えるために，2016年度からは「ラ・フォンテーヌの寓話を現代風にアレンジした劇を作ろう」という抽象度が高いテーマとなり，難易度も高まった課題となった。そのため，寸劇の準備は夏季休業中から始まった。夏季休業の課題図書にラ・フォンテーヌの『寓話集』を指定し，生徒はラ・フォンテーヌの人物像や時代背景，また気に入った寓話に関するレポートを執筆した。また寸劇のシナリオ執筆に必要となるフランス語の語彙や文法事項の学習時間が増えたため，教員は授業外でも生徒の準備活動をフォローする必要が生

10 フランス語科目にパフォーマンス課題を取り入れる可能性
──私立高等学校における第二外国語科目の授業調査からみえてくるもの

じた。メールやクラウドサービスを利用して常に生徒と教師が原稿をチェックできる環境を整えた。生徒と教員の負担は増したが，難易度が高い課題になっても生徒はそれまでと同じく楽しみながら寸劇の準備を行っていた。

　寸劇の発表にあたっては発表する環境づくりに配慮した。寸劇は事前に学生に撮影許可を取ったうえで，カメラを意識した演出をするように指示をした。寸劇の撮影の目的は他者の目を意識してパフォーマンスを行うことを徹底することに加えて，後日教員が教育成果を評価，分析することであったが，それ以上にこのビデオはパフォーマンス課題のモデルとして翌年以降役に立った。具体的に寸劇を準備するためのモデルとして授業内でビデオを鑑賞した。ビデオのなかでフランス語を話す先輩たちの姿は，教師が口頭で説明するよりも効率よく，雄弁にパフォーマンス課題の趣旨や目的を伝えていた。一般的に劇などのパフォーマンス課題を行うことに抵抗感を示す学習者が多いと筆者は考えているが，先輩や知り合いのパフォーマンスの鑑賞は学習者の抵抗感や緊張感を緩和する役割を果たすことがわかった。これも一種の「つながり」から生まれた効果である。

　生徒のプレッシャーや緊張を払拭するために行った別の工夫は，最終成績に寸劇自体の出来は含めないことである。成績に評価活動が入ることによって生徒が萎縮することを避けたかったからだ。そのかわり，寸劇の準備過程の学習活動は成績評価に含めることにした。また，自己評価や相互評価は行わず，劇を行う当日は和気あいあいとした雰囲気のなかで全員でほかのグループのパフォーマンスを鑑賞することに集中するようにした。

　寸劇の発表は学期末考査の翌授業，授業最終日に行った。試験後のため少なからず集中力が低下することはあったが，レクレーション活動にならないためにも，学期末考査のあとに寸劇の予行練習に時間を割き，発音面の最終確認を徹底していた。準備時間の確保と準備活動の充実がパフォーマンス課題の成功の鍵を握っている。時間的制約があるなかでいかにパフォーマンス課題を導入するかについては，授業時間外の教師の仕事を増やす欠点もあるが，授業内活動とパフォーマンス課題の準備を結びつけることで準備は十分可能であること

がわかった。

3-2　パフォーマンス課題の評価

　筆者はパフォーマンス課題を学習評価として点数化することをしなかった。それが許されたのは，筆記試験を実施していたため評価の材料がほかにあったことや，パフォーマンス課題の準備過程を評価活動に含めていたこと，さらにはある程度担当教員の裁量に評価活動が委ねられていたことなど複合的な理由が考えられる。しかし，最大の理由はパフォーマンス課題の評価方法が主観的評価以外，筆者にとっては実質不可能だったからである。そのかわり，寸劇の準備に取りかかるときに以下のような簡単なルーブリックを配布していた。

	4 points	3 points	2 points	1 point
劇の構成	指示を守って構成されている	だいたい守れている	あまり指示を理解できていない	指示を守っていない
文法・語彙	正しく使えている	間違いはあるが理解できる	理解できない箇所が目立つ	理解に苦労する
発音・発話	発音を意識し，声も大きく，明瞭	全体的な内容が理解できる	内容理解が難しい箇所がある	聞き取りが難しい
参加度	積極的にグループ活動に加わっている	グループで与えられた役割を果たしている	活動に参加するが，受け身である	活動の邪魔になることが目立つ

このルーブリックは最終成績の点数化のための評価に利用するわけではないことは生徒に告げていた。しかし生徒はルーブリックを参考にしながら，準備したシナリオやパフォーマンスの修正を試みるように指示を出した。ルーブリックの利点は，与えられた課題の目標が視覚化されるところにある。かならずしもパフォーマンスそのものが点数化されなくても，学習目標を学習者が理解し，それに向けて自主的に修正をすることができれば，筆者が準備したような簡単

なルーブリックでも十分に機能することがわかった。

3-3　前期終了後の授業調査結果から見えてくるもの

　パフォーマンス課題の実施についてはおおむね生徒の満足が得られていることは，教室の雰囲気から推察することができる。しかし，筆者の関心はパフォーマンス課題が成功したか否か，パフォーマンス課題を効率的に実施できたか否かではなく，パフォーマンス課題の導入が生徒の学習態度にどのような変化をもたらすのかを確認することである。そこで2017年度夏季休業前に前期の授業調査を実施した。7月の学期末考査のあとに前期授業の感想，授業に対する意見や要望を書く自由記述式の調査である。履修生のうち61名から回答を得ることができた。一人の生徒が複数回答しているが，4月の志望理由や学習目標の調査より，多くの生徒が回答している。

　まず，「学びが楽しい」「授業活動が充実している」という上位2項目の回答がほかの回答より顕著に多い。これは生徒の主体性に任せた授業活動の増加が要因と思われる。5番目に多かった「会話の時間が多い」という回答も含めて，

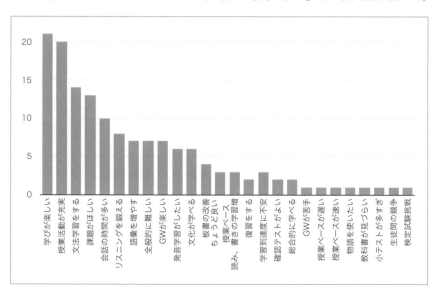

発話時間を増やしたことに関連していると推測している。また，会話の時間が増えると「リスニングを鍛える」という目標も付随してくる。寸劇を行うという明確な学習到達目標が設定されたことで，その準備のためにグループワーク（グラフの項目ではGWと表記）や生徒間の発話活動また生徒間での確認作業を多く求めた結果，グラフが示すような回答を得ることができた。

　会話の時間の増加は「発音学習がしたい」という回答があるように，発音学習への関心喚起にもつながっている。グループワークについても「グループワークが楽しい」という回答が7件あった。グループワークへの苦手意識を伝える回答が一件であったことを見ても，通常授業にグループワークを取り入れることは，協働を生徒に促す有効な手段である。教室内の生徒同士のつながりは成功したと言える。

　筆者がこの調査結果で特筆すべきだと考えている点は，3番目に多かった回答「文法学習をする」と，4番目に多かった回答「課題がほしい」である。この回答は会話時間の確保のために文法学習時間が軽減されたことや筆記試験後に調査を実施したことに一因があると考えられる。しかし，ここで重要なことは生徒が文法学習への意欲を表明したことであり，宿題としてドリルを求めていることである。4月の段階で学習目標の調査と比較すると，4月に文法学習を目標と表明した生徒は4名だったが，7月の段階で文法学習に言及したのは14名，課題に言及したのは13名であった。文法学習や言語知識習得への関心や注意喚起は，「読み・書きの学習増」を望む回答からもわかるとおり，パフォーマンス課題の実施のために会話中心の授業活動を徹底したことによってもたらされた結果と考えられる。会話中心の授業活動や生徒主体のグループ活動を評価しながらも，語彙学習も含めて言語領域の学習活動の必要性を認め，求める生徒の声を確認することができた。

　夏季休業明けにはパフォーマンス課題の具体的な準備に取り掛からなくてはならないことを理解している生徒たちは，シナリオを作成するにあたり，正確にフランス語を使うことを意識している。文法学習に対する生徒の要望が高まれば，文法学習や反復練習を容易に授業活動や宿題に取り入れることができる。

オーラル活動をメインにすることは決して文法学習をなおざりにしているわけではない。また，この調査結果から「文法学習はつまらない」という教師側や学習者側が持っているある種の固定観念を取り払うことができるだろう。学習者の要求を見誤らなければ，文法学習も求められるようになる。導入の仕方さえ間違わなければ，文法を教えることが大事か，会話ができることが大事かという対立構造ではなく，相互補完的に両者を扱うことができる。

パフォーマンス課題を取り入れ，授業活動を変えた結果，学習者の学習態度にも学習者の目的にも変化が生じた。そしてこの変化は全体的に肯定的な変化であると言えるだろう。パフォーマンス課題を導入するメリットは大きい。

4 まとめとして－課題と展望

教科書中心の授業活動から抜け出すために導入したパフォーマンス課題は意義ある授業活動だという結論に達した。はじめは文法学習に関心を示していなかったが，発言機会の増加によって生徒は授業に充実感，喜びを覚えながら，文法学習や練習問題など知識の獲得も望み始めた。実践面を強調することによって，文法・語彙学習や発音練習の必要性の気づきが促され，知識獲得への動機づけがなされた。また，生徒個人が自身の課題を意識するようになったとも言える。前期終了後の調査結果には，文法学習に加えて「話す」「聞く」「書く」「読む」の4技能すべてが言及されていた。教師が強制的に4技能を導入するような授業活動を作らなくても，学習活動の均衡は自然に図られていく。そしてそれは総合的コミュニケーション能力の獲得・向上へとつながっていくだろう。

またフランス語科目の履修者数も増加している。右の表は，第二外国語の履修者数の一覧である。2012年の着任時は

	フランス語	中国語	韓国語	スペイン語	ドイツ語
2012	47	86	17	61	23
2013	62	44	8	73	23
2014	60	42	4	106	29
2015	60	51	4	94	23
2016	58	36	3	111	35
2017	63	70	6	83	17

47名，着任以前は40名前後であったフランス語科目の履修者数は，およそ60名まで増加した。2013年にパフォーマンス課題を導入してからも履修者数は60名を維持している。パフォーマンス課題を導入することで授業外活動を生徒に求めるようになったが，履修者数は減少していない。この点から見てもパフォーマンス課題の導入による授業改革は成功したと言えるだろう。

　ただし，パフォーマンス課題の導入の好影響は見られるが，それをもってパフォーマンス課題が成功したと総括することは早計である。パフォーマンス課題がフランス語の学習に有意義であるということを確認するためには，やはりパフォーマンス課題自体を評価する方法が必要である。あえてパフォーマンス課題を評価対象から切り離すことで，導入がうまくいったと先に述べたが，実際にはパフォーマンス課題自体を評価することも重要であることは疑っていない。すでに筆者はこの高等学校のフランス語教師の職から離れてしまっているが，パフォーマンス課題の評価方法について検討を重ね，別の教育機関で実践を行ってみたい。

　また，パフォーマンス課題の準備には教科書を使った学習時間との連係を密接にしていく必要を感じていた。寸劇の準備に多くの時間をあてると生徒に安心感を与えることができる。それゆえ授業のなかで，寸劇を準備するための時間を設けることが多々あった。現実的な授業運営かと思われるが，理想的にはパフォーマンス課題はフランス語の授業活動の一部であるべきだ。教科書を使った学習時間とパフォーマンス課題ための準備時間の分け隔てを極力なくすための工夫，普段の授業活動を通してパフォーマンスの準備が行えるような活動を提案する工夫も求められるだろう。教科書を使わずにすべて教師が授業をデザインすることも一案ではあるが，一般的な高等学校や大学の第二外国語の授業では教科書を使用する授業が多数派である。できる限り汎用性の高いパフォーマンス課題を盛り込んだフランス語教育活動例を提案できるように，教科書を用いたクラスにおけるパフォーマンス課題の導入方法を追求していきたい。

　今回の実践例は『めやす』が提案する授業実践とあまり接点がないという反

論が出るかもしれない。ある特定の教育方法だけにこだわってひとつの授業をデザインすることは現実的ではないが，賛同できる教育理念を必要に応じて取り入れていくことは方法論を問わず，あらゆる教員が実行することができ，あらゆる教育現場においても機能させることが可能であると筆者は考えている。『めやす』だと，3×3＋3の学習内容を応用させることや総合的コミュニケーションの獲得という教育理念は授業に取り入れやすい要素であろう。常に自分の教室にいる学習者にとって有益なものは何かを問い続けながら授業を運営していくことが教師の仕事ではないだろうか。さらには個別の実践例を収集し，授業活用例としてデータを提供することは，現場で不安を抱える教師にとっては大きな助けとなるだろう。

最後に，フランス語教育についていえば，1995年に出版された『フランス語をどのように教えるか』の「はじめに」には以下のように書かれている。

> フランス語教授法の概況が理解でき，教室での具体的問題にひととおりの答や人を与えてくれる本，欲を言えば，どんな資料であって，誰と相談すればいいのかまでわかる本，そんな本があればどんなに便利だろうと嘆いたのは，わたしだけではないでしょう。「かつて自分自身が欲しいと願った本を若い人たちのために作りたい」，これが本書を生み出した強い動機です[5]。

すでにこの本の出版から20年以上が経過している。しかし現代の教員はあいかわらず同じことを嘆き続けている。この20年の間に教授法は大きく進歩しているにもかかわらず，こうした類の本は出版されていない。情報の更新が不可欠であり，新しい教授法の知見を取り入れたフランス語教育のあり方，またその活動実践例をまとめた資料集が求められているのが現状である。本稿の冒頭で筆者が携わっているといった『フランス語の学習指針』には『めやす』マスター研修に参加した教師が複数携わっている。『めやす』で学んだ教員が，フランス語教育のあり方や社会からの要請に答えられる教育理念とその実践例を提供していくことができると信じている。

5　中村啓佑・長谷川富子『フランス語をどのように教えるか』，駿河台出版社，1995, p.7.

「めやす」活用交流プロジェクト

村上陽子

1 はじめに

　本章では,「めやす」が提案する授業づくりの一例として,2017年に関西学院大学(以下,K大学)と南米チリのサンティアゴ大学(以下,S大学)で実施した交流プロジェクトについて紹介する。

　2015年に受講した「めやすマスター研修」以降,いくつかのプロジェクト型学習を実施し,外国語は主体的に使用することによって身につくということを学生の習熟の様子から実感してきた。また,学習言語を使って苦労しながら何らかの成果物を完成させた達成感は何物にも代えがたく,自信につながり,「めやす」が提起する通り,外国語学習で身につく力は将来,人生を切り開く力となるはずだと感じてきた。自分の言葉を聞く人の存在こそ言語使用の出発点であるが,学生と同世代のスペイン語を母語とする交流相手の獲得は容易ではなく,クラス内での成果物の発表会などを開催してきた。そんなとき,S大学の日本語教員から同様のプロジェクト型学習を行っていること,また,日本語の母語話者の獲得がチリでは難しいことを聞き,学期開講時期もほぼ重なっていることから,交流プロジェクトを実施することにした。

　まず交流プロジェクトの概要について紹介し,次に,「めやす」がその教育理念に基づいて提案するカリキュラムデザインや評価の方法など理論の実践的活用について扱う。続いて,交流プロジェクトの実施の結果から見えてきた学びの姿について,学生による振り返りを交えて報告する。

2 交流プロジェクト概要

2-1 授業と学習者

　交流プロジェクトを実施したクラスは，K大学において2017年4月から7月にわたって開講された「スペイン語中級」であった。このクラスには専修条件があり，すでに選択必修外国語「スペイン語IV」を履修済みであるか，同等のスペイン語力を有していれば履修できる。そのため，この授業を履修した学生はすでにスペイン語初級レベルの知識と運用能力を有していた。学期開始時には商学部，経済学部など異なる学部所属の学生11名が履修していたが，一つ目の課題であった自己紹介動画作成の時点で，3名が履修を取りやめた。残り8名は最後まで履修を続け，作品を完成させ，交流活動を行った。

　一方，交流先であるS大学からは，日本語を専攻する学生20名が参加した。彼らは3年生で，プロジェクトはS大学の2017年度第2セメスターに実施されたが，それまでに日本語を2年半勉強していた。S大学はセメスター制で授業が行われており，3月半ばに新セメスターが開講され，6月末に終了する。K大学では，一般的な日本の大学と同様，S大学より半月遅れての新学期開始・終了になるが，交流プロジェクトの実施には支障がないと判断し，交流をスタートさせた。

2-2 目的と活動内容

　交流プロジェクトの目的は，両大学において，プロジェクト型学習と学習言語の話者との交流を通じて，学習言語による総合的コミュニケーション能力を向上させることであった。また，学習言語を使って交流を行いながら何かを制作し，その成果物を互いに評価し合うという活動内容も共通していたが，それぞれの大学で求められる成果物や制作過程には異なる点があった。表1は各大学の活動内容計画のあらましである。

K大学	S大学
1. 自己紹介動画をスペイン語で制作しS大生に送る。S大生からスペイン語による挨拶と動画に関するフィードバックを受け取る。 2. グループで、日本の日常生活で見られる素敵な場所や物（「イチオシ」）を紹介する動画をスペイン語で制作する。 3. 「イチオシ」紹介動画をS大生に送り、評価とフィードバックをスペイン語で受け、自己評価を行う。 4. S大生が実施する活動に日本語で参加し、成果物の評価を行う。	1. 2週間チリを旅行する日本人学生のグループを想定し、チリに関するパンフレット、動画といった観光資料をデザインし制作するため、学生の興味や必要性に関するアンケートを日本語で作成し、動画撮影して送る。K大生から日本語による回答をビデオで受け取る。 2. K大生から受け取った回答に基づいて観光資料を日本語で制作する。 3. 観光資料をK大生に送り、評価とフィードバックを日本語で受ける。 4. K大生が実施する活動にスペイン語で参加し、成果物の評価を行う。

表1　活動内容

図1　SLACKページ例

3 「めやす」の活用

　以上のように，交流型であると同時にプロジェクト型の学習を実施するにあたり，「めやす」が推奨するカリキュラムデザインに沿って授業計画を作成した。学習目標を明確化し，その学習目標に到達するための学習項目を考え，フィードバックや評価の方法をあらかじめ適切に設定するために作成した「学習シナリオ」「目標分解表」「3×3＋3」「ルーブリック」を紹介する。これらの詳細については，第1章を参照されたい。

3-1　学習シナリオ

　「めやす」は，総合的コミュニケーション能力を獲得するためにコミュニカティブな活動を行うことを推奨しており，その活動内容について記述したものを「学習シナリオ」と呼ぶ。前節であらましを紹介した学習活動は，K大学においては表2が示す「学習シナリオ」として，単元目標やコミュニケーション能力指標，評価方法と合わせて一覧にし，授業初日に学生に配布し，目標と活動内容の共有を行った。

単元名：私たちのイチオシ！～身近にある日本の素敵なものを紹介しよう～	
〈目標〉	・身近な日本の文化や習慣をスペイン語で紹介できる。 ・自らの学習言語であるスペイン語と交流相手の学習言語である日本語を使って交流を行うことができる。
〈コミュニケーション能力指標〉　食 3-b, 3-c　　趣味と遊び 3-d	
学習シナリオ	〈場面状況〉S大学で日本語を学ぶ学生と，それぞれの学習言語を使って交流を行うことになった。S大学の学生はチリの観光地や名物を，K大学の学生は日本の身近にある素敵な場所や物をそれぞれの学習言語で紹介する動画を制作し，交流活動を行い，ともに学び合う。 〈活動の流れ〉 ①スペイン語で作品を作ることを考えて，しっかりスペイン語を復習する。 ②S大生への自己紹介をスペイン語で書く。 ③自己紹介の動画を撮影し，グループウェアを利用してS大生に届ける。

学習シナリオ	④「イチオシ」動画制作の参考になるような動画をいくつか見て分析する。 ⑤グループで身近な紹介したい場所や物を決める。 ⑥その特徴などを調べて，まずは日本語でまとめる。 ⑦スペイン語で説明するために必要な語彙や文をグループで考える。 ⑧スペイン語で動画用シナリオ（以下，シナリオ）を作る。 ⑨シナリオに沿って動画を撮影する。 ⑩魅力的な作品になるよう動画編集をし，仕上げる。 ⑪クラスで作品鑑賞会をして，他のグループの作品を評価し，感想を伝える。 ⑫動画について自己評価する。 ⑬S大生からのアンケートに答える。 ⑭S大生が制作した作品を鑑賞し，感想と評価を伝える。 ⑮S大生に自分たちの作品を見てもらい，評価と感想をもらう。 ⑯プロジェクトを振り返る。
評価	形成的評価：（個人）スペイン語試験（文法・単語・発表用表現），紹介物に関する日本語記述，スペイン語シナリオ，シナリオ暗記試験 統括的評価：（個人）作品制作振り返りシート，振り返りレポート 　　　　　　（グループ）スペイン語シナリオ完成版，動画

表2　目標・学習シナリオ・評価一覧

3-2　目標分解

「目標分解」とは，「めやす」が採用している「カリキュラムのバックワードデザイン」の考え方に基づき，最終的な学習目標を細分化し，細分化によって明らかになる小目標を達成するために行う学習活動（タスク）を決定する作業である[1]。授業で行う具体的な学習活動が明確になれば，最終的な学習目標を達成したかどうかを評価する「統括的評価」に加え，学期やプロジェクトの途中で，その時点までの学習に対するフィードバックを与え，以降の学習を促進させるための評価である「形成的評価」を決定することが容易になる。

交流プロジェクトの大目標は「身近な日本の文化や習慣をスペイン語で紹介でき，自らの学習言語であるスペイン語と，交流相手の学習言語である日本語を使って交流を行うことができる」であったが，小目標と個々のタスクを明確

1　詳細は http://www2.itc.kansai-u.ac.jp/~ymzknk/bunkai/ を参照のこと。

化するために作成した「目標分解表」の一部を紹介する。紙面の関係上，作成した目標分解表の一部だけを紹介するが，「めやす Web (http://www.tjf.or.jp/meyasu/support/)」に全体が掲載されている。

　個々のタスクはそれぞれの目標を達成するためのタスクであるので，実際の授業内活動として順番に行われなければならないものではない。たとえば，一つ目の小目標を達成するためのタスクはスペイン語に関するものであるが，プ

個々のタスク	小目標	中目標	大目標	テーマ
スペイン語の既習内容を復習する。	できるだけ既習のスペイン語で書くことができる。	聞き手の立場に立った分かりやすいスペイン語で説明ができる。	身近な日本の文化や習慣をスペイン語で紹介できる。	私たちのイチオシ！〜身近にある日本の素敵なものを紹介しよう〜
自己紹介やイチオシを紹介する動画で使う挨拶，提案表現を覚える。				
録音教材などを使用しながら発音練習をする。	明瞭で正確な発音ができる。			
形成的評価1（個人）：スペイン語試験（文法・単語・発表用表現）				
グループ分けをする。	グループで目標に向かって協働ができる。	イチオシ紹介動画をグループで制作し，フィードバックを活かして完成できる。		
自己紹介をスペイン語で作成し，グループで撮影する。				
グループでスマホなどから動画にアクセスする。	例となるような動画を探すことやそれを見て分析することができる。			
作品ごとに長所短所をあげて話し合う。				
話し合いの結果を文書にする。				
候補を2，3個持ち寄る。	紹介したい場所や物を決めるための総合的な判断ができる。			
グループでビデオ制作に向く内容か吟味して決定する。				
各自特徴やセールスポイントを調べて，日本語でまとめる。	紹介したい場所や物の特徴などを調べ，日本語でまとめることができる。			
調べてきたことを持ち寄り，各内容を日本語で一つの文書にする。				
形成的評価2（個人）：紹介物に関する日本語記述				

表3　目標分解表

ロジェクトの実施期間中，恒常的に実施された。また，個々のタスクを実施するために，さらに細分化されたタスクが必要な場合もある。

　評価に関しては，個人の活動成果を評価する項目とグループの活動成果を評価する項目を分けた。スペイン語力を測る各種試験や各自の振り返りレポート，グループ内で分担して作成するものについては個人評価を行い，個人が作成したものを持ち寄り，グループ構成員で修正加筆して作り上げるスペイン語によるシナリオや最終成果物である動画については，グループとして点数を与えることにした。

3-3　3領域×3能力＋3連携

　「めやす」は，21世紀を生きていく学習者に外国語学習を通じて身につけてほしい「総合的コミュニケーション能力」を言語，文化，グローバル社会の3領域における「わかる」「できる」「つながる」という3つの能力であると定義し，その育成と獲得を学習目標としている。さらに，その育成と獲得には3つの連携分野（学習者の関心・意欲・態度，学習スタイル／他教科の学習内容や既習内容／教室外の人・モノ・情報）に関わる学習活動が含まれることが必要であると考えている。授業や単元の大目標を立て，その大目標を達成するために目標を細分化し，細分化された目標をこの3つの要素で構成される「3領域×3能力＋3連携」の表に当てはめることによって，総合的コミュニケーション能力の育成と獲得の観点から授業計画を点検することが可能となる。

　交流プロジェクトの学習目標を「3×3＋3」の表に当てはめた表4では，「文化領域×つながる力」の欄が空欄になっているが，『めやす』ではこの欄に当てはまる総合的コミュニケーション能力の定義を「多様な文化的背景をもつ人びとと主体的かつ積極的にかかわり，相互的に作用しながら，軋轢や摩擦を乗り越えてつきあう」(p.22)と定義している。今回の交流プロジェクトでは，「相互的に作用しながら，軋轢や摩擦を乗り越えてつきあう」という深い関係性を築くことができるほどの活動は予定していなかったため，この欄は空欄とした。

	言語領域	文化領域	グローバル社会領域
わかる	・スペイン語初級文法で学習する事項がわかる。	・身近に興味深い日本文化を感じさせる物・場所・習慣があることがわかる。 ・チリやスペイン語圏に日本文化とは異なる文化が存在していることがわかる。	・現代社会が様々なバックグラウンドや考え方を持つ人々（クラスメイト，Ｓ大生，担当教員など）で構成されていることがわかる。 ・グローバル社会を生きるため外国語運用能力，ICT技術，協働力などが必要であることがわかる。
できる	・明瞭で正確な発音ができる。 ・スペイン語で挨拶，簡単な依頼や提案に関連するやりとりができる。 ・既習事項を使ってシナリオを書くことができる。	・日本文化とチリの文化を比較し，その類似点や相違点を分析し，動画制作に運用できる。	・グループで意見交換や調整を行い，協働して目標を達成できる。 ・インターネットを利用して情報収集を行うことができる。 ・テクノロジーを駆使して動画撮影・編集を行うことができる。 ・グループウェアを利用し，情報発信ができる。
つながる	・Ｓ大生にスペイン語でメッセージを書いたり，返信したりすることができる。		・グループウェアを利用してＳ大生と質疑応答などコミュニケーションをとることができる。
3連携	学習者の関心・意欲・態度，学習スタイル：スペイン語に対する興味，上達したいという願望。		
	他教科の学習内容，既習内容や経験：既習済みスペイン語，留学経験，ＰＣやスマートフォン操作技術。		
	教室外の人・モノ・情報：インターネット，図書館，スペイン語圏出身者。		

表4　3×3＋3にあてはめた交流プロジェクトの学習目標

3-4　ルーブリック

　交流プロジェクトの活動内容として，ほかのグループやＳ大生が制作した動画，Ｓ大生から受けたインタビューの内容と日本語使用について評価を行うことが含まれており，教員が準備したルーブリックを使用して学生による評価

が行われた。この節では，学生に対して統括的評価を行う際に使用したルーブリックを紹介する。

	目標達成！（3点）	あと1歩（2点）	もっと努力（1点）
テーマ選びと特徴説明	適切なテーマが選定でき，その特徴をわかりやすく説明している。	適切なテーマ選びもしくは特徴説明を試みてはいるが，若干問題がある。	適切なテーマ選びができておらず，特徴の説明が不十分である。
表現の豊かさ（×2）	既習項目を十分に取り入れて，バリエーション豊かな言語表現を用いている。	既習項目を取り入れていたが，同じ表現の繰り返しがやや見られる。	既習項目を取り入れてはいたが，同じ表現の繰り返しに終始している。
表現の正しさ（×2）	スペイン語の文法規則から逸脱することが少なく，内容がよく理解できる。	スペイン語の文法規則から逸脱することがあるが，内容の理解を妨げることはない。	スペイン語の文法規則からの逸脱が著しく，内容の理解を妨げている。
ビデオ	明瞭な正しい発音で説明ができ，魅力的な作品に仕上がっている。	発音が誤っているために分かりにくい箇所はあるが，魅力的な作品に仕上がっている。	発音が理解を妨げ，内容的にも乏しい作品となっている。
振り返り	活動について自らの言葉で説明と分析ができている。自分の考えを盛り込んでいる。	活動について自らの言葉で説明ができているが，分析が少なく，感想の域を超えていない。	活動について理解する姿勢が不十分であり，レポートの内容が乏しい。
提出期限遵守の有無によるボーナスとペナルティあり			

表5　ルーブリック

「目標・学習シナリオ・評価一覧」（表2）と同様に，ルーブリックも授業初日に学生に配布された。これにより，この授業では何がどのように評価されるのかが事前に把握できるので評価の透明化につながり，また，努力すべきポイントが周知されることは，学生のモチベーション向上に役立つ。たとえば，表5に示すルーブリックでは，シナリオ作成に使用されたスペイン語に関する項目である「表現の豊かさ」と「表現の正しさ」にほかの項目の倍の配点になるよう傾斜がつけてある。これは，ともすれば見た目のよい動画制作にばかり時間と労力をかけがちになるプロジェクトにおいて，スペイン語の学習にも力を

入れ，学習言語を正しく適切に使用する努力を怠らないで欲しいという教師の意図が示されており，ルーブリック配布により，学生にこの意図を伝えることが可能になる。

4 交流プロジェクトの実施と結果

交流プロジェクトは，前節で説明した枠組みに従って，1回90分授業14回にわたって実施された。K大学では8名の学生が3つのグループ（3名構成が2グループ，2名構成が1グループ）に分かれて学習活動を行った。本節ではまず，学習言語を最も用いる活動であったシナリオ作成の過程について紹介する。次に，「めやす」の教育理念である「他者の発見」「自己の発見」「つながりの発見」がより明示的に含まれる学習活動となった動画テーマの選択とグループウェアSlackの使用について分析を行う。また，S大生に動画を送信する前にクラス内で開催した作品鑑賞会の前に書かれた，作品制作について振り返りを行う「作品制作振り返りシート」[2]と，学習成果物の一つとして作成され，授業最終日に提出された交流プロジェクト全般に関する「振り返りレポート」に観察される学生の学びについても考察を行う。考察はKH Coder（樋口，2014）による語彙抽出とコンコーダンス検索を分析した結果に基づいている。

4-1 シナリオ作成と添削

学習言語によるシナリオ作成は，学生にとっても，また添削をする教師にとっても骨の折れる学習活動である。KH Coderを使用して「振り返りレポート」

---

[2] 「作品制作振り返りシート」は以下の質問で構成されていた。1. グループで選んだテーマは何ですか。2. このテーマを選んだ理由を書いてください。3. 個人シナリオについて，その内容や使用したスペイン語，工夫した点，苦労した点など自由に説明してください。4. グループシナリオを総合的に評価して，点数をつけるとしたら10点満点で何点ですか。5. 評価の理由を説明してください。6. 動画撮影について，工夫した点を挙げてください。7. 作品のアピールポイントは何ですか。またその理由を説明してください。8.「もっとこうしたかった！」と思うことはありますか。個人シナリオを作るところから作品を仕上げるまでの満足度，達成度について書いてください。9. そのほか，「これが面白かった！」「プロジェクトがこうだったらよかったな」など何でもどうぞ！

から抽出した語句のうち,「難しい（11回出現）」「不安（3回出現）」「心配（1回出現）」という語句が出現した文脈を見てみると，8回がスペイン語を使用してシナリオ作成を行うことに関連していた。しかし,「実際に習ったことをアウトプットすることは難しいことでしたが，この授業を通してスペイン語がより好きになりました」「日本語は言葉足らずなことがとても多く，それを西訳するとなれば手を付けられないほど難しかったが，回数を重ねていくうちに徐々にコツをつかめるようになっていくのがわかり，嬉しかった」「難しい部分もたくさんあり苦戦したが何とか訳すことができ，自信になった」という学生の言葉が表している通り，学習言語を使い困難を乗り越えながら成果物を作成したことで，スペイン語力の向上だけでなく，自信や達成感につながった。

効率的で効果的なシナリオ作成を行うために，以下のような手順を取った。

① 既習スペイン語の復習もかねて，初中級レベルのスペイン語で書かれたテキスト[3]の講読を行い，あるテーマを説明するにはどのような流れで構成するとわかりやすいか，またつなぎの言葉にはどのようなものがあるのか全員で分析する。

② シナリオはグループ構成員で分担して書いたものを最終的に一つにする。その練習として，日本の昔話である「桃太郎」の物語を，話の切りのよい箇所を見つけながら構成員の人数分に分け，担当箇所を決める。日本語からの直訳にならないように注意しながら，知っているスペイン語文法や表現を使って各自が担当箇所を書く。

③ 各グループで決定した動画テーマについて調べ，特徴について日本語でまとめる。シナリオに入れるべき内容を絞り，担当箇所を決め，各自がシナリオに入れる内容を精査する。

④ 各自3文から5文で担当箇所をスペイン語で書く。日本語からの直訳にならないよう，できるだけ既習のスペイン語文法や表現を使って説明文を作成し，提出する。

---

[3] スペイン語圏の宗教行事「聖週間」をテーマにしたB5サイズで1ページほどのテキストであった。あわせて，付属の録音教材を使用して発音練習も行った。

⑤ 教師による評価・添削を受ける。
⑥ 返却された添削済みの担当箇所をグループで持ち寄り，修正と加筆を行いながら，一つのシナリオになるように調整し，提出する。
⑦ 教師による2回目の評価・添削を受ける。
⑧ 返却された添削済みのシナリオをグループでさらに修正と加筆する。
⑨ 修正と加筆が済んだら，動画撮影に向けて担当箇所を暗記し，シナリオ暗記試験を受ける。

　初中級レベルの学生には既存のテキストを使って練習させ，作成が期待されるテキストのモデルを示しておくと，学習言語によるライティングがよりスムーズになる。また，日本語とスペイン語はもともと言語的距離がかけ離れており，直訳できる範囲は非常に狭いことを伝え，さらに母語と比較すると，操ることのできるレベルが低いスペイン語で書くための工夫として，日本語で書いた文をスペイン語で直訳するのではなく，知っている表現にパラフレーズし，できるだけ既習の学習言語文法や表現を使って書くように指導した。

　学習言語によるライティングの添削やフィードバックに関しては，さまざまな研究があるが，石井（2015）は，日本人大学生の英語学習者に調査を行った結果として，日本人大学生は誤っている箇所に正しい形を明示して直す直接訂正を好むことを示している。交流プロジェクトのシナリオ作成では，既習項目については，添削の返却後に行うグループでの修正加筆活動をより活発なものにすることを意図して下線で示すなどの間接訂正を施したが，未習項目については直接正しい形を書き込む直接訂正を行った。また上述したように，表現したい内容を日本語から適切にパラフレーズする方法を示し，できるだけ自力で，あるいはグループ構成員とともに学び合う形でスペイン語によるシナリオを書きあげられるように配慮した。

4-2　動画テーマと選択理由

　大学生である自分たちの身近にある素敵な場所や興味深い物をテーマとして

学習言語を使って動画を撮影するとき，何を撮影するか各自が考え，グループで話し合って決定することは，自分たちの日常生活，そしてその基盤となっている社会や文化を見直すことにつながる。つまり，その過程で「めやす」が教育理念として掲げている「自己の発見」が実現される。また，その際，S大生に完成作品を送り，鑑賞してもらうことを念頭に置くことで，チリにおける状況について調査し，新たな知見を得ることにつながる。これは，「他者の発見」である。この二つの発見の様子は，学生が書いた作品制作に関する振り返りのなかに観察される。

　交流プロジェクトを行った8名の学生が構成する3グループにおいて選択された動画撮影のテーマは，「たこ焼き」「ユニバーサルスタジオジャパン (USJ)」「コップのフチ子」であった。表6は作品制作振り返りシートの項目1と2における記述を示している。

　選択理由に観察されるのは，学生たちが伝えたいと考える「日本らしさ」である。それぞれの選択テーマの持つ日本人の国民性や地域性，現代の若者の間の流行，日本の精密な技術と独特のやり方はチリにはない特性であり，交流相手であるチリの学生に知ってもらいたいという記述からは，自己と他者を発見し，交流を行おうとする気持ちが芽生えている様子が伝わってくる。

グループ	テーマ	選択理由
1	たこ焼き	・関西のソウルフードともいえる身近な庶民の味でありながら，すしやてんぷらに比べて海外での知名度が低い。 ・チリの学生がいつか日本に来てくれたら，その時に安くておいしいたこ焼きを食べてほしい。 ・たこ焼きパーティなどたこ焼きから派生した文化・習慣も紹介したい。
2	USJ	・最近の日本の若者の間で流行している，フォトジェニックな場所での撮影ができるためとても人気があり，急成長を遂げているという現象がとても日本らしい。 ・アメリカにもあるが，日本だけの特別なものがある。
3	コップのフチ子	・日本で発達しているモノづくりの文化や精密な技術を伝えたかった。 ・「ガチャガチャ」という日本独特の販売方法も紹介したい。 ・チリにはない日本で人気のものである。

表6　動画テーマと選択理由

4-3 Slack による交流

両大学の学生はグループウェア Slack を使ってどのくらい，またどのような交流を行っていたのだろうか。表7は各チャンネルにおける書き込み件数を大学別に示している。なお，両大学の教員も自己紹介や交流先の学生への連絡などのために Slack に書き込みを行ったが，その件数は含めない。

自己紹介のチャンネルには全学生が登録し，学習言語で自己紹介を行うことになっていた。自己紹介の書き込み先を誤った学生が2名，1名は表7にはない交流プロジェクトを紹介するチャンネルに書き込み，もう1名は所属グループのチャンネルに書き込んでいた。自己紹介をしなかった学生も1名いた。

次に，各グループでの交流の様子を知るために，グループについて説明をしておく。2-1で述べたとおり，K大学では8名の学生が，S大学では20名の学生が交流プロジェクトに参加した。学生数が非均等であったので，S大学との交流を行うためのグループは，動画を制作するための学習活動を行うグループを解体して，S大生4名ずつで構成された5グループに1名ないしは2名のK大生が参加する形をとった。

表7を参照すると，構成人数が6名のグループ1，2，5ではほぼ同数の書き込み件数になっており，構成人数が1名少ない5名のグループ3と4の書

チャンネル			書き込み件数		
名称	説明	構成人数(人)	K大生(件)	S大生(件)	合計(件)
自己紹介	交流プロジェクト参加メンバーが自己紹介をする。	28(8/20)[4]	7	18	25
グループ1	各グループ構成メンバーがコメントのやり取り，ファイルの送信などを行う。	6 (2/4)	11	12	23
グループ2		6 (2/4)	11	12	23
グループ3		5 (1/4)	5	11	16
グループ4		6 (2/4)	13	9	22
グループ5		5 (1/4)	4	4	8

表7　Slack 使用状況

---

[4] （　）内の数字は(K大生の人数/S大生の人数)を示す。

き込みは，グループ1，2，5の書き込み件数の半数あるいは半数に満たないことがわかる。質問が書き込まれたり，動画がアップされたとき，交流先のグループ構成員はできるだけ全員が回答や感想，修正すべき点などを書き込むよう指導をしていたにもかかわらず，グループ5では挨拶の書き込みとともにファイルや動画のアップロードは実行されていたが，ほかのグループで行われていたような「コメントに対する感謝」や「送信遅れに対する謝罪」といったやりとりは見られず，S大生4名のうち2名のみが書き込みを行っていた。

　Slackにおける使用言語については，基本的には学習言語を使用することになっていたが，書き込みをする際に日本語あるいはスペイン語のどちらで書くのが適切か，各自が判断し選択できることにしていた。以下はあるグループで行なわれたやりとりの一部である。SはS大生，KはK大生を表す。使用されていた絵文字は削除してある。

S1　こんにちは，答えるのが遅くなりました，ほんとにすみません。今にも，S2さんとS3さんは見直しを送ります。

S2[5]　こんにちは，これはK1さんの自己紹介の見直しです。Principalmente faltaron preposiciones y artículos. (...)Esperamos que estas correcciones ayuden en su estudio. 頑張って下さい。

（中略）

S1　K1さんとK2さんはスペイン語が上手ですね。お名前は漢字でどう書きますか。

K1[6]　Hola! Muchas gracias por correcciones de errores. Ustedes hablán[7] y Escriben muy bien japonés. K1 se escribe "〇〇" en Kanji. ¡Qué pase un buen fin de semana!

K2　¡Hola! Lo siento por el retraso en la respuesta. Muchas gracias por corregir mi gramática. Mi nombre es "△△" en kanji. こんにちは！返事がおくれてすみません。文法の間違いを直してくれてありがとうございます！私の名前は漢字で△△と書きます。

　基本的には学習言語で書き込みを行っているが，書き込みの導入を自らの学

習言語である日本語で行った上で対話者の学習言語であるスペイン語を使って書き込んでいる S2 や，自らの学習言語であるスペイン語で書いた後に日本語訳をつけている K2 など，相手の学習言語についての配慮と歩み寄りが見られる。このように日本語とスペイン語を混合させた書き込みに加え，返信をするときに相手の学習言語を使った書き込みはほかのグループでも多く観察される。

S 大生との交流について，学生はどのように感じ，何を考えたのだろうか。「振り返りレポート」において「交流（25 回出現）」「チリ（42 回出現）」という 2 語が出現した文脈に見られるキーワードを，交流前と交流後という時間的観点から分析したものが表 8 である。

交流前	・（中南米の人々と／海外の学生との交流に対する）あこがれ，うれしさ ・（過去の体験から少しルーズなところがある[8]／中南米は危険な所という）決めつけ，先入観
交流後	・（交流だけにとどまらない）相互学習・相互評価，フィードバックの場 ・（情勢を知り，学生と知り合ったことによる）チリや世界の動向への興味 ・先入観への気づき ・より直接的で積極的な交流への希望

表8　S 大生との交流に関する記述内キーワード

必修科目でないスペイン語中級という授業をあえて履修する学生がスペイン語母語話者との交流へのあこがれや希望を抱いていたことは不思議ではないが，チリを含む地域に対する否定的なイメージや外国人学生に対する先入観を持っていたことが明らかになった。しかし，交流を通じて実際の姿を知ったこと

5　S2 の発言内におけるスペイン語文の日本語訳は次の通りである。「おもに前置詞と冠詞が抜けていました。（中略）この修正があなた方の勉強の役に立つといいな」
6　K1 の発言内におけるスペイン語文の日本語訳は次の通りである。「こんにちは！間違いの修正をどうもありがとう！あなた方も日本語を話すのも書くのもとても上手ですね。K1(学生名)は漢字では○○と書きます。よい週末を過ごしてください」
7　原文ママ
8　交流プロジェクトを実施している学期中にチリで学生デモが勃発し，大学が閉鎖になるという事態が発生し，約束の日を過ぎても S 大生から動画が届かなかった。学生デモに関する新聞記事を授業で扱い，S 大学の担当教員からのデモに関するメッセージを紹介したところ，複数の学生が「振り返りレポート」でその件について言及していた。

により先入観に気づき，さらにチリや世界の動向に自発的な興味を持つまでに至ったということは，交流プロジェクトの大きな成果である。さらに，今回の交流プロジェクトの改善案を提案した学生もおり，SKYPEなどのより直接的な交流媒体を使用して質疑応答やフィードバック実施するほうがより効果の高い学習活動になると説明していた。

　残念なことは，交流プロジェクトの終了以降，Slackの使用やそのほかの方法でS大生と交流を行ったかどうか元履修生たちに尋ねてみたところ，Slackに2回ほど質問を書き込んだ1名を除いて，残り7名は一度も連絡を取っていないとのことだった。プロジェクト終了後にK大生が書き込んだ質問に対してS大生からの回答はなかった。授業で行う交流活動を実生活における「つながり」に変えることの難しさを示す結果となった。

4-4　「振り返りレポート」に見られる学生の学び

　動画とともに統括的評価の対象となっていた「振り返りレポート」は，「授業・活動の流れ」「グループ活動」「シナリオ作成」「ビデオ作成」「学生交流」「人を評価する活動」などを幅広く振り返り，S大生から受け取ったフィードバックなどを見直しながら，良かった点，悪かった点，勉強になった点，疑問に感じる点などを論じ，自分なりの結論を2000字程度で書くように指示した。実質2か月にわたって実施された交流活動で学生が学び，できるようになったことはどんなことであったか,レポートのなかに出現する[9]「学ぶ（25回出現）」「知る（18回出現）」「わかる（13回出現）」「できる（92回出現）」[10]「成し遂げる（1回）」という5語が出現した文脈の分析を行った。表9が示すように6分野に関連する事柄を学び，できるようになったことがうかがえる。

　また，「振り返りレポート」に記されている学びや気づきを分析すると，多くの学びや気づきがグループ活動とグループ間あるいはS大生に対して行っ

9　KH Coderではそれぞれの活用形も抽出される。例えば，「学ぶ」は「学ん」「学び」も対象として抽出され，それぞれ出現した文脈も表示される。
10　「できる」は64回出現，「出来る」28回出現している。

た評価によってもたらされていることが明らかになる。KH Coder で抽出したグループ活動と評価に関連する語の出現回数とそれらが出現した文脈の例を表 10 に示す。

分野	学生の記述例
スペイン語や勉強	・現地の新聞を読むという時間もあり、これは現地のことを知れることに加え、独特の表現や言い回しなども学ぶことができた。 ・ここで学んだことが、実は今持っているスペイン語のスキルで十分な文章が書けるということ。 ・主には文字媒体でしかチリの学生のスペイン語に触れる機会は無かったが、動詞の使い方などは勉強になり、語彙を増やすことができた。
チリ・チリ人	・現地のチリ人は優しく温かい人たちであるということがわかったし、チリは穏やかできれいな場所であることもわかった。 ・チリの観光案内 VTR からリアルなチリの風景を知ることで、今まで勝手なイメージがついてしまっていたのだと気付いた。
文化や社会の違い	・チリと日本の文化や、価値観の違いを知ったうえで説明することはなかなか難しかったが、良い勉強になったと思う。 ・文化の異なる学生と交流したことによって学んだことが 2 つある。一つ目は自分達の当たり前が相手にとっては当たり前ではないということだ。
作品とその制作	・また先生やほかの生徒からフィードバックをいただくことで、もっと改善できた点を明確に知ることが出来ました。 ・ビデオ作成は、グループとして集まれる時間が取れない中で大変な部分もあったけれど、より良いものを作るためにお互い協力し合い成し遂げられたと思う。
自己の発見	・特に発音など、同じ日本人学生とは思えないほど上手な人もいて驚いた。感心すると同時に自分の未熟さを知り、追いつけるようにさらに頑張ろうと思えた。 ・グループ活動をすることで、自分は何が得意で不得意なのかを客観的に見ることができ、これからスペイン語を続けていく上での課題を見つけることができました。 ・普段私たちが何気なく話しているが外国人にとって日本語のどのような点が難しいのかということを知るいい機会でもありました。

表9　学んだこと，できたこと（下線は筆者，記述例は原文のまま）

語	出現数（回）	学生の記述例
グループ	45	言語には文法力や単語は必要不可欠で個人でもできることですが、グループ活動を通して「人に教えて人から学ぶ」ことができるのでより一層覚えることができると思います。
メンバー	19	私はリーダーの役割をしていたが、協力的なメンバーのおかげで動画作りもスムーズに進めることができた。
協力	7	今学期のスペイン語の授業全体を通して、今更ながら、人と協力することで責任が増すのではなく、むしろ互いの弱点を補強し合い、より良い作品を作ることができると実感した。
評価	19	悪く言えば動画全体を見たときに一体感やまとまりがないという評価を他のチームの方から意見をもらい、確かにその通りだと勉強になった。
		他のチームだけでなくサンティアゴ大学の動画を評価し、それぞれのいい所、改善できる所を発見することでまた自分たちのものにも反映できることが見つかり、勉強になることがわかった。
フィードバック	6	特にチリの学生のフィードバックによって自分の弱点も改めて知ることができた。例えば、turco や pulpo など特に直後に母音が伴わない時の r や l の発音に難点がある。これはスペイン人の友人も 実際指摘してくれたことであるが、チリの学生も（今回は l の発音に関して）指摘してくれていた。

表10　グループ活動と評価　（下線は筆者，記述例は原文のまま）

　交流プロジェクトに参加した学生のなかには，グループ活動に苦手意識を持っていた学生や人を評価することに抵抗を感じていた学生もいたが，交流プロジェクトを通じてこれらの有効性や大切さに気づき，前向きな気持ちを持って交流プロジェクトを終了することができたとの記述が見られた。つながる力の育成は学習言語の母語話者との間でのみで達成されるのではなく，同じクラスに在籍し，ともにグループで学習活動を行う仲間との間でも達成され，学生に意義のある学びを与えるということがわかる。

5 おわりに

　本章では，スペイン語を学習する日本人大学生と日本語を学習するチリ人大学生が行った交流プロジェクトについて紹介し，「めやす」が提案する授業づくりの具体例を示した。また，学習目標に基づいて計画された学習活動を通じて実現された学生の学びについて，いくつかの異なる視点から考察を行った。
　ある学生の書いた振り返りレポートに以下のような部分がある。

> ビデオ作りという形態自体，学問や知識を学ぶ「授業」として成り立つのか，疑問に思っていた。しかし，学期末の今となっては，とても有益な授業であっただけでなく，人生のためにもなったと感じている。

　外国語教員のなかには彼女と同じ疑問を抱く人がきっと大勢いることだろう。「めやす」が提案する外国語教育は「学問や知識」だけではなく，総合的コミュニケーション能力の育成と獲得を目指しており，その授業実践には，今までやってきたものとは異なるカリキュラムデザインと学習活動が含まれる。社会や世界の変化に合わせて，私たち外国語教員も変化する時が訪れている。よりよい変化のために，山積する課題に学生とともに取り組んでいきたい。

12-1 高等学校での学びと『めやす』

能登慶和

1 はじめに

　第1章で言及されているように，高等学校の学習指導要領に基づく英語以外の外国語の位置づけは，一般に「英語に準ずる」とされ各科目に対する個別の具体的な記述はない。そのようななか，平成29年3月に公示された新学習指導要領案では，「主体的・対話的で深い学び」を実現し，外国語教育についても4技能のバランスのよい育成，積極的な発信力の強化が求められた。すなわち，そこでは知識を応用する能力，すなわちコンピテンシーの育成が肝心となる。他方，昨今のグローバリゼーションに伴う多様な人材の育成という観点から，高等学校での多言語教育は大きな役割を担う。こうした状況下において「めやす」は具体的な授業および評価のデザインを提供可能で，それに基づくアクティブラーニングは，まさに知識を応用した成果や活動へとつながり，そのパフォーマンスが評価されるという意味において，さまざまな外国語教育での実践が期待される。

　本章では，まずはじめに高等学校における英語以外の外国語の現状を概観し，現在ならびに将来求められる学びと「めやす」の関係性について理論的な側面からアプローチする。次に実際の教育現場における個々のケースに基づく実践報告から，高等学校ならではの利点あるいは問題点などを探り，「めやす」応用の可能性について考察する。

2 高等学校における英語以外の外国語の状況

　文部科学省（以下，文科省）の統計によると，平成27年度における高等学

校などでの英語以外の外国語科目を開設している学校は全国で677校あり，それらの科目の総履修者数は44,539人となっている（平成28年5月1日現在）。文科省では，昭和61年より隔年ごとに高等学校などでの国際交流などの状況を調査しているが，以下は平成12年度〜27年度の調査に基づく，英語以外の外国語科目の開設および履修状況の推移をまとめたものである[1]。

	H12年	H14年	H16年	H18年	H20年	H23年	H25年	H27年
公立	382	432	504	561	540	502	512	478
私立	216	221	244	227	189	209	194	196
国立	0	0	2	2	2	2	2	3
計	598	653	750	790	731	713	708	677

表1　英語以外の外国語科目の開設校数（文科省のデータを基に筆者作成）

	H12年	H14年	H16年	H18年	H20年	H23年	H25年	H27年
中国語	17,849	19,045	22,161	21,264	19,751	22,061	19,106	17,210
韓国・朝鮮語	4,587	6,476	8,891	8,865	8,848	11,441	11,210	11,137
フランス語	8,621	8,081	9,427	10,059	8,954	8,959	9,214	7,912
ドイツ語	4,548	4,275	4,198	3,898	2,560	3,348	3,691	3,542
スペイン語	2,584	2,784	2,688	2,632	2,763	2,421	3,383	3,244
ロシア語	499	478	462	544	567	549	795	738
その他	369	470	529	636	775	549	730	756
計	39,057	41,609	48,356	47,898	43,818	49,328	48,129	44,539

表2　英語以外の外国語科目の履修者数（文科省のデータを基に筆者作成）

　データを見る限り，多少の増減はあるものの，全体的には一時期のピークを境に開設校数，履修者総数ともに減少傾向にある。言語別に見ると，中国語の履修者数が圧倒的に多く，韓国・朝鮮語，スペイン語，ロシア語の履修者も当初より増加している。その半面，戦後から多く学ばれてきたフランス語，ドイツ語については履修者が減少している。なお，そのほかの言語については，イタリア語，ポルトガル語，インドネシア語，アラビア語，タイ語，マレー語，フィリピン語などが挙げられる。英語以外の外国語の履修動機は，個人の関心，政治・文化的背景，日本における外国人居住者の増加などさまざまな要因が考えられ

1　平成22年度の調査は東日本大震災の影響で延期された。

るが，中国語，韓国・朝鮮語の履修者が際立っているのは，日本と中国，韓国との地理的な関係からも必然と言える。また，日本国内においても，主な英語以外の外国語の開設校が関東や近畿の大都市を中心に比較的全国に点在しているなかで，中国，九州，沖縄の地域においては，もっぱらそのほとんどが中国語および韓国・朝鮮語に限られるという報告もある（長谷川2013）。とはいえ，全国の高等学校総数4,907校，生徒総数3,280,247人（平成29年度文部科学省学校基本調査）に比べれば，英語以外の外国語の学習状況は極めて微々たるものにすぎないだろう。

一方で，各学校における英語以外の外国語の位置づけはさまざまだ。この点についても，長谷川（2013）が大規模な調査のなかで言及している。それによると，履修学年については2,3年次が最も多く，次いで2年次のみ，1～3年次などと続く。3年間で履修できる単位数は2単位が圧倒的に多く，次いで4単位などの順である。履修形態としては選択必修が最も多く，次いで自由選択，必修と続く。また，各科目1件あたりの履修者数は，少人数クラスから比較的大きなクラスまでさまざまに存在する。最も多いクラス規模は11～20人，次いで21～30人，1～5人，6～10人のクラスが拮抗している。

筆者が勤務している東京都立北園高等学校では，ドイツ語，フランス語，中国語，ロシア語の4言語が開講されており，それぞれ自由選択科目として3年間で合計6単位[2]が履修可能である。さらにドイツ語に限っては，3年次に必修選択科目として英語の代わりに6単位を履修することもできる。各クラスは数名～最大で40人規模のものまであるが，平均的には10～25名程度で構成されている（能登，2015）。

3 高等学校における外国語学習と目標

高等学校での学びの指針となる現行の学習指導要領の外国語においては，主

---

[2] 週1回2コマ連続（50分×2）×3年分。原則として2年継続履修。3年目は履修する生徒が極端に減るため，開講されないこともある。

に4技能（「聞く」「話す」「読む」「書く」）の総合的な育成およびそれらを統合的に活用するコミュニケーション能力の育成が求められている。それに伴い，外国語科目としては「コミュニケーション英語基礎」，「コミュニケーション英語Ⅰ，Ⅱ，Ⅲ」，「英語会話」，「英語表現Ⅰ，Ⅱ」が設置され，各科目の目標および内容が詳述されている。一方で，「その他の外国語に関する科目」については「英語に関する各科目の目標及び内容等に準じて行うものとする」（学習指導要領，第8節外国語，第2款第8）と記されてあるだけだ。

平成29年に公示された新学習指導要領案においては，全体として「何ができるようになるのか」，いわゆるアウトカムの明確化，また「主体的・対話的で深い学びの実現」が強調されている。この点から，外国語教育の充実を図るためにこれまでの4技能の総合的な育成に加えて，「論理・表現Ⅰ，Ⅱ，Ⅲ」という自ら発信する力を強化する科目が新設され，目的，場面，状況に応じた外国語コミュニケーション能力の育成が求められるようになった。なお，「その他の外国語に関する科目」については，上述の内容に加えて新たに「高等学校において英語以外の外国語を初めて履修させる場合には，生徒の学習負担等を踏まえ，適切に指導するものとする」（新学習指導要領，第8節外国語，第2款第7）という記述が追加された。

しかしながら，この新しい学習指導要領案においても，英語以外の外国語の科目についてのさらなる具体的な説明はない。そもそも英語以外の外国語を履修するのはもっぱら高等学校がはじめてであることがほとんどであり，かつそれらの科目を支えているのは多くの非常勤講師である[3]。こうした状況を踏まえると，学習指導要領に示されているような記述（「英語に準じて行う」や「適切に指導する」）は，一方では個々の教師に目標設定や指導方針が自由に委ねられていると解釈できるが，やはりそれぞれの言語に即した具体的な指針が存在しないという事実は，現場の負担に大きな影響を及ぼすに違いない[4]。

3　長谷川（2013）の調査においても，英語以外の外国語を担当する教員に限ると，実にその8割強が非常勤講師および特別非常勤講師であることがわかる。

4　「日本言語政策学会」の「多言語教育推進研究会」は，高等学校での複数外国語の必修化に向け，2014年に文科省をはじめとする各関係機関等に具体的な提言を行い，かつ「第2の外国語」に対する学習導要領案も提示している（杉谷，2016）。

この点において，「めやす」は高等学校における英語以外の外国語科目に対する一種の学習指針として役立つことが期待されている。本来「めやす」は隣語（中国語，韓国・朝鮮語）教育を端に発したものだが，多文化が共生するグローバル社会を生きぬくための資質や能力の獲得，複数の外国語を通した複眼的な視点や思考能力の獲得およびコミュニケーションスキルの向上ということを考慮すると，あらゆる外国語に共通して応用することが可能であろう。

4　21世紀型スキルと「めやす」

　今日では，世界各地において，もはや自国民だけと意思疎通ができればよいという時代では到底なくなった。欧米では陸続きによる人々の行き来は自明のことであるが，近年ではさらに難民問題がクローズアップされている。島国の日本においても，多くの外国人観光客の訪問や外国人労働者の増加が見られるようになった。このようなグローバル社会を生きぬくための「21世紀型スキル」として，国際団体「ATC21s」（Assessment & Teaching of 21st Century Skills）によって以下の能力が提唱された[5]。

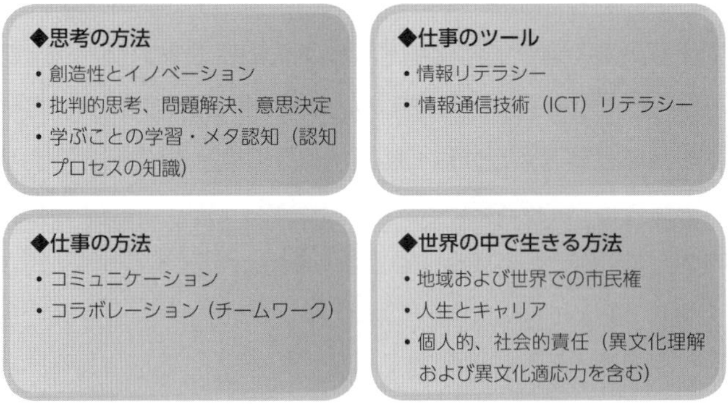

◆思考の方法
- 創造性とイノベーション
- 批判的思考、問題解決、意思決定
- 学ぶことの学習・メタ認知（認知プロセスの知識）

◆仕事のツール
- 情報リテラシー
- 情報通信技術（ICT）リテラシー

◆仕事の方法
- コミュニケーション
- コラボレーション（チームワーク）

◆世界の中で生きる方法
- 地域および世界での市民権
- 人生とキャリア
- 個人的、社会的責任（異文化理解および異文化適応力を含む）

図1　21世紀型スキル（ATC21sを基に筆者作成）

　これに伴い，国立教育政策研究所は日本人に求められる能力として「21世紀

---

[5] Assessment & Teaching of 21st Century Skills：www.act21s.org

型能力」を提唱している（国立教育政策研究所 2013）。それによれば，21 世紀型能力はその全体の中核を担う「思考力」，それを支える「基礎力」，そして思考力を応用する「実践力」から成っている。「思考力」には ATC21s に見られるのと同様に，創造力，問題解決能力，倫理的・批判的思考力，内省としてのメタ認知能力や学習適応力などが含まれる。「基

図 2　21 世紀型能力
（出典：国立教育政策研究所 2013, p. 83)

礎力」は，読み書き計算などの言語，数に関する能力に加え，情報化社会に適応するための ICT スキルで構成される。そして応用としての「実践力」は，自律的に行動する能力，社会のなかで他者と協調的にコミュニケートする能力，社会への参画や市民としての責任に対する行動力を表している（図 2 参照）。

また，21 世紀型スキルとともにグローバル社会における重要な能力として，OECD（経済協力開発機構）による「キー・コンピテンシー」が挙げられる。これは，言語やテクノロジーなどのメディアやツールを相互作用的に活用する能力，異質な社会集団における対話能力，自律的な行動能力の 3 つのカテゴリーから成る（図 3 参照）。これによると，言語はさまざまなツールのうちの一つとして位置づけられ，その他メディアなどのツールと相互作用的に活用することが求められる。また図からも明らかな通り，個々の能力はほかの側面と密接に関わっており，言語は単にほかのツールとの相互作用においてのみ機能するだけでなく，その言語を通じて多様な集団のなかで協調性や問題解決

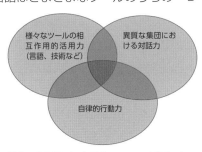

図 3　OECD によるキー・コンピテンシー
（DeSeCo を基に筆者作成）

力が発揮され，また，一つの目標を達成するために個人の特性を活かした自律的行動力が現れるような対象でなければならない。

「めやす」が目指す内容もこれらに基づいている（第1章3-3-3参照）。すなわち，その教育理念は，外国語学習を通じて自らのものとは異なる言語，人，文化，社会などを知り，そうした他者との出会いから自己を内省および再認識することで，社会におけるつながりを構築していくことにある。また，その教育目標はまさしく21世紀のグローバル社会を生きぬくために他者，自己，社会の三つの関わりにおける資質と能力を育むことであり，言語，文化，グローバル社会の3領域における「総合的コミュニケーション能力」の獲得という具体的な学習目標が据えられている。この，いわゆる「3×3+3」のコンセプトに基づき，「言語」「文化」「グローバル社会」の3領域，「わかる」「できる」「つながる」という三つの能力，そして学習者・他教科・教室外という三つの対象を連携させることがカギとなる。このため，「めやす」は21世紀型スキルやコンピテンシーの獲得，さらにはアウトカム中心の教育，および主体的・対話的で深い学びを実現するためのアクティブラーニングとして大きな役割を果たすことが期待される。

5 高等学校におけるアクティブラーニング，プロジェクト学習の導入

これまで見てきたように，現実社会とのつながりのなかで他者との協働を通じて個々の知識を応用し，思考力や判断力を磨くためには，従来の教師主導による教授方法では限界があるだろう。そのカギとして注目されるのが，アクティブラーニングである。これは単に生徒が活動的に身体を動かして学ぶということではなく，生徒主導による能動的な学習スタイルを意味する。「めやす」が提唱するプロジェクト型学習もアクティブラーニングの一環であり，その際の教師の役割は学習者の学びを促すファシリテーターと言ってよいだろう。

この点に関して教育界でしばしば言及されるのが，いわゆる「学習のピラミッ

ド」である。それによると，学習の内容は，単に聞く・読むなどの受け身的な学習スタイルよりも，ディスカッションや実体験，さらには自ら他人へ教えることを通じて，より効率的に定着するという。たとえば，講義を聞いただけではその記憶内容は全体のわずか 5% にとどまるのに対して，他人にレクチャーすることでその内容は 90% が保持される，という見方だ（図 4 参照）。

　もっとも，この学習定着率の主張の根拠には具体的なエビデンスがなく，そもそも「ピラミッド」だけが理想のモデルとして独り歩きしているという批判的な見解もある（土屋，2018）。しかしながら，旧ソビエトの心理学者レフ・ヴィゴツキーが提唱した発達の最近接性領域（ZPD）に明示されている通り，他者との協働を通じて相互に補填しながら学びを向上させるという側面からも，このようなタスク中心の学習・教授方法は有益ではないだろうか。また，教師の談話（タスクの明確化），ペアおよびグループワーク，タスクの成果，そして成果に対する評価ならびに自己および他者の評価という一連の流れは，学習の動機づけにも良い影響を与えると考えられる（ライトバウン＆スパダ，2014）。

　では具体的にはどのようにアクティブラーニングをデザインしていくべきな

図 4　Learning Pyramid
　　　（出典：National Training Laboratories, Bethel, Maine）

のか。この点について内山（2016）は次のように述べている。

> 「アクティブラーニングは学習者の能動性に着目した概念であるが，単に様々な活動を能動的に行っていればよいのではなく，経験学習のサイクルが回っている必要がある。そのためには，経験を抽象化する反省的思考のプロセスと，抽象概念をもう一度経験にもどすためのデザイン的思考のプロセスが授業の中に組み込まれている必要がある。」（内山，2016，p.25）

これはコルブの経験学習モデルに基づくもので，経験→反省・観察→抽象化・一般化→仮説→経験のサイクルによって経験と学習が結びつくということだ。そしてそのような学習環境を整えるのにプロジェクト学習が用いられる。トーマスによれば，プロジェクト学習が成立するための主な要件は，成果物やプレゼンテーションの制作などがカリキュラムの中心であること，学校で学ぶ学問と深く関わっていること，結果としての知識ではなく過程を通じて知識を構築すること，それゆえ学習者が中心となること，そしてできる限り現実社会に即した問題を取り扱うことであるという（内山，2016）。このように，プロジェクト学習は問題設定型の学習とは異なり，ある程度の状況設定は必要としても，学習者はテーマの設定から課題の制作まで自律的に取り組むことができる。

6 学習者特性および学習環境とプロジェクト学習

最後に，高等学校における学習者の特性と学習環境について考えてみる。まず第一に，学習者の特性として年齢が低いという利点が挙げられる。第二言語習得研究の分野ではしばしば臨界期説ということが議論されるが，これは概ね思春期を境に外国語の学習が一層困難になるという考え方だ。その要因は脳の言語機能が母語の体系に一側化されていくためだとされる。殊に発音に関しては更に早い段階で未知の言語に対する柔軟性が失われるため，外国語の学習は一般的に早いほうが効果的だと見られている。

次に，学校特有の集団行動も利点の一つとみなすことができよう。なぜなら，高等学校の生徒は普段からクラスあるいは部活動の単位で行動することに慣れているため，体系的にも心理的にもプロジェクト学習に適応しやすいと考えられるからだ。また，そうした集団行動は横のつながりだけでなく縦のつながりも構築しやすい。つまり，一つのプロジェクトを遂行する際に特定の学年のクラスの枠を超え，上級生や下級生とのつながりも生まれるなど，幅広く応用することができる。

その一方で，プロジェクト学習を実行するには指導者の側の負担も軽くはない。ファシリテーターとしても一連の学習活動のために綿密な計画を立てる必要があるのだ。とりわけ高等学校においては，種々の学校行事によって継続的な時間の確保ができないことも多く，そのような既定のカリキュラムのなかでプロジェクトを貫徹するのは容易ではないだろう。英語以外の外国語科目を担当する教員の多くが非常勤講師で占められていることを考慮すると，この問題は一層厳しくなる。また，評価の観点からも不安が残る。一般的にプロジェクト学習においては，成果物やプレゼンテーションに対する形成的および総括的評価が導入される。「めやす」においても，ルーブリックに基づくそのような評価が提案されているが，評価の厳密性という観点から，いわゆる定期試験における点数の評価とは異なり，客観性が薄れてしまうという声も聞かれるかもしれない。この点においては，ルーブリックの有効性を十分に提示するためにも，「信頼性」と「妥当性」を厳密に考慮する必要がある。そのほかにも，特に公立の学校では教育のICT化が十分に進んでおらず，21世紀型スキルないしは能力，あるいはキーコンピテンシー，さらには「めやす」の「つながり」で求められる情報スキル・リテラシーの育成に差が出る可能性もある。

こうしてみると，我々はプロジェクト学習に見られるようなアクティブラーニングの理想と現実の狭間に立たされているような感覚に陥るが，次節以降では，具体的な実戦例として，いずれも公益財団法人国際文化フォーラム主催の「めやす」研修を終了した3名の教師による報告を基に，「めやす」が実際の現場でどのように活用されているのかについて詳しく見ていきたい。

12-2 私の『めやす』活用法

鈴木冴子

1 勤務校について

　埼玉県伊奈総合高等学校は，1984年創立の全国初の普通科総合選択制の高校である。1学年約800名,全校では約2,400名の生徒が在籍している。生徒は，ホームルーム（HR）とは別に一つの「学系」を選択し入学をしてくる。学系とは重点的に取り組むべき大まかな学習の枠組みで、それぞれの学系に科目選択や進路に関するガイドラインがあり，それを参考に生徒は自分の進路希望や興味関心に合わせて時間割りの作成（科目選択）をする。学系は，人文系，理数系，語学系（英語・ドイツ語・フランス語・中国語），スポーツ科学系，芸術系（音楽・美術・工芸・書道），生活科学系，情報経営系の7つに分かれている。学系の制限は学科やコースの縛りよりもやや緩やかで，学系を横断して科目を選択することも可能となっている。ドイツ語はそのなかで語学系の外国語の一つとして設定されている。

　本校は部活動も盛んで，運動部23，文化部25，同好会8の設置があり，部活動加入率は90％を超える。毎年,多くの部が全国大会へ出場している（2018年には、吹奏楽部，陸上競技部，美術部，書道部，英語部など）。

2 ドイツ語学習について

2-1 授業数と担当教員

　ドイツ語の設置科目数と時間は，私が知る限りでは全国随一で充実した学習環境に生徒はいる。本校でドイツを教えているのは，私ともう一人の日本人教

諭，通称JETプログラム「語学指導等を行う外国青年招致事業（The Japan Exchange and Teaching Programme）」より配属されたドイツ人ALT（Assistant Language Teacher）の3名である。常勤の教員が複数でドイツ語を担当することは全国の公立高校ではあまり例はない。

1年生の時に週4単位（1単位＝1週間の授業時間，50分），2年生では最大週6単位（4単位＋2単位），3年生では最大週8単位（4単位＋2単位＋2単位）選択できる。その授業時間の約半分は，ALTとのティームティーチングで行われている。3年生までドイツ語を選択し続ける生徒は，ここ数年は20名前後で推移してきている。ドイツ語を3年間勉強し，更に大学で専攻する生徒，大学の受験科目として「ドイツ語」を選択する生徒もいる。一方で，大学入試を「英語」で受験するもの，ドイツ語の学びを高校で終わらせるものもおり，生徒のドイツ語学習のモチベーションも多様である。

2-2　現在の取り組み

『めやす』の要素を取り入れる前にもペアやグループでの発表は，授業において多く取り入れられてきた。ポスターやPCを使ったプレゼンテーションなどは定着を促す面もあるが，生徒を能動的にさせ「飽きさせない」という側面も持っていた。その発表や成果物を私が今まで適切に評価をできていたかと問われると必ずしもそうとは言えない。「よくできた」「もっと視線を上げる」「大きな声で発表」など，大まかなコメントがほとんどであった。

校内の学習環境が整っていたとしても，毎時間の授業は教室内で完結してしまうことが多い。授業時にクラス内で発表をさせると，発表に向けて生徒が全力で取り組むことは少ないように感じていた。生徒はお互いドイツ語の出来や成績を考慮し，積極的に発表している生徒へは期待が高く，そうでない生徒にはそれなりの出来しか求めない雰囲気がクラス内に流れているように思えた。

3 実践例

実践例をここで二つ紹介したい。一つめは，2015年に受講した「外国語学習のめやすのマスター研修（平成28年度，TJF主催）のグループで作成した学習プラン[1]を元にした実際の取り組み，二つめは，本校で毎年実施している希望者によるドイツ語合宿（2泊3日）でのプロジェクトである。

3-1 実践例1 „Der perfekte Tag"

対象者　「ドイツ語表現（2単位）」履修生徒，2年生12名
実施期間　2学期（9月〜12月），週1時間（50分授業）
場面状況　ドイツからの長期留学生に，埼玉県の観光スポットを紹介する観光ガイドを作成しクラスで一冊にまとめる。

活動の流れ
① ドイツ語と日本語の旅行に関するチラシを比較し，掲載されている情報，表現・提示方法の違いや必要な情報を共有する。
② 住んでいる地域を基本にペアを作る。
③ ドイツの人が楽しめる観光場所・テーマを決め，一日の行程を考える（最低3か所の観光スポット・1回の食事・おみやげ1種類について触れる）。
④ ベルリンの観光スポットについて学び，道案内の復習をする。
⑤ ④を元に観光ガイドに必要な，ドイツ語の表現を考える。
⑥ A3の用紙に観光ガイドの下書きをし，提出をする。
⑦ ⑥で作成した下書きをALTが確認後，観光ガイドを作成し，提出する。
⑧ 観光ガイドを作成した地域の紹介文を作る。
⑨ ⑧で作成した紹介文をALTが確認後，発音，表現などを確認し，練習する。
⑩ 紹介文を録音し（audacity使用），それに合わせたスライドショー（Power Point使用）を作成する。
⑪ スライドショーを上映し，クラス投票によりベスト3を決める。その際，

---

[1] http://www.tjf.or.jp/meyasu/support/handai-A/suzuki/ （2018年9月30日閲覧）

コメントも記入。

成果物　語彙リスト，散策マップ，スライドショー

「ドイツ語表現」

「スライド（例）」

3-2　実践例2　„Manieren in Japan"

対象者　ドイツ語合宿参加生徒，2年生16名
実施期間　夏季休業中に実施する合宿の授業，50分，4時間
場面状況　毎年2，3年生のドイツ語履修者を対象に学校外でドイツ語合宿を実施している。その際，日本でのマナーやタブーについて，新任のドイツ人ALTに対しポスターを作成し，発表をする。

活動の流れ

① 英語や日本語で書かれたマナーやタブーに関するポスターを見て，日本での決まりやルールを守らなければならない場面についてクラス内でブレーンストーミングを行う。
② ペアで過去の例を元に自分たちが発表するテーマを決める。
③ 助動詞の用法を復習し，新しい助動詞 sollen, dürfen について学ぶ。
④ A3の紙に手書きでテーマに関するポスターを作成する。
⑤ そのポスターとともにマナーを紹介する文を考える。
⑥ ⑤で作成した紹介文を ALT が確認後，発音，表現などを確認し，練習する。
⑦ ポスターを見せながら，適切なジェスチャーをつけ，教員と上級生の前で発表を行う。

成果物　ポスター，プレゼンテーションを撮影した動画

「ポスター」

「発表の様子」

4 実践から学んだこと

　二つの実践から一番に学んだことは，教室外を意識させる，つまりは「つながる」ことの大切さである。本校の都合に合わせてドイツ語母語話者を呼んでその前で発表することは難しいが，実践例１のように，伝える相手こそ直接は見えないが録音しデータとして残すことで，後で誰かに届くという意識，外との「つながり」を持たせることができる。教師が覚えるくらいまで読むようにと指導しても限界があるが，録音することで生徒は何度も練習するようになった。

　授業内での学習では学年を横断するつながりは生まれにくい。実践例２のようにドイツ語のレベルを知っている同級生ではなく，自分たちより長く勉強している先輩に対して発表すること（＝教室外との「つながり」を持たせること）で，生徒は完成度を上げようと限られた時間で一生懸命取り組む。また，プロジェクトに取りかかる時には，過去の成果物を生徒に紹介しており年を追うごとにその質が高まっていくように感じている。少し長い目で見れば，学年をまたいだ縦の「つながり」が，身近にいるロールモデルを意識することで進路意識を高めることにもつながっている。

　成果物は，ドイツ語を学習する教室の内外に掲示している。そのことにより下級生がこれから何ができるようになるのかがわかり，作成した生徒も次回は

「ここを改善しよう」というモチベーションが生まれ他学年との見えない「つながり」が生まれる。当初は殺風景な教室に彩をつけようとポスターを掲示していたが，ある1年生の生徒が「私もこういうのがやりた〜い」とポスターを見つめている姿を見て，そういう「つながり」もあるのかと，感心すると同時に自分の想像を超える効果があることを感じた。

本校のようにALTがおらずドイツ語話者と交流することが難しい場合でも，教室の外との「つながり」として先輩がいる場での発表や成果物や音声を残し掲示することなどは他校でも可能である。また，進学を希望している中学生へ向けたプロジェクト発表など，校外，中高との「つながり」を意識させることも可能ではないだろうか。

評価するポイントを，生徒にわかりやすいルーブリックを示すことで，取り組まなければならない点がはっきりしてくる。教える側もポスターや発表の成果物それぞれに評価をすることにより，以前行っていた漠然としたコメントではなく，明確なフィードバックができる。実践例1では，週2時間のうち1時間を『めやす』型の授業にし，もう1時間は教科書をベースとした授業を行った。定期考査ではそれぞれの分野から半分ずつ出題をしたが，『めやす』で学んだ分野の得点のほうが平均的に高く，定着率は高いのではないかと言える。

5 今後の課題

授業時間数が限られたなかで，大学入試を含む到達目標がある場合，語彙や文法を優先して学習を進めていくことに教える側の意識が向きがちである。また，本校では多くの生徒が部活動に熱心に取り組んでおり，放課後に生徒を集めて活動させることも難しく，ドイツ語だけに時間を費やすわけにもいかない。このような状況から，私は今後も『めやす』を導入する際は，「復習＋one」を意識していきたいと考えている。『めやす』が本来目標とすることと違うかもしれないが，学習内容が定着し生徒が使える語彙・表現を増やすために『めやす』の学びが十分に活用できると考えている。

『めやす』型の学習では、1人での活動時間よりペアやグループで活動することが多くなり、作業を進めるなかでのコミュニケーションは初級者の場合どうしても日本語に偏りがちとなる。二つの実践例の場合、発表の練習のために回数をかけて練習することは定着させるのに効果的であるが、成果物を制作することに時間をかけるので、実際のコミュニケーションの場でドイツ語を使って即興的に対応できる力を身につけさせられているかは疑問が残る。ペアやグループでの活動を進めるなかで目標言語に興味はあるが、コミュニケーション活動そのものに困難を伴う生徒がいた場合、彼らがどうしたら取り組めるのか合理的配慮を含め今後は考えていかなければならないだろう。そのような多様な生徒に対応し、クラス内で彼らが主体的・対話的に学ぶことが真の深い学びへとつながり、「21世紀型スキル」育成の第一歩へとつながるのではないかと考えている。

12-3 高等学校の中国語教育における『外国語学習のめやす』の活用
日本人生徒と中国ルーツの生徒との協働学習

栁 素子

1 はじめに

　大阪府立門真なみはや高等学校は，普通科総合選択制（2017年度入学生より総合学科へ改編）の高校である。「日本語が必要な帰国生徒・外国人生徒入学選抜」を実施し，外国にルーツを持つ生徒も多数在籍しているという状況を踏まえ，母語の授業も開講しており，中国語に関する科目は入門から母語話者レベルまで多岐にわたる。このうち，日本人生徒は，2年次で「中国語A（2単位）」，3年次で「中国語A（2単位）」[1]，「中国語B（2単位）」を選択科目として履修が可能である。また，関連科目として日本人生徒と中国ルーツの生徒が中国語・中国事情について学ぶ「中国文化理解（2年次2単位）」の授業もあり，中国の伝統文化の体験と並行してプロジェクト型学習[2]を行っている。

　本実践では，この「中国文化理解」の授業において『めやす』を活用したプロジェクト型学習を行う。一般的には，プロジェクト型学習を進めるにあたっては，テーマの設定や言語材料の提示は担当教師の裁量に委ねられることになる。『めやす』では，15の話題分野とその分野ごとのコミュニケーション能力指標が示してあるので，指導計画を立案する際の有益な参考資料となりうる。また，現在，高等学校では，新学習指導要領への移行期間（2019年度～2021年度）を控え，「主体的・対話的で深い学び[3]」が求められるようになっているが，そのなかで言及されている「協働学習」や「情報活用」は，『めやす』

---

[1] 2, 3年次の「中国語A」はいずれも入門レベルの生徒を対象にしている。
[2] プロジェクト学習とは，「主体的に課題を発見し，深い思考・観察を行い，情報を収集してわかりやすくまとめ，仲間と問題を解決する（『めやす』p.87）」学習のことである。
[3] 「幼稚園，小学校，中学校，高等学校及び特別支援学校の学習指導要領等の改善及び必要な方策等について（答申）」（平成28年12月21日中央教育審議会）

の学習目標にある「グローバル社会」領域で身につけるべきスキル（「協働力」，「情報活用力」）として挙げられている。よって，『めやす』に沿って学習を進めることで，より効果的なプロジェクト学習が期待され，高等学校で求められている「主体的・対話的で深い学び」にもつながると考える。

本稿ではさらに，日本人生徒と中国ルーツの生徒，つまり，異なるバックグラウンドの生徒による協働学習にも焦点を当てて分析を行う。『めやす』にも，「21世紀に問われるグループ学習は，グループ内の協調性や社会性よりも，むしろ自分と異なる考え方，価値観，感性をもつメンバーから構成されるグループにおいて，他者と切磋琢磨して作業できる力を指」（p.29）すと述べられているように，今後，このような形態の協働学習も増えることと思われる。そこで，本稿ではバックグラウンドの異なる生徒の協働学習にどのような効果と課題があるのかについても検証していく。

2 実践の概要

今回の実践では，2年生の「中国文化理解」のクラス（週2時間，日本人生徒4名，中国ルーツの生徒3名　計7名）の授業の一環として，プロジェクト型学習を行った。なお，授業は2017年9月～2018年1月まで9時間実施した[4]。また，単元名は「日本と中国における購買行動の異同」と設定し，目標を以下のように定めた。

① 中国語の4技能（読む・書く・聞く・話す）の向上
② 異文化・自文化における理解力と発信力の育成
③ 情報機器の多面的な学習における活用

①は『めやす』の学習目標のうち「言語」領域に，②は「文化」領域に，③は「グローバル社会」領域にそれぞれ対応している。本実践ではさらに，具体的な記述を行い，以下の3×3＋3分析表[5]にまとめた。

4　授業は9月から1月下旬まで行ったが，伝統文化の体験の授業も並行して行った。
5　3×3＋3分析表については第1章の山崎氏の論考を参照。

	言語領域	文化領域	グローバル社会領域
わかる	・値段の尋ね方，値段交渉の言い方，決済手段の尋ね方の表現がわかる。	・日中の購買行動（値段交渉，決済手段）における異同について理解することができる。	・情報機器，アプリ（Dragon Dictation, ロイロノート）の使い方について理解できる。
できる	・値段の尋ね方，値段交渉の言い方，決済手段の尋ね方の表現を使うことができる。	・日中の購買行動（値段交渉，決済手段）における異同の事由およびその背景にある考え方や価値について分析することができる。	・情報機器，アプリ（Dragon Dictation, ロイロノート）を実際に使って，発音矯正や動画作成ができる。
つながる	・校外（近所の中国食材店，中華街，研修先の中国瀋陽）の中国人に値段交渉の可否，決済手段についてインタビューすることができる。	・校外（近所の中国食材店，中華街，研修先の中国瀋陽）の中国人との交流を通じて，日中文化の異同について学び，視野を広げることができる。	・情報機器，アプリ（ロイロノート）を使って作成した成果物を校内の集会で発表することができる。
三連携	【学習者】情報機器の活用 【教室外】近所の中国食材店，中華街，瀋陽研修旅行での取材，学年集会での発表 【他教科】情報科		

表1　3×3＋3分析表

なお，グローバル社会領域において挙げた情報機器の活用では，一般的に使われている機器のほかに次の2種を使用した。

まず，「Dragon Dictation」は音声認識アプリであり，「自分が発音した音声が文字化されて表示されるため（岩居，2014）」，発音矯正ツールとしても使われている（岩居，2013，2014，2015）（図1）。「ロイロノート」は，「思考力」，「プレゼン力」，「英語4技能」を育成[6]することを目指したアプリケーションであり，本実践ではプレゼンテーションの際に使用した（図2）。プレゼンテーションソフトと言えば，MicroSoft社の「PowerPoint」やApple社の「Keynote」が一般的であるが，これらは一台のパソコンの画面上で使用するため，協働でプレゼン資料を作る際には生徒間で作業量に差ができ，ほとん

6　https://n.loilo.tv/ja/（2018年9月1日閲覧）

ど何もせずに成果を享受するいわゆる「フリーライダー」が生じるおそれがある。しかし，「ロイロノート」は生徒の端末上で作成された写真や動画，資料やメモなどを教員の端末に集約し，矢印線で結ぶだけで簡単にプレゼン資料を作ることができる。よって，教師は誰が何をしたかが明白になるので「フリーライダー」が生じることもない上，分業化を図ることで効率的に作業を進めることができる。

図1 Dragon Dictation

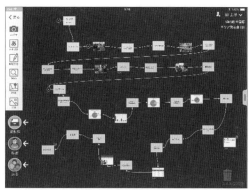

図2 ロイロノート

授業の流れは以下の通りである。

時限	授業内容
第1時～第2時	数字の復習[7]。値段の尋ね方の表現の学習。日中における購買行動（現金を使用した場合）の異同についてのディスカッション。値段交渉の可否を聞く表現の学習。
第3時	学校の近くの中国食材店で会話実習（値段交渉の可否を尋ねる）。
校外学習	神戸中華街で会話実習（値段交渉の可否を尋ねる）。
第4時～第5時	中国における近年の決済手段の変化についてのディスカッション。モバイル決済の可否を聞く表現の学習。
中国研修旅行[8]	中国の現地の店で会話実習（モバイル決済の可否を尋ねる）。動画を撮る（アンケート依頼）。

---

7 「中国語A」と連動。
8 中国研修旅行には、日本人生徒4名中3名が参加した。

第6時～第7時	スキット動画作成・アンケートの集計・プレゼン資料の作成。
集会	学年集会で発表。
第8時	ふりかえり（リフレクションシートに記入）。

表2 授業の流れ

3 授業の実際

　本実践では，前節の「授業の流れ」の通り，インプット（言語・文法表現習得活動）とアウトプット（中国食材店，神戸中華街，中国の現地の店でのインタビュー，スキット作成）を繰り返しながら，学習内容の定着を目指した。また，学習を通じて，中国の市場や個人商店（屋台など）では値段交渉が可能であること，中国ではモバイル決済が広く普及していることなどについても理解を深めさせ，最終的には，学習したことをロイロノートにまとめて，集会で発表を行った。以下，プレゼン資料，統計資料（発表原稿）の一部を紹介する。

図3 スキット動画A

（日本の商店での買い物会話）
A：欢迎光临。（いらっしゃいませ。）
B：这是什么？（これは何ですか。）
A：这是肉包子。（肉まんです。）
B：一共多少钱？（全部でいくらですか。）
A：一共一千块。（全部1000円です。）
A：欢迎下次光临。（またお越しください。）

図4 スキット動画B

（中国の商店での買い物会話）
A：这是瓜子儿吗？（これはヒマワリの種ですか？）
B：是的。（そうです。）
A：多少钱？（いくらですか。）
B：六块钱。（六元です。）
A：能便宜点儿吗？（まけてくれませんか。）
B：五块钱也可以。（5元でもいいです。）
A：我要两包。（二つください。）
B：十块钱。谢谢。（10元です。ありがとうございました。）

（中国の現地の店でのインタビュー）
A：你好！（こんにちは。）可以用微信支付吗？
　　（QRコード（WeChatPay）で支払いができますか？）
B：可以。（できます。）

図5　インタビュー動画

アンケート結果

（発表原稿）
このように中国（筆者註：中国瀋陽での街頭インタビューの結果）では約7割の人が電子マネーを利用していることがわかります。

図6　生徒が作成した資料（決済手段についてのアンケート結果）

スキット動画については、日本人生徒と中国ルーツの生徒がペアを組み、文化事象に基づいた表現を入れ、日本語と中国語の字幕を付した。また、アンケートについては、筆者が現地で依頼したものを生徒が集計しグラフにまとめた。

4　生徒のリフレクション1（ルーブリック）

本実践ではルーブリックを使って自己評価を試みた。評価項目として以下のルーブリックを使用した。

	目標以上に達成	目標を達成	目標達成まであと少し！	目標達成まで努力が必要
語彙	買い物に関する中国語の語彙について積極的に学び、発表などで使うことができた。	買い物に関する中国語の語彙についていくつか使うことができた。	買い物に関する中国語の語彙についてほとんど使うことができなかった。	買い物に関する中国語の語彙について何も使うことができなかった。

文化事象の考察	日中の買い物の仕方（値段交渉，決済手段）を比較してわかった異同の事由や背景，価値観などについて考えることができた。	日中の買い物の仕方（値段交渉，決済手段）について理解を深め，その異同について発見できた。	日中の買い物の仕方（値段交渉，決済手段）について理解を深め，その異同について発見しようとした。	日中の買い物の仕方（値段交渉，決済手段）について理解を深めることができた。
情報機器の活用	a 統計処理において情報機器を使用し，改善や工夫をした。	a 統計処理において積極的に情報機器を使用した。	a 統計処理において情報機器を少し使用した。	情報機器をほとんど使用せず，見ているだけだった。
	b 動画作成において情報機器を使用し，改善や工夫をした。	b 動画作成において積極的に情報機器を使用した。	b 動画作成において情報機器を少し使用した。	
グループワーク	グループワークにおいて，積極的にかかわり，意見をまとめたり，改善や工夫も行った。	グループワークにおいて，積極的に参加することができた。	グループワークにおいて，少し参加できた。	グループワークにおいて，ほとんど参加しなかった。

表3 ルーブリック

　生徒（計7名）の回答から，「語彙」，「文化事象の考察」，「情報機器の活用」，「グループワーク」の4つの要素において，70%以上の生徒が目標を達成していることがわかった。特に，「語彙」と「グループワーク」については全員が「目標を達成」もしくは「目標以上に達成」を選択していた。また，「情報機器の活用」の要素では，「目標まであと少し（統計処理もしくは動画作成において少し情報機器を利用した）」と回答した生徒が2名いた。機器の操作が得意ではなく，学習に対して消極的になってしまった可能性がある。

5 生徒のリフレクション2（自由記述）

　本実践では，協働学習について自由記述による回答も求め，日本人生徒と中

国ルーツの生徒の協働学習に対する意識の差が見られるか検証した。先に述べたように，協働学習に対するルーブリックを使った評価においては，7名全員が「グループワークにおいて，積極的に参加することができた」と答え，内2名はさらに「意見をまとめたり，改善や工夫も行なった」としている。よって，自由記述からはその具体的な内容が明らかになると期待される。ただし，自由記述という質的データをそのまま検証するのでは，一人一人の意識を把握できても，日本人生徒，中国ルーツの生徒それぞれの集団としての傾向を捉えることは難しい。そこで，集団としての客観的な傾向を確認するために，リフレクションシートに書かれたテキストデータに対して計量分析を行った。テキストマイニングの手法を用いたものには，越中他（2015）などがあり，筆者も氏の論文を参照し，KH Corder（Version3. Alpha.13g）を使用して日本人生徒と中国ルーツの生徒との記述の傾向を検証することとした（2018年8月実施）。

まず，日本語と中国語で書かれた以下の質問に対し，母語で回答を求めた[9]。

(日本語) 今回の日本人生徒と中国ルーツの生徒との協働学習はどうでしたか？
　　　　感想を書いてください。
(中国語) 你觉得这次"日中交流学习"活动怎么样？请谈谈你的感想。

次に回答を日本語と中国語に分けてテキストデータに入力し，「渡日生[10]」，と"中国语系[11]"，"中国系"を強制抽出する語（複合語）としてそれぞれ指定した後，前処理を行い，テキストデータから語を取り出した。さらに，設定についてはデフォルト[12]のままで「共起ネットワーク[13]」のコマンドを用い分

9　中国ルーツの生徒については，日本語のレベルに差が見られたので，全員母語である中国語で回答してもらうことにした。
10　「渡日生」とは外国にルーツのある生徒のことを言う。ここでは中国ルーツの生徒のことを指す。
11　"中国语系"，"中国系"ともに「中国語エリア」という意味で使われている。本校では，「中国文化理解」のほか関連科目を合わせて「中国語エリア」と称している。
12　デフォルトの設定では，抽出語のうち「助詞・助動詞など,どんな文の中にでも出てくるような一般的な言葉は無視（越中他，2015）」している。また, 最小出現数は2, 描画する共起関係（edge）は Jaccard 係数が選択されている。
13　共起ネットワークでは，「出現パターンの似通った語，すなわち共起の程度が強い語を線で結んだネットワークを描くことができる（樋口，2014）」

析した結果，下の図7，図8を得た。

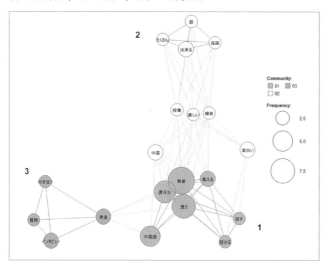

図7 日本人生徒のテキストデータにおける共起ネットワーク図

分析の結果，日本人生徒のテキストデータからは3つのコミュニティ，つまり3本の実線で結ばれた集団が抽出された（図7）[14]。共起ネットワークでは，「出現数の多い語ほど大きい円で描画（樋口，2014）」されているので，コミュニティ1の「発音」がすべての語のなかで最も高い頻度を示していることがわかる[15]。また「発音」は，「渡日生」，「中国語」，「思う」，「教える」，「話す」，「話せる」と実線で結ばれているので，これらの語と共起頻度が高いことがわかる。さらに，KWICコンコーダンスを使って「発音」の語の文脈を探ると，「わからない中国語の 発音 を 教え てくれたり」，「発表時に上手く 発音 をして 話せ たのも 渡日生 のおかげ」といった記述が見られ，日本人生徒とっては，中国ルーツの生徒に発音矯正をしてもらったことが協働学習の主な内容であったと考えていることがわかる。同様に，コミュニティ2では，「出来る」，「たくさん」，「話」，「母国」が相互に関連の強い語として挙げられ，文脈を見ると，「 母国 の 話 や住んでいた場所での生活についてなど，貴重な話を聞

---

14 各コミュニティの傍に付した番号は筆者が加えたものである。
15 KH CorderのKWICコンコーダンスのコマンドを使って確認するとヒット数は9であった。

かせてもらえる」や「わたしも日本人として母国の魅力や特徴についてもっと知りたいと思いました」という記述があり，中国文化への理解の深化のみならず自文化理解への意欲もうかがえる。さらに，コミュニティ3では，「発表」，「付き合う」，「インタビュー」，「質問」が共起頻度の高い語とされ，自由記述を確認すると，「渡日生が何度も私の発音練習に付き合ってくれたのでインタビュー本番も相手に私の質問内容を伝えることができ」とあり，やはりこれもコミュニティ1と同様，中国ルーツの生徒から助けてもらったことを協働学習の内容ととらえていることがわかる。

次に中国ルーツの生徒の自由記述について見てみる。

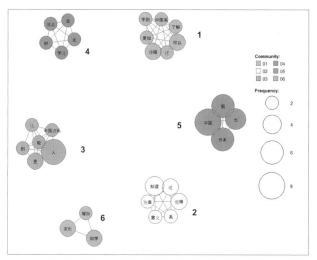

図8　中国ルーツの生徒のテキストデータにおける共起ネットワーク図

図8におけるコミュニティ1では，"中国系（中国語エリア）"，"了解（理解する）"，"学到（学ぶ）"，"更加（一層）"，"課程（授業）"，"还（さらに）"，"可以（できる）"が共起頻度の高い語として挙げられており，KWICコンコーダンスを使って，文脈を探ると，"中国系的課程与各种活动使我更加深一步的了解到自己的母国中国，并且还可以让周围的人更加了解"（「中国語エリアの授業やアクティビティを通じて，母国である中国に対して一層理解を深

247

めることができ，さらに周囲の人にもわかってもらうことができた」）という記述がなされ，自文化への再認識とその発信が行われていることが見て取れる。コミュニティ2では，"知道（わかる）"，"说（言う）"，"觉得（～と思う）"，"系（エリア）"，"意义（意義）"，"发表（発表する）"が関連の強い語として挙げられており，文脈を確認すると，"我 觉得 这次的 发表 很有 意义，因为中国语系的人大概都 知道 日本和中国的不同，但是别的 系 的人并不 知道 "（私は今回の発表（筆者註：学年集会での発表）が大変意義があったと思う。なぜならば，中国語エリアの人はだいたい日本と中国の違いを（筆者註：授業で学んだので）知っているけれども，他のエリアの人は理解していないからだ）とあり，コミュニティ2では，学年集会において，日中文化の異同について発表できたことに意義があるとしていることがわかる。同様にして，コミュニティ3からは，"人（人）"，"让（させる）"，"中国语系（中国語エリア）"，"到（到達する）"，"能（できる）"，"更（さらに）"が共起頻度の高い語として挙げられており，コンコーダンスを使って文脈を探ると，"我希望在三年级的 中国语系 的课程当中 能 学 到 更 多的中国文化"（3年生の中国語エリアの授業でもっとたくさん中国文化について学びたいと思う）とあり，記述からは自国文化の学習への意欲が見て取れる。コミュニティ4からは，"会（できる）"，"太（とても）"，"课上（授業において）"，"学习（学習する）"，"好（よい）"が関連の強い語として挙げられており，文脈を確認すると，"我们也在相互的 学习 ，日本的同学向我们介绍日本文化，在 课上 的时候我们向他们说着我们中国的文化"（私たちも相互学習を行い，日本人の同級生は日本文化を紹介し，授業の際には私たちは中国の文化を紹介した）とあり，日中の生徒が互いに自文化の紹介をすることができたとしている。コミュニティ5では，"中国"，"日本"，"也（～もまた）"，"很（とても）"が関連の強い語として挙げられ，KWICコンコーダンスを使って文脈を探ると，"我们还可以学到 中国 与 日本 的共同点和不同"（私たちはさらに中国と日本の共通点と相違点を学ぶことができた）という記述がなされており，日中文化の異同について学ぶことができたことが明らかになった。コミュニティ6では，"同学（同級生）"，"文化（文化）"，"增加（増加する）"

が共起頻度が高い語として挙げられており，文脈を確認すると，"通過中国系的課程我们也 増加 了和日本 同学 的交流"（中国語エリアの授業を通して，日本人の同級生との交流を深めた）との記述があり，協働学習を通じて日本人生徒との交流が深まったことがわかる。

ここで，日本人生徒と中国ルーツの生徒の自由記述について，共起ネットワーク図に基づいて比較してみると，日本人生徒の傾向としては，まず発音矯正してもらったことを第一に挙げており，三つのコミュニティうちの二つで言及されている。これに対し，中国ルーツの生徒は，日中文化の異同への気づき，自文化への理解，文化発信，日本人生徒との交流を協働学習の内容として挙げている。確かに日本人生徒の記述にも中国文化への理解の深化や自文化理解への意欲が見て取れるが，二者の傾向としては，ずれが生じていることが明らかになった。

6 おわりに

今回は，「日本と中国における購買行動の異同」について実践を行ったが，ルーブリックを使った生徒のリフレクションでは，「語彙」，「文化事象の考察」，「情報機器の活用」，「グループワーク」の4つの要素において，生徒の70％以上が目標を達成していることがわかった。また，協働学習についてのリフレクション（自由記述）からも，日中文化の異同への理解や自文化への関心もうかがうことができた。よって，『めやす』の活用およびバックグラウンドの異なる生徒による協働学習が効果的であったと考えられる。

一方で課題も残った。まず，今回の授業時間の内訳は，「1-2 実践の概要」の授業の流れの通りであるが，学年集会の前には放課後の時間も使って準備を行った。特に情報機器の使用にあたっては，予定よりも多くの時間がかかってしまった。新しい情報機器を導入する場合には，それに習熟し，さまざまなトラブルに対応できるようしておくべきであったと考える。次に，自由記述によるリフレクションからは日本人生徒と中国ルーツの生徒の回答に異なる点が見

られた。中国ルーツの生徒の回答からは，日中文化の異同への気づき，自文化の再認識や日本人生徒との交流深化などが主な内容であったが，日本人生徒のリフレクションからは，中国ルーツの生徒と同様，日中文化の異同への理解も見られたものの，協働学習の主な内容として，中国ルーツの生徒から発音矯正をしてもらったことが挙げられていた。協働とは『めやす』(p.29)にもあるように，「目標達成のために自分の能力，知識，時間などを提供し，メンバーを助けたり，妥協したりして，前向きに協働作業をすることができる」ことであるが，本実践では，中国ルーツの生徒からの知識の提供のほうが大きく，一方的な活動になってしまった場面も多々あったのではないかと思われる。確かに，発音矯正も協働学習の一つではあるが，語彙・文法習得活動の際に，もう少し時間を取って発音練習を行っておくべきであった。そもそも，今回の実践のように，バックグラウンドの異なる生徒の協働学習のメリットは，本来，校外でしかできない交流活動を授業内で実施できるという点である。つまり，『めやす』で求められる3能力（「わかる」，「できる」，「つながる」）のうち，校内で「つながる」能力の育成が可能になるということである。よって，今回の協働学習では，発音矯正という「わかる」，「できる」で行われるべき語彙・文法表現活動に多く時間を割かずに，「つながる」能力として『めやす』(p.25)で示されているように，交流を通じて，双方の「関係性を構築」しながら「新たな共有価値を創造」することに重点を置いて学習を進めるべきであった。

　「中国文化理解」の授業においては，中国語は日本人生徒にとっての目標言語であり，中国ルーツの生徒にとっては母語である。こういった条件差があるなかで，互いに積極的に働きかける学習を如何に進めていけばいいのか。これからも実践を通じて考えていきたい。

12-4 「言語活動の充実」を目指して

依田幸子

1 はじめに

1-1 北海道の高等学校におけるロシア語教育

　北海道の高等学校における「ロシア語」開講数は，年々減少してはいるものの他の都府県を凌駕する。北海道とサハリン州が提携をして 2018 年には 20 年を迎え，道内市町村とロシアの都市との姉妹友好都市提携は 18 組に及ぶ。
　地理的な近さも要因となり，北方領土からのビザなし交流やサハリン州をはじめとするロシアの教育関係者，青少年が道内の高校を訪問する機会も多い。ロシア語を使うことのできる交流の機会を活かし，「活動」を取り入れたロシア語教育が行われている。

1-2 交流を生かした授業実践例

　2017 年 6 月，札幌の初夏の風物詩「YOSAKOI ソーラン祭り」に参加するため「ロシア・サハリンチーム」26 名が来札した。4 日間の日程終了後，「札幌の高校生と交流を」ということで北海道札幌国際情報高等学校に来校した。

　4 月から週 2 時間でロシア語基礎を履修し始めたばかりの 2 年生は，授業のなかで校内表示をロシア語で作成した。文字や単語をただ覚えるのではなく，伝える相手がいる，という目標が明確な作業は，楽しいと同時に，記憶にも鮮明に残る。
　ロシア語応用の履修者である 3 年生は，受け入れ当日の出迎え，歓迎の挨拶，

自己紹介、そしてグループに分かれての学校案内を実施した。頻用される表現を覚え、緊張しながら当日を迎えたが、交流後は、「練習していたロシア語が本当に通じました！」という「伝わる」ことの喜びや、「もっと話したい、学びたい、わかり合いたい」という意欲を感じる感想が多くの生徒から聞かれた。

　本校だけではなく、他校においても、ロシア料理を作りながらの授業や、スポーツ交流を通しての授業など、ロシア語を学習することを最終的な目的とするのではなく、ロシア語を用いて何かができる、という体験や活動に主をおいた実践は数多くある。

1-3　「めやす」の活用

　私がロシア語のALTが常駐する北海道根室西高等学校に勤務していたとき（2003年〜2007年）に感じたこと、それは、「体験的な学習は、その場限りのものになっている場合が多い」ということだった。授業のなかで行われているにもかかわらず、「イベント」として、その場を楽しむことができればいい、として評価には直接反映されない。実際に、定期考査では、スペルミスが多く目立ち、良い成績を取ることが難しい生徒が、交流の場面では、誰よりもロシア語を用いて積極的にコミュニケーションを取る、ということがあった。言語の学習において実践の場面での活躍を評価しないというのはあり得ないことだ。そこで出会ったのが「めやす」であった。そもそも、高等学校で第二外国語を設定している場合、コミュニケーションや国際理解に重点を置いている場合が多い。その目的に合致するのが、まさに「めやす」だったわけだ。

　「めやす」において、私が最も活用しているのが、「3×3＋3」と「ルーブリック」評価である。「年間指導計画」を作成するものの、日々の忙しさからその時間、あるいは次のテストまで、といった短期的クールで授業をしてしま

いがちである。しかし，授業プランを「3×3＋3」に流し込むことで，まず，自分の授業に欠けていた視点を補うことができる。私がはじめて，体験的な活動を取り入れた授業プランで実践してみたところ，1領域が欠けていることに気づいた。個人情報の観点からも安易な発信はできないが，校外，地域，また姉妹校や交流校といった海外の学習者とも「つながる」方法を模索する必要があると考える。また，広い視野と長期的な目標から現在の授業を見つめることができる。生徒に対しても，「これができない」ではなく，「ここまでできるようになった」と評価することができ，より高い到達点へと導くことができる。

　授業のなかでは，実践力を高めようとすればするほど，プレゼンテーションや活動の評価の場面が増える。生徒が生き生きと活動し，座って黒板の文法事項をノートに書き取っているよりも言語運用能力が向上するのであれば，もっと導入の場面を増やしてもいいと思うが，教師が頭を悩ませるのが評価の問題だ。紙テストにしてしまえば，点数は明確で評価は簡単だ。しかし，レポートやプレゼンテーションを1点刻みで点数化することは至難の業である。高等学校では大学よりも細かい評価と説明責任を求められる。そこにある程度の解決する方向性を示してくれたのが「ルーブリック」評価であった。

　「ルーブリック」による評価は活動の現場に多くの利点をもたらした。まず，活動について事前の細かい指示が不要である。生徒は，ルーブリックを見て，求められていることを自ら考え，高評価を得られるよう準備をする。そして，ルーブリックの相互評価を通して，自分の活動が認められた喜びと，不足していた部分を見つめ，次への意欲へとつなげていくことができる。ルーブリックの導入後，「プレゼンが終わった！」ではなく，「次のプレゼンの機会はいつですか？」という声が聞かれるようになったことは，大きな収穫である。

1-4　課題

　本章はじめに指摘されていたように，高等学校での第二外国語学習の現場には多くの課題が残されている。その最たるものが，第二外国語を担当する常勤

が少ないという現実である。大学や翻訳通訳業などと兼務している専門教員だけではなく，教員としての知識も経験もない，ただのネイティブという場合さえある。第二外国語の設置単位数を考えれば，常勤を置くことが困難であることは明白だ。私は国語の教員として採用され，ロシア語の教員免許を活かしてきた。常勤の教員がいる場合，英語や国語の教員として採用され，第二外国語も担当しているということになるが，担当時間の負担が増え，他教員の負担増となる場合がある。常勤ではない場合，交流の機会を得ても，その曜日や時間に都合がつかない場合も多く，また準備のための時間も限られてしまう。

　しかし，近年，ICTを生徒自身が活用し，自主的に準備できることが増えてきている。テキストを順番に教えるという方法は，教員にも学習者にもわかりやすく，精神的に「楽」なものではあるが，言語運用能力という観点から見れば必ずしも有効な方法とは言いがたい。近年の「アクティブラーニング」の盲目的な導入には疑問も多いが，教授法の見直しの契機にはなっていると考える。まず活動を取り入れたい場合には，「めやす」の導入をおすすめしたい。「めやす」のフォーマットに言葉を書き入れてみるだけでも自らの授業を体系的なものとして確認でき，その先のビジョンも明確になるはずだ。

2 国語での『めやす』の活用

2-1 「国語」の授業のなかで

　私は，国語の教員である。「国語」と「ロシア語」を教える時はまったく別の方法を用いて教えてきた。しかし，「めやす」は「国語」にも応用できるのではないか，と考え導入すると，効果が顕著に現れた。まず「３×３＋３」を活用することで，教室のなかの閉じられた世界から，外へとつながる視点へと広がった。授業では，目の前の教材と向き合うが，ただ内容を読み深めるだけではなく，「言語」「文化」「グローバル社会」の「わかる」「できる」を私自身が意識することで，将来的な「つながる」へ広がることを感じた。教室とは

社会と隔絶された空間ではなく，世の中とつながっているという認識は生徒にとっても説得力のあるものとなった。高等学校学習指導要領解説に引用されている中央教育審議会答申にも「教材の読み取りが指導の中心になることが多く，国語による主体的な表現等が重視された授業が十分行われていないこと，話合いや論述などの「話すこと・聞くこと」，「書くこと」の領域の学習が十分に行われていないこと」など，国語科の問題点に言及している。このような課題の解決を図るためにも「めやす」は有効であった。

2-2 「国語」の授業での具体的な実践

　本書を手にされている方の多くは外国語教育に携わっていると思うが，国語もまた言語の一つである。母語という認識を離れ，一つの言語と捉えることで，違った世界観を知ることもある。「どうして日本語なのに理解できないのか」と悩む高校生が多い古文などはよい例であろう。いや，友人同士の会話でもうまく意思疎通が図れないということは日常起こっていることだ。言語に対する適切な認識，態度の育成は第二，第三と言語を習得していく有効な手助けとなるだろう。

　「国語」の実践としては『舞姫』や『こころ』といった長編小説を限られた時間で，生徒自身の力で読み進めることを大目標として導入した（2009年〜）のが契機であった。その後，「めやす」と出会い，それまでに実践していた「できる」を重視した授業を，バックワードデザインにはじまり，「3×3＋3」，ルーブリックの作成を通して，より明確な形での授業の進め方，目的を生徒と共有することができ，生徒自身が「自らの成長を実感できる」「国語の力が伸びたと感じる」という成果を手にすることができた。また，実際の授業の後のふりかえりで生徒とともにルーブリックの見直しを行うことで，毎年改訂を加えることができている。卒業後数年を経過した生徒から，「いろんな授業を忘れたけれども，自分で読んだ『こころ』だけは覚えている」「自分の『舞姫』のプレゼンでAさんがコメントしてくれたことが忘れられない」などという話を耳

12-4 「言語活動の充実」を目指して

にする度、高等学校での学びについて考えさせられる。おとなしく座って授業を受けている生徒を「聞いている」「理解している」と思っていても、実際は「わかっていなかった」と試験で愕然とする、という経験があった。しかし、活動の授業を取り入れ、授業の後、生徒が「頭を使って疲れた」と晴れやかな顔で口にするようになった。「主体的な学び」を推進する方法を、今後、さらに模索したい。

その後、『水の東西』評論の教材においても導入した。『水の東西』は、高校国語の定番教材であり、「水」をめぐる日本と西洋との文化対比が述べられている。本文読解の後、文化対比のテーマでグループでのプレゼンを実施している。以下、プレゼン評価のルーブリックである。自らテーマを見つけて、自他の文化を比較することは大きな学びの機会になっている。

評価基準		A 目標以上に達成（4点）	B 目標を達成（3点）	C 目標達成まであと少し（2点）	目標達成まで努力が必要（1点）	得点
内容 ×2		東西の精神性について深く洞察している	比較文化できる題材を選んでいる	比較するには弱い、並列になっていない	対比構造にならない題材である	
興味喚起 インパクト		「おぉ」と感心するテーマである	興味を引くテーマである	ありがちなテーマである	教員が例示したものと同じである	
技能	声の大きさ	メリハリがある	全員が自然に聞き取ることができる	注意深く聞くことで聞き取ることができる	場所によっては聞き取れないところがあった	
	話の長さ	内容に応じ、絶妙な長さであった	5分から7分に収まっている	前後1分以内の超過、不足がある	前後1分以上の超過、不足がある	
	目線	問いかけるような視線であった	時々、皆に視線を向けている	ほとんど前を向かない	台本ばかり見ている	
文字、絵、小道具など		内容を効果的に伝える役割を果たしている	内容が伝わる	伝えたいことが十分に伝わらない	なくてもよかった	
チームワーク ×2		それぞれが適材適所で能力を発揮している	全員が関わっていることがわかる	ほぼ2人でやっている	ほぼ1人でやっている	
総得点						

＊評価基準の項目で，「内容」のほかに「チームワーク」にも×2の加重をしている。高校入学直後の実施であり，生徒同士の個性を理解し，お互いの尊重を促す目的である。

水の東西・比較文化プレゼンテーション・評価ルーブリック

3 「めやす」を導入して

　教師は目の前の授業だけを見ていてはいけない。教育とは生徒たちが，力強く生きていく力をさまざまな面を通して育成するものだ。「活動」といっても，テーマの与え方，「個別」「ペア」「グループ」といったワークサイズ，「プレゼンテーション」「レポート」「リライト」「演じる」といった方法などにより，その種類は多岐にわたる。生徒は，初めての「活動」にであったとき，「このようなやり方をしたことがなかったので新鮮だった」と驚き，「回数を重ねると良くなっていると実感する」「次はもっと工夫してみたい」と意欲を見せる。アプローチの方法を多く提供すること，これも教師の使命ではないかと思う。何らかの課題にであったとき，その問題に対しての自分に最適の解決方法はなにか，ということを考えられることは「生き抜く力」に直結すると感じるからだ。昨今「アクティブラーニング」という言葉が氾濫し，一部で内容が伴わない授業が発生していると聞く。生徒が活動するだけでは，「アクティブラーニング」とはいえない。最も簡単な改善方法は，教師が，授業を大目標からバックワードデザインすること，そして，「3×3＋3」に流し込むことだろう。それだけで，授業は確実に方向性を持ったものとなる。私は年度初めに「論理的な反論こそ誠実な態度」について生徒と考える。反論できる，自分の意見や考えを堂々と述べるためには，「他者とつながっている」という認識が不可欠だ。孤独のなかでは不安と猜疑が生まれるからだ。「3×3＋3」や「ルーブリック評価」を通して，生徒が，クラスメイトと，教師と，社会と，未来の自分とつながり，生き生きと学ぶ姿を今後も支援していきたい。

第4部

発展的視座

13 継承語教育と「めやす」との接点
中国ルーツの文化言語の多様な子どもに対する
継承中国語教育の実践を通して

櫻井 千穂

1 はじめに

本章では，日本国内の文化言語の多様な子ども（以下，CLD 児童生徒（Culturally and Linguistically Diverse Students），カミンズ・中島，2011）とする）のための継承語教育における「めやす」の活用ついて提案する。

筆者は 2013 年から大阪府門真市立砂子小学校（以下，S 小学校とする）で家庭言語が中国語である子どもたちへのプロジェクト型継承語教育のカリキュラム作りに携わってきた。これは，継承語である中国語の読み書きと子どもたちのアイデンティティの育成を目指したプログラムであり，実践の効果が一定程度示されつつあるが（田・櫻井，2017），その教育理念には「めやす」との接点が多く見られる。本章ではその実践内容を紹介しつつ，「めやす」との共通点について考察したい。

2 日本国内の CLD 児童生徒を取り巻く現状と課題

学校基本調査によると 2018 年 5 月現在，日本国内の国公私立の小・中・高等学校等に在籍する外国人児童生徒数は 100,449 人（文部科学省，2018）とされ，年々増え続けている。また，同省が隔年で実施している「日本語指導が必要な児童生徒の受け入れ状況等に関する調査」（平成 28 年度）によれば公立小・中・高等学校等に在籍する 34,335 人の外国籍の児童生徒，9,612 人の日本国籍[1]の児童生徒が日本語指導を必要としているとされる（同省，

---

[1] 帰国児童生徒のほかに日本国籍を含む重国籍の場合や，保護者の国際結婚により家庭言語が日本語以外の場合などとされる。

2017）。彼らは児童生徒全体の数からすると1%にも満たないマイノリティであるが、そのためにかえって「日本語がわかって使えること」が前提の日本の学校教育システムのなかでさまざまな課題（言語、学校生活への適応、教科学習と学力、進路選択、アイデンティティの確立、教育の権利保障や不就学、発達に関わる問題など）に直面している。CLD児童生徒への日本語の支援には、学校、地域、行政、研究機関などのさまざまな人々や団体が取り組んでおり、日本で彼らへの支援の必要性が取り沙汰され始めた90年代初頭から比べると、ある程度の前進はあった。

しかし、母語・継承語[2]の支援に関しては、重要性は認識されつつも佐々木（2003）が指摘した海外の継承日本語教育同様に「カリキュラムなし、教科書なし、教師研究なしの「ないないづくし」」の状況であった。そのようななかで多くのCLD児童生徒は母語を喪失し、日本語だけのサブトラクティブ・バイリンガリズム[3]が進み、場合によってはそのマイナスの影響を受け、日本語も伸び悩むといった問題が生じる。櫻井（2018）の調査でも日本生まれの中国ルーツのCLD児童の多くが保護者の強い言語が中国語であるにもかかわらず、家庭内の会話で日本語のみを用いており、中国語の読み書きに至っては獲得している児童は一人もいなかった。そして日本語も年齢相応レベルに伸びず、自信を失っている児童が多く存在した。

3　S小学校における継承中国語教育の実践

3-1　S小学校と実践対象の中国ルーツのCLD児童の概要

S小学校は中国ルーツのCLD児童が全児童の2割程度を占める大阪府下の

2　母語とは、1）起源：最初に習得した言語、2）能力：最も熟知している言語、3）機能：最も頻繁に使用する言語、4）アイデンティティづけ：自他が母語であるとみなす言語と定義づけされる（Skutnabb-Kangas, 1981）。継承語とは、中島（2010）の通り、親から受け継いだことばであり、現地語（子どもの育つ環境で毎日使うことば）との対立概念として用いられる。本章の実践対象の子どもは日本生まれの2世が大半を占め、保護者が使用する言語である中国語には家庭内で接触しつつも母語の概念が当てはまらない。よって本章では「継承語」の用語を用いることとする。
3　第一言語の上に第二言語を獲得するケースをアディティブ・バイリンガリズム、第一言語を喪失し第二言語のみとなるケースをサブトラクティブ・バイリンガリズムと呼ぶ（Landry & Allard, 1991）。

中国帰国者の集住地域にある公立学校である。2015年4月現在，S小学校には233名の児童が在籍していた。そのうち44名がCLD児童であり，1名のベトナムルーツ児童以外は全員が中国にルーツを持つ。中国帰国者が入国し始めた2000年頃は，学齢期途中で来日する児童が多かったが，2015年現在は7～8割を日本で生まれ育った2世が占めるようになっていた。この子どもたちの言語とアイデンティティの支援のために国際教室が設けられ，5名の日本語指導担当の加配教員（常勤）のほかに，中国語，ベトナム語の母語支援者（嘱託）が各1名，週数時間派遣されていた。

　中国語の母語・継承語教室も2000年頃から週1回1コマ（45分）設けられていたが，当初は教室運営を中国語母語話者支援者に任せきりで，学校・教員が主体的に関われていなかった。暗唱や文法，ピンインの習得などを中心とした授業に参加児童も主体的に臨むことができず，積極的に中国語を話そうとする児童も少なかった（当時の国際教室担当教員談）。そこで，2013年に学校をあげて中国語教室のカリキュラム改革を実施した（田・櫻井，2017）。

　以下に，田・櫻井（2017）に一部加筆・修正を加え，S小学校での継承中国語教育の実践内容とその実践に参加した中国ルーツのCLD児童の中国語力の変化について述べる。

3-2　S小学校の継承中国語教育カリキュラムの理論的背景

3-2-1　マルチリンガル環境におけるリテラシー獲得の教育的枠組み

　S小学校の継承中国語教育カリキュラムでは「マルチリンガル環境におけるリテラシー獲得の教育的枠組み」（Cummins, 2009，カミンズ・中島，2011）を理論的基盤とした。これはCLD児童生徒が学校教育のなかで成功するには読み書きの達成が必要不可欠であり，そのためには読み書きへの関わりを十分に強めるような指導が必要であるとするモデルである。このモデルでは社会や学校でマイノリティや被支配者となるCLD児童生徒に対する教育のあり方として，教える「教師」⇔教えられる「子ども」という固定された関係

性から脱却し，協働的な力関係を作り出すことの重要性が指摘されている。そして，そのなかで，1) 既存知識を活性化して背景知識を構築すること，2) 足場掛けをして内容理解を助けること，3) アイデンティティを肯定すること，4) 多面的に言語を使用して言語能力全体の力を伸ばすことが読み書きへの関わりを強める指導となるとされている。

3-2-3 プロジェクト・ベース学習

CLD 児童と指導・支援者との間に協働的な力関係を作り出し，Cummins (2009) が指摘する上記の4点をカリキュラムのなかで実現させるのに，学習者中心主義に基づくプロジェクト・ベース学習（Project-Based Learning: PBL, Newell, 2003）の活用の可能性が考えられる。PBL は 1994 年にミネソタ・ニューカントリースクール（MNCS）で開発され，アメリカの中等教育における改革の試行錯誤のなかで大きな成功を収めた（Newell, 2003）。プロジェクトを遂行するなかで生徒の自律的な学びを促す PBL は教師主導の伝統的な教授法とは異なり，1) 内容を超えた深い理解，2) 知識より概念や原則への深い理解，3) 問題解決の方法，4) 固定化したカリキュラムより生徒の興味，5) 学際領域への焦点化，6) 教科書や講義よりも直接的でオリジナルな情報，7) 教師より生徒によって開発された資料の7点を重視する。そして学習者中心主義に基づき，学習成果の最終発表を取り入れている。

筆者は 2006 年に母語・継承語・バイリンガル（MHB）教育研究会主催で行われた CLD 児童生徒教育のワークショップに参加し，プロジェクト・ベースの継承語教育カリキュラム試案を作成した（櫻井他，2007）。そして，兵庫県のスペイン語母語・継承語教室での実践を通して，年齢や言語環境，学習目的がまったく異なるマルチレベルの子どもたちが対象となる母語・継承語教室では「特定の文法や言語項目，一定の教科内容を教えることを授業目的とするのではなく，なんらかの作品（家族に宛てられた手紙，国紹介ビデオ，自作絵本, 劇など）を作り上げたり，子どもたちが自ら企画した行事（民族フェスティバル，母国の料理やお菓子作りなど）の準備過程を通して，母語を使用する機

会を持ち，母語・母文化についてそれぞれのレベルに応じて学ぶ」ことが効果的であるとわかった（櫻井，2009）。

アメリカの継承日本語教育の実践を扱ったダグラス（2006）でも「学習者または教師が選んだ，学習する価値のあるトピックについて学習者がグループまたは個々に深く調べる学習活動」（Katz, 1994; 訳ダグラス，2006）であるプロジェクト・アプローチの有益性が報告されている。

3-3　S小学校の継承中国語教育の年間カリキュラム

以上を理論的基盤に，S小学校では次の年間カリキュラムを作成した。

公立学校のなかでの週1回1コマ（45分）の授業という制約のなかでの本実践の意義を明確にするために，1）CLD児童の自尊感情，アイデンティティを育てる，2）中国語での読み書きの基盤を作る，3）成果物を作る・発信する児童中心型の授業，4）楽しい実体験と結びつけた授業の4点を本実践に携わる関係者全員で共有した。さらにこの実践を支えるリソースとして①「保護者」，②「中国の行事・文化」，③「学校行事・教科学習」との関わりを積極的に取り入れることとした。たとえば「お手伝い券つき母の日カードを作ろう」，「保護者会の招待状作り」は保護者との関わりを，「伝統行事「七夕」「中秋節」体験」は中国の行事・文化との関わりを重視した体験型の授業である。学校行事や教科学習との関連では，1年生はクラスのみんなと中国語の「小星星（きらきら星）」を歌う，2年生は「お手紙」の朗読劇を練習してクラスのみんなに披露する，3年生は「校区地図」，4年生は「校内地図」の作成・掲示，5年生は運動会の中国語プログラム作り，6年生はクラスのみんなと「平和」について考えるなど，

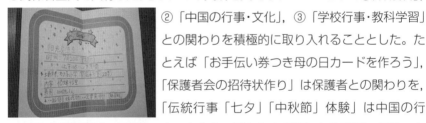

3年生作成の保護者会の招待状

活動の様子

継承語教育と「めやす」との接点
——中国ルーツの文化言語の多様な子どもに対する継承中国語教育の実践を通して

月・週	回	1年	2年	3年	4年	5年	6年
4・3	1	どうして中国語を勉強するの？・中国語の名前カードを作ろう					
5・2	2	お手伝い券つき母の日カードを作ろう					
3	3	自己紹介「歳」	音読劇「お手紙」の準備（国語）				
4	4	自己紹介「好きなもの」		中国語で時間割を作ろう			
6・1	5	自己紹介「誕生日」		読書タイム（読み聞かせ）			私は中国語教師（カルタ作り）
2	6	クラスで歌紹介「小星星」		校区地図を作って紹介	校内地図を作って紹介	読書タイム（読み聞かせ）	
3	7	伝統行事「端午（端午の節句）」体験					
4	8	読書タイム（読み聞かせ）	音読劇「お手紙」の発表会	校区地図を作って紹介	校内地図を作って紹介	クラスのみんなに歌紹介「茉莉花（まつり花）」	私は中国語教師（カルタ作り）
7・1	9	伝統行事「七夕（七夕）」体験					
2	10	自分の動物園を作ろう	中国のアニメを知っている？	6年生とカルタ大会	劇「多足（画蛇添足）」の練習	A先生へ手紙を書こう	3年生とカルタ大会
3	11	保護者会の招待状作り					
9・1	12	夏休みの思い出を伝えよう					
2	13	2学期の目標を発表しよう	「私の宝物」紹介（国語）	2学期の目標を発表しよう			「運動会のアナウンス」準備
3	14	伝統行事「中秋節」体験					
4	15	運動会の招待状を書こう					
10・1	16	運動会の招待状A先生へお手紙	「ありがとう」の手紙（国語）	私は昆虫博士（理科）	私は電気博士	運動会のプログラム作り	「運動会のアナウンス」準備
2	17	運動会の感想を中国語で書こう					
3	18	学習発表会朗読劇「くじらくも」準備	カルタ作り（国語）	私は大豆博士（国語）	漫画家になろう「4コマ漫画」	学習発表会紙芝居「団圓」「老鼠娶新娘」準備	
4	19		学習発表会朗読劇「名前を見てちょうだい」準備	クラスのみんなと豆腐を作ろう			クラスで「平和」について考えよう
5	20				学習発表会昔話「稱象」ペープサート準備		クラスで歌紹介「花は咲く」
11・1	21	学習発表会朗読劇「おおきなかぶ」準備	読書タイム（読み聞かせ）	学習発表会劇「小马过河」「狐假虎威」準備			
2	22						
3	23		学習発表会朗読劇「名前を見てちょうだい」準備				
4	24						
12・1	25	学習発表会の招待状を作ろう					
3	26	学習発表会					学習発表会私は名司会者
1・2	27	冬休み思い出		街中探検「市内地図を作ろう」	カルタ作り（国語）	6年生寄せ書き	○年後の私へ「人生設計」
3	28	今年の目標を言ってみよう				
2・1	29	中国の伝統行事「春節」体験					
2	30	春節の飾りを作ろう	中国の昔話	街中探検「市内地図を作ろう」	獅子の紹介文を作ろう	獅子の感想	中学に行ったら本名？通称名？
4	31	6年生に送るカードを作ろう	6年生への手紙	6年生を送る会のクイズ作ろう	6年生に送る会の歌の練習	司会者の原稿を作ろう	卒業式の言葉を作ろう
3・1	32						
2	33	6年生を送る会					
3	34						中国語とベトナム語の遊び

表1 2015年度継承中国語教育年間カリキュラム（田・櫻井，2017, p.138）

265

4年生作成の校内地図

学年の教科レベルに合わせたプロジェクトを実践し、日本人児童も参加できる授業づくりを実現した。そうすることで、マイノリティであるCLD児童をエンパワーする環境作りを心がけた。また、初回の授業で中国語を勉強する意義やそのメリットについて考えたり、中学校への進学を控える6年生には、将来の人生や、本名と通称名の選択について考える機会を設けるなどアイデンティティの育成を常に心がけた。

3-4 授業プラン例

表2は田・櫻井（2017）で中国語能力の変化を縦断的に調査した学年（2015年度の5年生）を対象に実施した授業プランの一例である。

ねらい	学習活動	指導上の留意点
2015年5月11日「お手伝い券付き母の日のカードを作ろう」		
・中国語で保護者に感謝の気持ちを伝えることができる ・家庭での中国語のコミュニケーションのきっかけを作る	1. 5月の2週目の日曜日が何の日か、お母さんにどんなことをしてあげたかをCTが聞き(C)、発表(C, J) 2. お母さんに感謝の気持ちを込めて、お手伝い券付き母の日のカードを作ることをCTが伝える(C) 3. 個別にメッセージを考え(C, J)、下書き(C) 4. 手伝い項目を全体で話し合う(C, J) 5. 話し合った項目から、自分がお母さんにしてあげたいことを選び、カードに記入(C) 6. 手伝い項目の発音練習(C) 7. 飾りつけをして清書(C) 8. 家庭に持ち帰って、保護者に渡す(C)	・動機づけ・体験共有(1) ・活動目標の明示化・共有(2) ・メッセージを友達に秘密にしたい児童もいるため個別活動(JT, CTの支援有)(3) ・C, Jで話し合い。Cの表現を考える(4) ・順番、ペア読みなどの工夫(6) ・巡回、適宜サポート（常時C, J) ・後日家庭でのやりとりを聞く（学校全体で母語の活動を認め、励ます） ・国際教室のお便り(C訳有)で保護者にカード作りの様子を伝える（家庭との連携による支援）

2015年9月17日「伝統行事「中秋節」体験」		
・中国人の中秋節の過ごし方を体験し，中国文化を楽しめる	1. 中秋節の知っていることを話し合う (C, J) 2. 中国の中秋節を紹介する字幕付きの動画を見る (C) 3. 分かったことを話し合う (C, J) 4. 旧暦について CT が説明 (C, J) 5. 月餅を食べる 6. 感想を書く (J, C)	・既存知識を共有 (1) ・興味を持たせ，文字に自然にアクセスする機会を提供 (2) ・原則 C，難しい場合は J も使用 (3, 4) ・消毒 (5) ・できれば C，難しければ J (6)
2015年10月15, 22, 29日，11月5, 12 ,19, 26日，12月18日「学習発表会の紙芝居作り」		
・絵本 (C) を理解できる ・紙芝居を J, C で作って発表できる ・チームで活動できる	1. 発表会で紙芝居をすることを話し合い，決定 (J) 2. チーム分け（二つの紙芝居を作成）(J) 3. 題材の絵本をチームで決定 (C, J) 4. 辞典を使いつつ，日本語での表現・文章を考え，物語を書く (C) 5. 絵を描く 6. JT が紙芝居の作り方を説明 (J) 7. 発音・朗読練習 (C, J) 8. 学習発表会で発表 (C, J)	・活動目標の明示化 (1) ・主体的に活動を決定 (1) ・チーム分けは JT と CT が相談して決める (2) ・辞典の使い方を支援 (4) ・児童同士の学び合いを促進 (7)
2016年2月25日，3月3日「（6年生を送る会の）司会の原稿を作ろう」		
・フォーマルな会（送る会）での司会（進行）ができる ・役割を遂行できる	1. JT が 6 年生を送る会の司会を 5 年生が担当することを伝え，動機づけ (J) 2. 去年の原稿 (J) をもとに今年の原稿を作る．変更箇所を話し合う (J) 3. 担当を決める 4. チームで日中辞典を使って担当箇所の台詞を考え，書く (C) 5. 発音練習 (C)	・活動目標の明示化 (1) ・辞典の使い方を支援 (4) ・児童同士の学び合いを促進 (4, 5) ・個別支援 (4, 5) ・巡回，適宜サポート（常時 C, J）

表2 5年生（2015年度）の授業プラン例（田・櫻井 2017, p.140 を一部修正）

注：JT は担当教員，CT は中国語母語支援者，C は中国語，J は日本語での活動。留意点の ( ) 内の番号は学習活動の番号に対応。

3-5 授業中のやりとりの量的分析

2016年3月3日に行った「（6年生を送る会の）司会の原稿を作ろう」（1コマ45分）の授業に関して，中国語発話と日本語発話の回数・割合を分析した。

本授業に参加した5年生児童は日本生まれ・日本育ちが6名（A～F），3年時に来日した児童が2名（G, H），5年時11月に来日した児童が1名（I）

の計 9 名である。男児は C と G の 2 名のみ，残りの 7 名が女児である。5 年時来日の I は年齢相応の中国語能力があり，3 年時に来日した G，H と日本生まれのうち F も年齢相応の会話力と年齢相応に近い読みの力がある。B～E の 4 名は，日常会話はほぼ問題ないが，読みの力は小学 1 年生程度，A は簡単な日常会話のみできる。

	JT	CT	A	B	C	D	E	F	G	H	I	児童	全体
JP	85 (98.8)	23 (16.5)	37 (94.9)	37 (78.7)	14 (93.3)	3 (21.4)	11 (28.9)	4 (9.5)	18 (64.3)	14 (25.0)	0 (0.0)	152 (45.9)	260 (46.8)
CH	1 (1.2)	116 (83.5)	2 (5.1)	10 (21.3)	1 (6.7)	11 (78.6)	27 (71.1)	38 (90.5)	10 (35.7)	42 (75.0)	37 (100)	179 (54.1)	296 (53.2)
計	86	139	39	47	15	14	38	42	28	56	37	331	556

表 3 「司会の原稿を作ろう」の授業（45 分）の発話回数・割合

注：JT は担当教員，CT は中国語母語支援者，JP は日本語，CH は中国語 （ ）内は%

表 3，図 1 の通り，本授業における発話総数は 556 でそのうち 331 発話が児童のものである。児童全体での割合は中国語が 54.1%，日本語が 45.9% と中国語のほうが少し多い。児童ごとの割合では，滞日期間が約 3 か月の I は 100% 中国語，F も 90.5% とほぼ中国語のみで発話している。3 年時に編入した H と日常会話は問題ない D，E も中国語での発話が 7 割以上であった。一方で 3 年時に編入した G と，日常会話には問題ない B は日本語の発話のほうが多く，A と C はほとんどが日本語での発話であった。このように児童によって言語選択・使用に大きな差があるが，9 名すべての児童がプロジェクト（ここでは，6 年生を送る会の司会の原稿を作るという内容）に参加し，その完成に向けて 2 言語を使い，お互いに助け合いながら，活動を行っている様子が観察された。

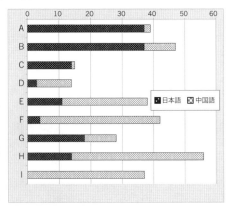

図 1 「司会の原稿を作ろう」の児童の発話回数

4　CLD 児童の中国語能力の変化

　児童の中国語能力の変化を見るために，中国語教室のカリキュラム改定を行った 2013 年度から年一回，OBC（Oral Proficiency Assessment for Bilingual Children; カナダ日本語教育振興会 2000）と『対話型読書力評価』（中島・櫻井，2012）の中国語版（ウリガ・櫻井，2012）を援用し，中国語会話力と読書力のアセスメント[4]を実施している。以下に 2015 年度に 5 年生だった 8 名（5 年時に来日した I を除く）の 2013 年 7 月（実践開始時）[5]と 2016 年 3 月（2015 年度の年度末）のアセスメント結果を報告し，2 年半の間の継承中国語能力の変化を追う。

4-1　CLD 児童の中国語能力アセスメントの結果

　表 4 は 8 名の CLD 児童の 3 年時（1 学期末）と 5 年時（年度末）の中国語の生活基礎語彙力（55 問の正答率），会話力（OBC のステージ），読書力（テキストレベルと読解得点（24 点満点））の結果の一覧である。

　基礎語彙力を見ると，C のみ下がっているが，ほかの児童は同じか上昇している。C も語彙力は下がっているが，読書力は 5 年時に 1 年生レベルのテキストを読んで，一定程度の理解ができるようになっており，総合的な中国語の力は伸びていると考えらえる。OBC のステージは，3 年時には文の生成が難しく，ステージ 2 と判定された児童もみな日常会話はできるステージ 3 以上となり，教科学習言語能力の範囲とされるステージ 5 に達している児童も F, G, H と 3 名確認できた。

4　アセスメントでは，導入会話と 55 問の基礎語彙力チェックの後，「日課」，「環境問題」，「地震」，「消化」の 4 つのカードを用いて会話力をチェックし，6 つのステージ（6 が最も高く，1 が最も低い）で評価する。そして，文字がまったく読めない児童には，『雪だるま』（中国の小学校一年生用教科書『九年義務教育六年制小学語文』（人民教育出版社）第一冊第 19 課）を使用し，あらすじ再生を通して読み聞かせ聴解力を評価する。読める児童に対しては，レベルに応じたテキストを 1 冊選び，読み行動とあらすじ再生から読解力（24 点満点）を評価する。最後に，読書習慣や言語環境に関する質問をし，継承語学習に対する動機づけを行って終了するという 30 分の半構造化インタビューである。この実施・評価は対話型アセスメントの評価者養成講座を受けた中国語母語話者大学院生が担当した。
5　2013 年度の 2 学期に来日した H については，2014 年 3 月に実施した結果を掲示する。

読書力に関しては，途中編入の児童G，Hが年齢に近い読書力レベルを維持していたのは通常考えられるものの，日本生まれのFが年齢相応に近いレベルにまで伸びていたことは特筆すべきであろう。また，ほかの5名のうちB，C，D，Eの4名も1年生レベル相当，つまり簡単な文や短い文章のまとまりで読めるレベルにまで読書力を獲得していた。Aだけがまだまとまった文章を読める段階に到達しておらず，文字の習得段階初期であった。

児童	来日時期	55問の語彙（%）		OBCステージ		テキストレベル		読解力得点（満点24）	
		3年	5年	3年	5年	3年	5年	3年	5年
A	日本生まれ	23.6	60.0	2	3	—	文字習得初期	—	—
B	日本生まれ	30.9	56.4	2	3	文字習得初期	1年生用	—	19
C	日本生まれ	65.5	45.5	4	4	—	1年生用	—	20
D	日本生まれ	56.4	61.2	2	4	—	1年生用	—	21
E	日本生まれ	27.3	60.0	3	4	—	1年生用	—	22
F	日本生まれ	90.9	96.4	5	5	1年生用	4年生用	23	24
G	3年1学期	83.6	83.6	4	4	4年生用	4年生用	18	24
H	3年2学期	92.7	98.2	5	5	4年生用	4年生用	17	24

表4　3年時と5年時の中国語の基礎語彙力・会話力・読書力アセスメントの結果

注：表中「−」は読書力未獲得のため，調査実施不可を意味する

　本章の冒頭でも述べたが，母語・継承語は環境によっては喪失が進み，特に日本生まれのCLD児童の場合，読みの力の獲得は容易なことではない。その多くが日常レベルの会話力の獲得のみでとどまると言われている。しかし，この8名は喪失傾向にあるものは一人もおらず，全員が母語・継承語の読みの力を伸ばしていっていることが確認されたわけである。Aも包括的に見ると会話力は獲得傾向にあり，文字の習得初期段階であることを合わせて考えると，今後読書力の獲得が進む可能性は十分に考えられる。
　次に，この8名の結果を5年時に年齢相応に近いレベルの読書力があると評価されたグループ（F，G，H），簡単な文や文章のまとまりで読めるレベルの読書力を獲得していると評価されたグループ（B，C，D，E），文字の習得

段階にあると評価されたグループ（A）の 3 つに分け，その発話例の一部を紹介する。

4-2　グループ別の児童の発話事例

4-2-1　年齢相応に近いレベルの読書力グループの F の発話例

　児童 F の 3 年時の会話力は日本生まれにもかかわらず，直接編入生児童と変わらないくらい流暢であった。発話例 1 のテキスト『だいちゃんのちびねこ』の音読はほぼテスターの助けなしですらすら読めた。物語のあらすじ再生は出来事の流れに沿って，単文や接続詞を使用して述べることはできるものの，接続詞の不正確さや過剰な使用も見られたため，効果的な表現を使えているとは言えなかった。

児童 F の 3 年時の発話	日本語訳
101F：小泰养了一只小猫。它又，每。小泰和小猫每，每天都在一起。吃东西也是分一半吃。然后吃着吃着，它就变大变胖，然后它就，它就一半都吃不够了。吃不够了，它就管小泰要。＜中略＞然后它，它吃三百十五只。 102T：对。三百一十五条鱼。	101F：だいちゃんは一匹の子猫を飼いました。子猫はまた，毎，だいちゃんと子猫は，毎，毎日一緒にいます。食べる時も半分ずつ。それから，食べているうちに，猫は大きく，太くなりました。それから，猫は，半分だけでは足りなくなりました。足りないから，だいちゃんに求めていました。＜中略＞それから，子猫は，子猫は 315 個食べる。 102T：そう。315 匹の魚。
103F：三百一十五条鱼。然后它就慢慢的又变小了。然后它就回到了小泰的家。然后每天给它吃东西，喝水什么的都是一点点。要是它再变大了，就那啥了。所以每天都在一起，然后吃东西什么的，就是一点点。 104T：真棒。好。结束了吗?	103F：315 匹の魚。それから，子猫はだんだん小さくなりました。それから，また大ちゃんの家に戻りました。それから，毎日食べさせるのも，飲ませるのも少しだけ。もしまだ大きくなったら，あれだから。それで，毎日一緒で，食べ物は少しだけ。 104T：すごい。うん。終わった？

発話例 1　児童 F の 3 年時『だいちゃんのちびねこ』（1 年生テキスト）あらすじ再生の一部

注：T はアセスメントを実施・評価した中国語母語支援者

5年時の発話例2を見ると，4年生レベルの『ピノキオ』をすらすら読め，詳細に述べることができることが見て取れる。

児童Ｆの5年時の発話	日本語訳
225T：那你给老师讲一下吧。这讲了一个什么故事。 226F：嗯。老木匠做了一个小木偶。这个小木偶会走路，什么都会。但就是不会哭之类的着急的表情。或者很开心的表情。老木匠就觉得少了点儿什么。然后就把它，然后他突然想了起来，是笑。然后他说："人生没有笑的话，那就，那就快乐不起来了"。然后他就画了一个笑的脸。＜中略＞所以它就，熊警察就以为它是撒谎，所以它就把小木偶扔出了很远。后来它脑袋很疼。很痛苦。但是却带，它只有一副笑脸。所以大家都不相信它。但是有一个小女巫，它会魔法，所以它感觉到了伤心。然后，所以它就用魔法帮助了小木偶。然后从此，它会着急，也会跟别的其他人一样，也会有各种各样的表情。完事儿。	225T：じゃ，どんな物語だったかを教えてください。 226F：うん。大工さんはピノキオを作りました。ピノキオは歩けるし，なんでもできます。でも，泣くとか，焦っている表情はできません。あるいは，うれしい表情。大工さんは何かが足りないなと思っていました。それから，大工さんは突然思い出しました，笑顔です。それから，大工さんは「人生に笑顔がなかったら，楽しくなれない」と言いました。それで，大工さんは笑顔を描きました。それから，ピノキオは綺麗なリュックを背負って出かけました。＜中略＞それで，熊の警察官はピノキオが嘘を付いていると思って，それでピノキオを遠くへ投げ飛ばしました。その後，ピノキオは頭が痛くなりました。とても苦しそうです。でも，ピノキオは笑顔しかない。だから，みんなピノキオの話を信じていませんでした。でも，魔女がいて，魔女は魔法が使えるので，ピノキオの悲しみを感じることができました。それで，魔女は魔法を使ってピノキオを助けました。それから，その時から，ピノキオは焦ることができて，他の人と同じように，いろいろな表情を出すことができるようになりました。終わり。

発話例2　児童Ｆの5年時『ピノキオ』（4年生テキスト）あらすじ再生の一部

依然として接続詞の「然后（それから）」の過剰使用が見られるが，それ以外の接続詞や副詞の不適切な使用はほぼ見られなくなっていた。そして，このあらすじ再生では複文の使用も多数見られた。これらのことから，文法面でも認知面でも児童Ｆの中国語の成長は顕著ではないかと思われた。

4-2-2　簡単な文や文章のまとまりで読めるグループのＥの発話例

児童Ｅの3年生の発話例3を見ると，簡単な日常的な単語やフレーズでやりとりはできるが，沈黙やテスターの質問を理解できないところも見られた。

13 継承語教育と「めやす」との接点
―― 中国ルーツの文化言語の多様な子どもに対する継承中国語教育の実践を通して

児童Eの3年時の発話	日本語訳
007T：那E同学你来说说你的一天。 008E：（沉默） 009T：比如说早上几点钟起床啊。 010E：我起来了。七点二十。 011T：哦。 012E：我去上学。七点五十。我睡觉的，十点。	007T：Eちゃん、あなたの一日を教えてください。 008E：（沈黙） 009T：たとえばね、朝は何時に起きますか？ 010E：私は起きました。7時20分。 011T：うん。 012E：私は学校に行きます。7時50分。私は寝ます。10時。

発話例3　児童Eの3年時OBC「日課」タスクのやりとりの一部

一方で、5年時の発話例4、発話例5を見ると、フレーズや単文を使って出来事や自分の考えを表現できようになっていた。

児童Eの5年時の発話	日本語訳
063T：那你告诉老师你昨天从早上起来到睡觉这中间都干了什么？ 064E：嗯。qǐe来。吃饭。穿衣服。洗脸刷牙。走。去上学。学习。跟朋友一起玩。上完学去儿童クラブ。跟儿童クラブ玩。踢球。	063T：じゃ、昨日朝起きてから寝るまで何をしたかを先生に教えてください。 064E：うん。起きました。ご飯をたべました。服を着ました。顔を洗って歯を磨きました。歩きました。学校に行きました。友達と一緒に遊びました。学校が終わってから児童クラブに行きました。児童クラブで遊びました。サッカーをしました。

発話例4　児童Eの5年時OBC「日課」タスクのやりとりの一部

児童Eの5年時の発話	日本語訳
310T：好。那现在和老师说一下这是个什么故事好吗？ 313E：＜中略＞有一个小泰，叫小泰的男孩儿。他回？他走的时候，有一个，喵一声，然后有好看猫，他拿回家。猫，跟猫一起住，家里。猫那个，啥都吃。面包也吃，饼干也吃。牛奶也喝。那个，猫越吃越胖。	310T：うん。上手に読めましたね。じゃ，先生にどんなお話だったかを話してね。 313E：＜中略＞だいちゃん、だいちゃんという男の子がいます。だいちゃんが帰る？歩いている時，ミョーという声があってそれから、綺麗な猫がいて、大ちゃんは猫を家に持って帰った。猫、猫と一緒に寝る、家の中。猫、あのう、なんでも食べる。パンも食べる、牛乳も飲む。あのう、猫は食べれば食べるほど太くなっていた。

発話例5　児童Eの5年時『だいちゃんのちびねこ』（1年生テキスト）あらすじ再生の一部

物語のあらすじ再生は単文が多く、文法的に不正確な部分もあるが、主語がはっきりしていて意思疎通ができている。また、複文、使役文「让（させる）」

や接続詞「然后（それから）」の使用も見られた。『だいちゃんのちびねこ』を読む際も支援が多少必要ではあったが，たいてい一人で読むことができた。

4-2-3 文字の習得段階にいるグループのAの発話例

児童Aの3年時の発話例6を見ると，中国語でのやりとりがほぼできず，テスターの質問の意味も理解ができていなかった。また，助けを求めず，中国語でのやりとりを諦めている姿勢が見られた。

児童Aの3年時の発話	日本語訳
001T：看看这是一张什么图片啊？ 002A：起来，がっこう，睡觉。 003T：对对对。好。那你能不能给老师讲一讲A同学的一天。 004A：(沉默) 006A：(中略) なんって言ってる？ 009T：(中略) えっと。中国語で自分の一日，こんなかんじ。 010A：言う？ 011T：うん。いう。 012A：朝7時に起きて，(以下，日本語のため省略。)	001T：これはどんな絵ですか？ 002A：起きる，がっこう，寝る。 003T：そうそう。じゃ，Aちゃんの一日について話してくれますか？ 004A：(沈黙)。 006A：(中略) なんって言ってる？ 009T：(中略) えっと。中国語で自分の一日，こんなかんじ。 010A：言う？ 011T：うん。いう。 012A：朝7時に起きて，

発話例6　児童A 3年時 OBC「日課」タスクのやりとりの一部

5年生になると，2言語の混用は見られるものの，簡単なフレーズや単文を使って一日の出来事や考えを表現することができるようになった。また，発話例7に示すように3年時にできなかった物語のあらすじ再生も単語やフレーズレベルでできるようになった。さらに104Aのようにわからない単語についてテスターに助けを求めたりと，中国語での会話に対する積極的な姿勢がうかがえた。

児童Aの5年時の発話	日本語訳
103T：你给老师讲一下，这是一个什么故事。 104A：小白兔，搁，下雪了，下雪，做，何ていうん？	103T：どんなお話ですか？先生に教えてください。 104A：小兎，雪が降った，雪が降る。作る。何ていうん？

105T：雪孩子。 106A：雪孩子做，屋里，回家，冷，打炉子，炉子，床边搁木头。木头着火了，家也着火了。雪，雪孩子看，救它去了。雪白的。え！	105T：雪だるま。 106A：雪だるま，作る，部屋の中，家に帰る，寒い，かまどを起こす，かまど，ベッドの横に木を置いている。木が燃えた，家も火事になった。雪だるまは見る，助けに行った。雪白い。え！

発話例7　児童Ａの5年時『雪だるま』（聴解課題）あらすじ再生の一部

　このように3つのグループ間で中国語のレベルやその伸長の程度には差はあるが，全児童が中国語の力を伸ばしていっていることが確認できた。

　自身のルーツや中国という国，そして中国語の学習に対してどのように感じているかについてインタビューしたところ，8名全員が肯定的な返答をした。子どもたちにとって，中国・中国語は「隠したいルーツ」ではなく，S小学校で中国の文化や言語に親しむことを当然のことと感じているようであった。

　この継承中国語教室の果たした役割は何であろうか。彼らは系統だった中国語の学習をこの週1回1コマの授業でしか行っていない。しかしながら，通常であれば容易に喪失してしまったり，読み書きの獲得が難しい家庭内言語の力を伸長させていっている。週1回程度の授業で扱える言語事項は限られているが，この授業が母語・継承語の価値づけにつながり，家庭での母語使用を促進している可能性が考えられた。現に継承語の伸びが著しい子どもたちは，家庭でメディアを通して自然な形で中国語に接する時間を持っていた。学校で母語・継承語の価値づけが行われ，その活動がCLD児童にとって楽しい時間となることで，それ以外の時間も自ずと継承語の環境に向かわせる一助となっているのではないかと考えられる。

5　継承語教育と「めやす」との接点

　では最後にこの実践を「めやす」の枠組みのなかで捉え直してみたい。1章に示されているように「めやす」は「ことばと文化を学ぶことを通して，学習者の人間的成長を促し，21世紀に生きる力を育てる」ことを教育目標として

掲げ，それを具現化する学習目標として，「3領域×3能力＋3連繋」の概念図に示される「総合的コミュニケーション能力の獲得」を明示している。S小学校での継承中国語教育の目指すところは，まさにこの教育目標・学習目標と合致する。特に「言語」「文化」の領域で「わかる」「できる」「つながる」能力の伸長を促す活動を取り入れている。対象が小学生児童ということもあり，「グローバル社会」の領域に関する活動は少なかったが，6年生が実施した「○年後の私へ「人生設計」」や「中学に行ったら本名？通称名？」といった活動は，日本と中国二つの国にルーツを持つ自分たちを客観的に捉え，グローバル社会で将来どのように活躍するかといったことを考えるきっかけにもなった。連繋であげられている「関心・意欲・態度／学習スタイルとつながる」，「既習内容・経験／他教科の内容とつながる」，「教室の外の人・モノ・情報とつながる」に関しては，本章3節で述べたとおり，積極的に取り入れた視点である。多くの活動が在籍学級の教科内容や学校行事，中国文化とのつながりのある内容であった。また，ともに学ぶ中国ルーツの児童はもちろん，保護者や在籍学級のクラスメイトとのつながりも意識されている。つまり「めやす」の掲げる「3領域×3能力＋3連繋」は，本実践の要でもあり，この継承中国語教育の実践が子どもたちの中国語能力の伸長に寄与したのは，こういった学習目標があったからであるとも指摘できるだろう。

　本実践は「めやす」の「コミュニケーション能力指標」をベースに考えたものではないため，表2に示した「ねらい」はこれとは一致しない。中国語のレベルがさまざまな子どもたちが一緒に活動できるよう，言語運用レベル別の能力指標ではなく，活動そのものの「ねらい」が設定されている。また本実践は小学生が対象であり，高校生の学習者を対象に考えられた「めやす」の「コミュニケーション能力指標」をそのまま援用するのは難しい。しかし，CLD児童たちの生活のなかで継承語を使って「できること」を記述しているという点では類似性が見て取れる。今後，子どもたちの言語運用レベルを意識しつつ，より系統だったカリキュラムを設計することも視野に入れるなら，この「コミュニケーション能力指標」が参考にできるだろう。また，本実践では子ども

たちのパフォーマンス評価を成果物の完成という点でのみ行っており，具体的なルーブリック評価は実施しなかった。しかし，児童自身のふりかえりのためにも教師間の学習目標の共通理解のためにも活動の指標が可視化できるルーブリック評価は有益であろう。

6 おわりに

　カリキュラムも教材もなく，関わる人の入れ替わりも激しい継承語教育の実践を継続的に行っていくことは非常に難しいが，ここで述べたように「めやす」がカリキュラム設計の指針になりうる可能性は十分に考えられる。「めやす」の普及とともに継承語教育の分野でも有益な実践例が積み重なり，子どもたちの健やかな成長の支援につながることを切に望んでいる。

謝辞

　本実践は大阪府門真市立砂子小学校の先生方との協働で行われました。若松真由美校長先生（2013年度），脊戸利子校長先生（2014年度～）のもと，植田美穂先生（2013年度），永田耕平先生（2014年～）をはじめ多くの国際教室担当の先生方がご尽力されました。また中国語母語話者支援者として大学院生の舒菲亜さん，田慧昕さん，李月さんが授業を実践されました。本稿は，代表して私が執筆することになりましたが，改めて本実践に関わったみなさまに感謝申し上げます。

14 「社会と直接的につながる学習」を捉え直す
一人ひとりの社会に向き合うことの重要性

中川正臣

1 はじめに

近年,ICTの発達により,学習者が学外において膨大な情報や知識に接することが可能になったことで,学校で学ぶ価値が問い直されている。『めやす』は,外国語学習を通じて協働社会を創りあげていくことを実現するために「教室と社会のつながり」を強調している(『めやす』pp.17-21)。『めやす』実践者の1人である私[1]は,学校で学ぶ価値は教室と社会のつながりを学校で実現することにあると考える。しかしながら,この「教室と社会のつながり」とは,いかなるものを指すのか。単に教室で社会的なテーマを扱うことや教室外の人々と交流することを指すのだろうか。私は今日まで,韓国語教師として,この教室と社会のつながりが意味するものを教育実践のなかで常に問い直し,模索してきた。

本章では,この「社会と直接的につながる学習」について言及した上で,あるプロジェクトを通じて変容した私の学習観について述べる。そのうえで,「社会と直接的につながる学習」において教師に求められる役割や姿勢,態度について論じる。

2 社会と直接的につながる学習

教師が教育現場において,いかなる教育実践を行うかは学習をいかに捉える

---

[1] 本章における「私」とは本章の執筆者である筆者を指す。「私」は韓国語教師として『めやす』の作成プロジェクトに携わり,『めやす』に関連した教師研修・ワークショップの企画・運営,教育実践の報告などに関わっている。

かによって大きく左右される。久保田（2012）は高等教育における学習について，従来からの知識生産型の学習と構成主義に基づく学習に分けて説明している。知識生産型の学習では，教師から与えられた知識が学習者に転移・蓄積され，その知識は将来的に授業外や卒業後の社会で活用されることが目的とされる。一方，1980年代から注目されるようになった構成主義に基づいた学習は，学習者が現実社会の課題について主体的に取り組み，さまざまな知識を学び，社会に貢献するという社会参加そのものを学びと見なす。久保田（2003, p.5）はこの構成主義の学習理論を以下の3つにまとめている。

① 学習とは，学習者自身が知識を構成していく過程である。
② 知識は状況に依存している。そして，おかれている状況のなかで知識を活用することに意味がある。
③ 学習は共同体のなかで相互作用を通じて行われる。

　この3つのなかで②「おかれている状況」とは，学習対象となる社会を指す。学習対象となる社会とは，学習者と無関係なところに実在するのではなく，学習者が属する現実の社会である。それは国際社会，日本社会といった包括的な社会をはじめ，地域のコミュニティやグループ，人為的な集団や仲間といったごく身近な社会が含まれる（佐藤・熊谷，2011）。学習者は自分を取り巻く社会と密接に関わる課題に取り組むことで，「今，なぜ，それを学習するのか」という問いに対する自分なりの答えを見つけ，「自分ごと」として学習を進めることになる。

　私が関わる日本における韓国語教育の現状に目を向けると，多くの場合，学習者が今，まさに「おかれている状況」とは距離があり，そこで学んだことは教室外（もしくは卒業後）での将来的活用が想定されているのではないかと私は考える。この学んだことの将来的活用を目指す学習は，「社会と間接的につながる学習」と言い換えることができる。「社会と間接的につながる学習」の一例を示すならば，いつか韓国語母語話者との出会った場面を想定し，「食べ物の好き嫌いについてやりとりできる」というコミュニケーション行動として

の目標を達成するために，発音や語彙，文法などを学び，それらを使ったロールプレイやインタビューなどの擬似的タスクを遂行し，最終的にパフォーマンスなどの評価を行い，単元を終える学習が挙げられる。これらの学習における社会とは，学習者がいつか接するだろうと思われる場面（たとえば，いつか行く韓国旅行での母語話者とのやりとり）であり，その場面で求められる予備知識，予備スキルの習得を目指すといった点で学習者にとって社会と学習は間接的に結びついたものと言えよう。

　これに対し「社会と直接的につながる学習」は，学習自体が社会活動であると捉える。前述した「社会と間接的につながる学習」では，「韓国での買い物場面」のように社会に存在するものが学習者に刺激や影響を与え，学習が起こるのに対し（社会⇒学習者），「社会と直接的につながる学習」は，学習者も社会に働きかけ，社会と学習者が双方向で影響し合いながら学習を進めることになる（社会⇔学習者）。したがって学習は，学習者が「おかれている状況」，つまり，今，学習者を取り巻く現実の社会を教室に持ち込み，その社会との関わりのなかで実践される。地域に住む韓国語母語話者とコミュニティを形成しつつ，ある課題に取り組むために韓国語を学び，その課題を解決していく学習がその典型的な例である（中川，2016）[2]。

　このように一言で教室と社会をつなげると言っても，「社会と間接的につながる学習」なのか，あるいは「社会と直接的につながる学習」なのか（さらに「言語に重心を置いた学習」なのか「社会づくりに重心を置いた学習なのか」）によって学習の目的も成果も異なる。どちらを選択するかは，個々の教育現場において，実践者（教師，学習者，学習に関わる人々）が何を実現したいか，何

2　この「社会と直接的につながる学習」は「言語に重心を置いた学習」と「社会づくりに重心を置いた学習」に再分類することができる。「言語に重心を置いた学習」は「社会と直接的につながる学習」を進めるなかでも，あくまで言語学習という枠組みのなかで社会とつながることを考えていく立場である。一方，「社会づくりに重心を置いた学習」は，実践者が社会と向き合い，今だここに存在しないものを社会において創り出していく立場である。しかし，この「社会づくりに重心を置いた学習」は言語の学習を無視したり，軽視しているのではない。社会を創り出していくには思考を働かせる必要があり，この思考を働かせる行為と言語は切り離すことはできない。しかし，「あくまで言語学習の一環」として学習を捉えていないため，社会活動を行う前に，言語領域の学習項目を先回りして語彙・文法を指導するという活動を前提としていない。端的に言えば，「社会づくりに重心を置いた学習」は社会づくりをしながら帰納的に言語を学ぶ学習と言えよう。教育実践においてこの両者には明確な境界線があるわけではなく，両者の中間に位置する教育実践もありうることは言うまでもない。

14 「社会と直接的につながる学習」を捉え直す
―― 一人ひとりの社会に向き合うことの重要性

が実現できるのかによって判断されるべきであるが，少なくとも『めやす』が「学習を通じて協働社会を創りあげていくこと」を目指すのであれば，『めやす』の実践は，教室と社会が影響し合う「社会と直接的につながる学習」の実践が求められる。

　教室と社会が双方向的に影響を与える学習を進めていくには，現実社会で起きている課題を解決するために，学習者自ら学校内外のフィールドに出かけ，問題状況に置かれている人たちと関わり，ともに解決に向けて取り組む活動を取り入れる必要がある。これは『めやす』が強調する「教室外の人・モノ・情報との連携」である。

　佐藤（2014, p.5）は，学習とは「既知の世界から未知の世界への旅」であり，その出発点となるのは「他者の声を聴く」ことであると言う。「他者の声を聴く」活動としては，インタビュー調査やアンケート調査，ディスカッションなどの活動が挙げられる。「他者の声を聴く」活動は，未知の世界に関する情報や考えを収集する他者理解活動であるが，その収集結果を教室内で分析・考察し，自分と照らし合わせ，その結果を発信することは自己表現活動にもつながる。自己表現活動は，前述した「他者の声を聴く」活動があったからこそ実現できるものであり，これは他者の声をもとに自己の声を発信していくという「対話」活動へとつながる。ここで行われる「対話」とは，他者から自己，自己から他者へ，事実や情報を伝える単純な双方向的コミュニケーションだけではない。活動前の教室内での議論から活動後の結果に対するふりかえりに至るまで，「自己と他者の考えや思いの伝え合い」をも含めた複合的なコミュニケーションである「深い対話」が基盤となる。つまり，学習者が置かれている社会に存在する課題や問題などを解決するための一連の活動は，コミュニケーションを通して行われる。言語教育は，この一連の活動の土台となるコミュニケーションを学習言語で行うことに意味があると言えよう。

　このように「社会と直接的につながる学習」の実践は，学習者が，自身が置かれている社会のなかで，ある課題を解決するために学習言語や母語による深い対話を行い，何かしらの意味づけや価値づけをしていく動的な学習プロセス

である[3]。次節では，この「社会と直接的につながる学習」をもとに行ったあるプロジェクトの実践を取り上げ，学習者が学習プロセスにおいていかに社会とつながっていくかを探る。

3 「夢や目標を韓国語で語ろう」プロジェクトの実践

3-1 プロジェクトの背景と概要

このプロジェクトは，R大学で教養科目（韓国語非専攻者対象）として開講された韓国語の授業で行われた。R大学では，教養科目としての韓国語の授業が3つのレベル（本稿ではレベル1，レベル2，レベル3と称する）で開講されており，学習者は希望すれば1年半の間，韓国語を学習することができる。また，希望者は専攻科目としての韓国語の授業を受講することもできる。しかし，専攻科目の授業は，その難易度から他学科の学習者が一定の成績を収めるのは容易ではない。このような状況のなかで，担当教師である私は初めてレベル3の授業を受け持つことになった。私はR大学で勤務する数年間，日々の教育実践において，教室には学習動機が低かったり，大学生活やその後の進路について目標を見失っている（またはそう思われる）学習者がいることを感じていた。ただ，それは授業のなかで教師が感じる姿であり，どんな学習者にも形はどうあれ夢や目標があるだろう。それが明確化できていないか，あるいは表現できないのではないかと考えた。上級生が多く受講するレベル3の学習者を取り巻く状況を考慮する時，大学卒業後の進路決定は学習者が直面する課題であり，韓国語学習がそのキャリアデザインの一助とならないかと考えていた。そこで，指定された教材の語彙・文法を学習しつつ，学習者を取り巻く社会的文脈と深く関わる「夢や目標を韓国語で語ろう」プロジェクトを立ち上げ，レベル3の学習者に提案することにした。そのほか，プロジェクトの概要は

---

3 ここで学習者が何について意味づけや価値づけをするかは学習者によって異なり，教師がコントロールできるものではない。たとえば，中川（2016）の実践では，学習者が韓国語を学ぶという学習に対する意味づけや，自分から話しかけることで相手の反応を得られたり，交流することで新たな発見があるというコミュニケーションに対する価値づけが行われたことが明らかになっている。

表1のとおりである。

目的	自分の夢や目標について具体的に韓国語で語り，自分のキャリアデザインをしていく
実施期間	2016年4月上旬から7月下旬まで（週1回90分間，全15回）
実践者	学習者8名（4年生1名，3年生5名，2年生2名），韓国のT大学の大学生20名（5月19日の授業と以後交流Facebookにて参加），教師1名（本章の筆者である私）
学習目標	・自分のこれまでの大学生活を振り返り伝えることができる ・他者の夢や目標を理解し，伝えることができる ・自分の夢や目標について伝えることができる
評価	・自分の大学生活を振り返り，伝える（ルーブリック使用）30% ・自分の夢や目標について伝える（ルーブリック使用）30% ・これらを支える韓国語のテスト（筆記テスト）40%
韓国語の新出表現	現在や未来，願望を表す語彙，文法項目（-고 싶다，고 있/었다，을/ㄹ 것이다，- 거든，- 고 있다，- 지 않다，- 지만）など
教材	金順玉・阪堂千津子（2014）「最新チャレンジ韓国語」（白水社）など

表1　プロジェクトの概要

プロジェクトの流れについては，当初，学習目標に関するクラス内の合意形成を行った後，自分の大学生活を振り返りながら，韓国の大学生の過ごし方と自分を比較し，今後の夢や目標を具体化していくことにした。学期開始時に計画したプロジェクトの流れは表2の通りである。

第1回	韓国語授業を通じて何を実現したかについて話し合う
第2回	お互い自己紹介し合う活動，春休みの出来事について伝え合う
第3回	自分の大学生活を振り返る (1)
第4回	自分の大学生活を振り返る (2)
第5回	韓国語のテクストを通じて，自分と韓国の大学生の大学生活の過ごし方を比較する
第6回	自分の大学生活を振り返り，伝える
第7回	＜単元2 学生時代に自分が実現したいことを伝える＞自分の未来の計画や夢とその理由についてやりとりする (1)
第8回	自分の未来の計画や夢とその理由についてやりとりする (2)

第9回	自分の未来の計画や夢のために今,していることを伝える 必要なことをやりとりする
第10回	自分の未来の計画や夢のために今,していること,今後することを伝える
第11回	自分のこれまでの大学生活を振り返り,今後の夢や目標を伝える (1)
第12回	自分のこれまでの大学生活を振り返り,今後の夢や目標を伝える (2)
第13回	自分のこれまでの大学生活を振り返り,今後の夢や目標を伝える (3)
第14回	パフォーマンスを支える筆記テスト
第15回	振り返り

表2　学期開始時に計画したプロジェクトの流れ

　ここでは主に学習者Aと学習者Bの学習プロセスを取り上げ,必要に応じてほかの学習者の学習プロセスについて記述する。学習者Aはプロジェクト実施時,4年生であった。高校3年生の時から韓国語を独学で学び,R大学では韓国語レベル1とレベル2を履修し単位を取得し,レベル3で初めて私の授業を受講した。学習者Aは上級生ということもあり,ほかの学習者を気遣う場面や教師に意見をする場面も見られた。大学では,日本語教育のゼミに所属しており,課外活動として留学生サポートをしている。一方,学習者Bは,プロジェクト実施時,3年生であった。消極的で,もの静かな学習者である。学習者BはR大学で韓国語レベル1とレベル2を履修し,学習者A同様,レベル3で私の授業を初めて受講した。大学では社会学を専攻しており,課外活動として留学生サポートをしている。

　この学習者Aと学習者Bは自分の夢や目標についてプロジェクト開始時から両極端の姿勢が見られた。学習者Aはすでに日本語教師になるという目標を持っていた。しかし,その夢は実現可能なのか,常に悩んでおり,専攻の担当教員や大学の就職担当部署,そして私にも韓国で日本語教師として働いていくことについて相談を持ち掛けていた。一方,学習者Bはプロジェクト開始時,明確な夢や目標がなかった。このような2人がプロジェクトを通じて,何を経験し,どう変化していくのかを考察する。以下は,分析の対象とした資料である。

14 「社会と直接的につながる学習」を捉え直す
——一人ひとりの社会に向き合うことの重要性

- 毎回の授業に関するコメント／質問シート（以下＜授業シート＞）
- 学習者タスク遂行中に記載したワークシートの記述内容（以下＜ワークシート＞）
- 学習者同士の相互評価を行った際のフィードバックシート（以下＜フィードバックシート＞）
- 「私の夢や目標」に関する最終的な成果物（音声，文字データ）
- プロジェクト後の振り返りインタビューでの学習者の語り（以下：＜インタビュー＞）

3-2 実践研究を通じて明らかになる学習者の学び

3-2-1 プロジェクト前半（第1回授業から第4回授業まで）

　第1回の授業で，私と学習者は自己紹介をし，春休みにしたことについて他者と共有する活動を行った。その後，今年はどのような1年にしたいかということについて話し合う過程で，私は「夢や目標を韓国語で語ろう」プロジェクトを学習者に提案し，学習者から賛同を得た。プロジェクト前半は学習者Aと学習者Bの＜授業シート＞にはプロジェクト自体に関するコメントは見られなかったものの，特に学習者Bからは韓国語の発音や文法，そして語彙学習に関するコメントや質問が見られた。

・発音が難しいので教えてください。＜学習者B　第2回授業シート＞
・くだけた「です・ます」がまだ難しいです。単語はどのように覚えれば良いですか。＜学習者B　第3回授業シート＞

　この＜授業シート＞は教師である私と学習者が対話を行うきっかけとして設けた。したがって，私は学習者に対して，思ったことや疑問などひと言でいいので自由に書くようにあらかじめ伝えておいた。3回目の授業を終えた時点で，学習者A，Bを含め，学習者らが＜授業シート＞に書いた内容は，自分が遂行したタスクやパフォーマンスに関することではなく，語彙・文法に関する質問やその習得方法に関連したものに集中していた。

語彙・文法の知識・能力もこのプロジェクトにおけるタスク遂行を支える重要な要素であることは間違いない。しかし，私は学習者が書く＜授業シート＞の記載内容やタスクを遂行する学習者の姿を観察しながら，当初，教師と学習者の間で合意形成したプロジェクトの目的より，語彙・文法の習得が目的化しつつあることを感じていた。そして，その理由は自分の夢や目標を韓国語で語ることを，なぜここで行い，誰に向けて語るのかというプロジェクトの目的の曖昧さと，語る必要性の欠如にあることに気づいた。そこで第3回の授業終了後，＜授業シート＞の役割を変更することなく，学習者が夢や目標を語り合う相手を明確にし，今，ここでしかできないことへ学習デザインの修正を図ることにした。表3はその修正したプロジェクトの流れである。

第4回	自分の大学生活を振り返る (2)
第5回	T大学の学生との交流 ①お互い自己紹介をし合う ②自分の大学生活について伝える ③T大学の学生の夢や目標を理解する
第6回	交流会の振り返り，韓国の大学生の夢や目標の共有と自分との比較
第7回	これから自分がしたいことを伝える (1)
第8回	これから自分がしたいことを伝える (2)
第9回	自分がしたいことの理由を伝える (1)
第10回	自分がしたいことの理由を伝える (2)
第11回	自分がしたいことのために今，していること（これからすること）を伝える (1)
第12回	自分がしたいことのために今，していること（これからすること）を伝える (2)
第13回	自分の夢や目標を伝える (1)
第14回	自分の夢や目標を伝える (2) パフォーマンスを支える筆記テスト
第15回	自分の夢や目標について韓国の大学生からコメントをもらう

表3　学期中に修正したプロジェクトの流れ（第4回以降）

　大きく修正した点は，第5回の授業で，韓国の学生との交流の場を設け，そこで第1回から第4回まで行った①お互い自己紹介をし合う活動と②自分の大学生活について伝える活動を遂行し，プロジェクトの目的である夢や目標を韓国語で語る前の活動として③韓国の大学生の夢や目標を理解する活動を取

り入れたことである。本来は、第5回の授業において教師が用意したテクストを使い、「日本と韓国の大学生の大学生活の過ごし方を比較する」という活動を行い、第6回の授業でその結果を共有する予定であった。しかし、修正後のプロジェクトでは、第5回の授業の際に、韓国で大学生活を送るT大学の学生20名[4]を教室に招き、彼らの夢や目標に関する情報を収集することにした。ただし、学習者はこの時点で、教室内では夢や目標を語り合うための十分な語彙や文法は学んでいない。したがって、コミュニケーションに支障がある場合は、T大学の学生が日本語で対話ができる場合は日本語を活用したり、担当教師である私やほかの人に助けを借りたりできることを伝えた。

3-2-2 プロジェクト中盤（第5回授業と第6回授業）

第5回のT大学の大学生との交流の場では、まず8グループ（日本の学生1名、韓国の学生2、3名）に分かれ、アイスブレイクを行った後、前述した①、②、③の活動を行った。学習者Aは韓国の大学生たちに対し、留学生サポートをしていること、その活動を通じて多くの友人に出会ったこと、韓国の大学を訪問したことなど、自分の大学生活について語っている。学習者Bも留学生サポートでできた友達、ゼミでできた友達が自分にとって最も大切な存在であることについて述べている。R大学の場合、交換留学生として韓国から多くの留学生を受け入れているため、その学内の留学生をゲストとして教室に招くことも可能であった。しかし、私は、まったく異なる環境で、今、大学生活を送る学生と出会うことで、学習者の夢や目標は刺激され、その自身の夢や目標も明確化、具体化が促進されるのではないかと考えた。この交流会について、学習者Aは＜インタビュー＞で以下のように語っている。

学習者Aの語り①

（韓国の大学生は）なんかもう、計画が立てられているというか、たぶん、向こうの社会で、計画が立てられていないと進む道がわからなくなっちゃうっていうの

---

[4] 本来はT大学の学生はほかの授業にゲストとして呼ぶ予定であった。T大学は毎年、4日間程度の日本研修を設けており、これまでもR大学の私の授業に参加することがあった。この日本研修に参加した学生には一定数、日本語学習者が含まれているものの、英語や中国語を専攻する非日本語学習者も見受けられた。

もあるのかもしれないですけど，日本人だと漠然と仕事をするだとか，4年になったら就活をするだとかいうイメージが強いんですけど，向こうは，就活するっていうのに対してもどういう系の会社に行くっていうのが，そういうのが決まっているイメージがあって。

　以前から日本語教師になりたいという目標を持っていた学習者Aは，この交流の場において，自分と同じ日本語教師になりたいというT大学の学生と出会い，情報共有をし，その学生が考える「教師に求められる能力の高さ」に驚いたと言う。第6回の授業では，T大学の学生との対話によって知り得たことを共有するなかで，学習者A同様，ほかの学習者もT大学の学生が自分の夢や目標について具体的に語る姿を目の当たりにし，大きな刺激を受けたことを語っている。

　しかし，学習者Bからはこの交流で得た刺激に関するコメントが見られない。交流会後の＜授業シート＞に以下のように記載されている。

・グループの韓国の方がとても優しくて，焦らずに発表できました。単語をたくさん覚えたら，聞き取りできるようになるのではと思いました。

＜学習者B　第5回授業シート＞

　また，＜インタビュー＞においても，T大学の学生から得た自身の韓国語に対するフィードバックを中心に語っている。

学習者Bの語り②

　教師：今回，(T大学の学生と) 交流をしたんですけど，どうでした？
　　B：なんか日本語が結構向こうのほうが上手で，結構，日本語を使っちゃったんですけど，自己紹介したときに，発音が上手とか言ってくれたのがうれしかったです。

　学習者Bが，記載した＜授業シート＞や授業中の＜ワークシート＞を見てもプロジェクト中盤までは，「単語を言いながら覚えるように頑張りたい」，「1つの文を作れるようになった（文レベルで表現できるようになった）のがうれ

しいです」,「話すときの区切りができなかったと思いました（ポーズが取れなかった）」など，夢や目標を語ることそのものより，相変わらず発音や語彙，文法に目が向いていた。そこで，私は，学習者Bが自分の夢や目標に向き合えるよう，プロジェクト後半は母語で考え，母語で表現する活動を積極的に勧めることにした。

3-2-3 プロジェクト後半（第7回授業から第15回授業まで）

私は，T大学と交流後，学習者らが継続して交流できるようクラスのFacebookを立ち上げ，第7回の授業では「夢や目標を伝える」ルーブリックを学習者に提示した。このルーブリックでは,(1)自分の夢や目標を語り,(2)それを実現したい理由, (3)実現するために今，行っていること，これからしようと思うことについて韓国語で表現することをタスクとしている。このルーブリックに従い，夢や目標を具体化し，構成を考え，表現していく活動を教師，クラスメートとの対話を通じて行った。また，この表現をしていく過程で，タスク遂行に関わる新出の語彙・文法の習得活動も同時に行っている。学習者Aは日本語教師という夢を実現するためのステップを考えることに苦労しながらも，第7回から第11回までの活動において，その実現までのステップを具体化していった。学習者Aは＜インタビュー＞において，その過程を以下のように語っている。

学習者Aの語り②

（このプロジェクトでは）ある種のキャリアデザインができたかな。日本語の先生になるっていうのはもう決まっているじゃないですか。でも，そのために，計画っていうか，何をしなきゃいけないとか，どういうふうに進んでくとかっていうビジョンがはっきり見えるようになったので，テーマ的にはすごくよかったと思います。

学習者Aは，夢や目標を具体化する過程で，一度は，日本で日本語教師になることと，韓国で日本語教師になることも考えたが，大学の就職課やこのプロジェクトを通じて収集した情報をもとに，まず，オーストラリアでアシスタ

ントとして勤務し，経験を積むことにしたという。学習者Aは自身がこの夢を韓国語で語る姿をFacebookにアップし，韓国の大学生からコメントをもらっている。この時点で，将来について具体化し，表現できた学習者Aはある意味，教師である私にとって理想的な学習者像であった。

　一方，学習者Bはプロジェクト後半に入っても，自分の夢や目標を具体化できずにいた。そこで，自分の夢や目標を語る際にどのような内容を盛り込み，どのような構成するかを考え表現する活動（第8回），それは自分にどのような意味や価値があるかを考え，他者と語り合う活動（第9回）において母語で話したり，書いてみたりすることを勧めた。その結果，学習者Bから＜授業シート＞において徐々に夢や目標に関する記述が見られるようになった。

・将来の夢をみつけようと思いました。　＜学習者B　第10回授業シート＞
・もっと深くやりたいことについて考えようと思いました。
　　　　　　　　　　　　　　　　　　＜学習者B　第11回授業シート＞

　学習者Bが第11回の授業で立てた目標は「たくさんおいしい料理を食べたい」，「たくさんの国に行きたい」，「韓国語をたくさん話したい」である[5]。これに対し，ほかの学習者からどのような職業を考えているのか，そのために今，努力していることを表現するとよいというフィードバックをもらったことを＜フィードバックシート＞に記載している。学習者Bは，再度，夢や目標の練り直しを行った結果，韓国留学という目標を定め，最終的な成果物では，韓国語で話すことが好きで，韓国人の友達も作りたい。留学資金を貯めるために自分が好きな旅行や韓国に関連する企業で働きたいという内容について語った。学習者Bは成果物提出後，＜インタビュー＞において次のように述べている。

学習者Bの語り②
　教師：テーマが夢とか目標だったんですが，何かBさんが思うことはありますか。
　　B：私，夢，夢っていうか，本当にこの仕事に就きたいっていうのがなかったんで，

5　これらの目標は，実際の＜ワークシート＞において韓国語で書かれている。

14 「社会と直接的につながる学習」を捉え直す
――一人ひとりの社会に向き合うことの重要性

　　　　　なんかすごい考えることができたんで，よかったなと思いました。そういう面で。
　教師：なるほど，（授業シートに）将来の夢をみつけようと思ったと書いてありますね。
　　Ｂ：これっていうのがなくて，だから，自分の好きなことから，なんかそういう夢とかを探してみようかなって思いました。

　学習者 B はこれまで夢や目標について具体的に考える機会がなかったため，好きなことから夢や目標を具体化していったことを語っている。そしてこのような背景にある学習者 B の社会的文脈が＜インタビュー＞を通じて徐々に明らかになっていった。

学習者 B の語り③
　教師：サークルとかそういうのしてこなかったんですね。
　　Ｂ：そうですね。これってものをしてこなくて。
　教師：バイトとかをしてたの？
　　Ｂ：バイトとかしていなくて。で，学校がつまらなくなっちゃって，やめたいなあと思って，お母さんに相談とかしていたんですけど。

　学習者 B はこの実践が始まる前，大学に通う意味を失い，退学することも考えていた。そのためこのプロジェクトにおいて自身の夢や目標が具体化されなくても，当然のことだったのかもしれない。学習者 B は＜インタビュー＞においてプロジェクトが夢や目標を考えるきっかけなったと語っているものの，ひとつ間違えれば，このプロジェクトでのタスクは学習者 B にとって「表現の強要」につながっていたかもしれない。

　このプロジェクトが終わって 1 年が過ぎた 2017 年 9 月，大学 4 年生になった学習者 B は，成果物で語った「旅行や韓国に関連する企業」ではない企業から就職の内定通知を得たが，社内に海外留学制度があるため，韓国留学もあきらめていないと私に語った。学習者 B にとって韓国留学をしたいという目標は，タスクを遂行するために「言わされた夢や目標」ではなかったことが推

察される。ただし、学習者Bに対し、ほかの学習者と同様のタスクと評価基準を与え、自分の夢や目標の具体化を求めたことは適切であったのだろうか。今、振り返ると、学習者Bは今回のプロジェクトで、自らが語ったように「夢や目標を語る」のではなく「自分の好きなこと」、「自分のしたいこと」を語るのが限界だったのではないかと思う。

4 「社会と直接的につながる学習」の捉え直し

　私は教師として、このプロジェクトが学習者のキャリアデザインの一環となることを期待した。学習者には、自身の夢や目標を可能な限り具体的に韓国語で語ってもらいたいと考え、当初、計画したものから軌道修正を行いながら学習をデザインしていった。具体的には、プロジェクトの目的、学習目標、評価基準、学習する言語形式は変えずに、T大学の学生と大学生活を振り返ったり、夢や目標について語り合う場を設け、それをクラスで共有した。また、プロジェクト後半においては母語を積極的に活用し、対話を重視した活動によって夢や目標の具体化を図った。その結果、学習者Aと学習者Bを含め、すべての学習者は新出の言語形式を使用しながら、タスクを遂行していき、最終的にタスクを達成した。このプロジェクトは、キャリアデザインという学習者を取り巻く社会を学習に取り入れ、目標を達成できたという面においては「社会と直接的につながる学習（なかでも「言語に重心を置いた学習」）」だったと言える。

　しかし、このプロジェクトに問題点がなかったわけではない。「夢や目標を語る」というテーマは、学習者個人がおかれた社会と人生観に深く関わる。このようなテーマにおいて、教師がすべての学習者に同一のタスクと同一の評価基準を示すことは、学習者を取り巻く社会を一括りにし、同一の達成度を求める「一斉教育」とも言える。もし教師が学習者を取り巻く社会は一つしか存在しないと捉え、学習プロセスにおいて軌道修正もせず、学習目標の達成に固執していたら、学習者Bのような夢や目標を具体化できない学習者は、タスクを遂行できない原因が単に言語知識と言語能力にあるとみなされたり、個人を

取り巻く社会が無視され，集約された社会が教室の前提になる可能性もあった。

　では，このプロジェクトはなぜ崩壊しなかったのか。学習者Bは＜学習者Bの語り②＞においてこのプロジェクトを通じて，自分の進路について深く考えるようになったことを語っている。これは，学習者Bがこのプロジェクトに関わる実践者（学習者や教師，実践に関わるすべての人など）とともに「他者の声を聴く」ことと「自分の声を発信する」ことによる「対話」を行ったからではなかろうか。つまり，学習者Bは「対話」を通じ，テーマを自分ごととして捉えるようになり，自分を取り巻く社会に向き合うことになったのだと推察できる。この学習者Bを取り巻く社会は，学習者Bだけが向き合ったのではない。教師である私やほかの学習者，そしてT大学の学生とともに「対話」を通じて自他がおかれた社会に向き合ったことで，「社会と直接的につながる学習」の必然性が生まれるのではないかと考える。

　ここでいう「社会」とは，学習プロセスにおいて揺れ動く「社会」であり，他者との「対話」を通してでしか意識化されない学習者の頭や心のなかにある「社会」だと考える。この可変的で，流動的な「社会」について，ほかの実践者との「対話」を通じ，向き合うことで生まれる学びこそが，「社会と直接的につながる学習」ではないかと考える。

5 「一人ひとりの社会に向き合う」ことで創られる協働社会

　私はこのプロジェクトを立ち上げた際，教室にいる学習者を取り巻く社会を集約し，共通点を見つけ出し，それを学習に埋め込むことが社会と直接的につながる学習だと考えていた。それが，私がすべての学習者に同一のタスクと同一の評価基準を示したことに表れている。結果的には，この同一のタスクと同一の評価基準を変えることはなかったが，もし学習者Bのなかにある社会をより早い段階で把握できていたら，夢や目標を語ることをより広く捉え，「夢や目標について考えたプロセスを語る」というタスクの変更を学習者Bに提案することも可能であった。

「社会と直接的につながる学習」とは，学習開始時に学習者を取り巻く社会を把握・集約し，それを学習に関連づけることだけを指すのではない。社会が今，まさに人が生きている世界を形作るものであるならば，学習では実践に関わる一人ひとりの生きている社会にも目を向けることになる。その社会は国際社会，日本社会，地域社会のような外在化した社会だけではない。一人ひとりの声を拾い上げることで見えてくる個人に内在化した社会にも寄り添うことで学習者と取り巻く社会と学習が直接的につながるのであろう。

　『めやす』は「他者の発見，自己の発見，つながりの実現」を教育理念に掲げており，自己を表現し，他者のことばに耳を傾ける「伝え合いによる共感」が，相互の「わかり合い」と新たな価値の「わかち合い」を生み出し，つながりが実現するとしている（『めやす』p.17）。私がここで取り上げた一人ひとりの社会に向き合う学びとは，まさに『めやす』が掲げる「わかり合い」と「わかち合い」である。この「わかり合い」と「わかち合い」を教室で実現するということは，私たち教師が，実践に参加する一人ひとりの社会を可能な限り可視化し，その社会に実践者が向き合いながら「対話」をしていくことにほかならない。この小さな「対話」の積み重ねが『めやす』が目指す「協働社会を創ること（『めやす』p.17）」につながり，ひいては言語教育を通じたよりよい社会づくりが実現できると考える。

15 日本語教員養成における『めやす』

澤邉裕子

1 はじめに

　グローバル化する社会のなかで，国内においては多様な背景を持つ外国人の受け入れが進み，海外においては日本語・日本文化への関心，日系企業への就職などさまざまな理由で日本語教育の必要性が高まっている。このような背景の下，専門性を持つ日本語教育人材育成の需要は近年特に高まりを見せている。宮城県仙台市にある宮城学院女子大学（以下，M大学）では 2006 年に日本語教員養成課程を設置し，国内外の教育現場に日本語教師を輩出してきた[1]。教員養成プログラムのなかでは，2014 年より「めやす」を参考にした日本語教育の実践も行ってきている。本稿ではその取り組みを報告する。

　本稿で報告する実践の枠組みとした「めやす」は，「自己の発見」「他者の発見」「つながりの実現」を理念とし，「人間形成とグローバル社会を生きぬく力の育成」を外国語教育の目標として掲げて作成されている。特に特徴的なのは，「めやす」が推奨する「3 領域×3 能力＋3 連繋」という考え方であり，学習者が「総合的コミュニケーション能力」を身につけるために，言語，文化，グローバル社会の 3 つの領域における「わかる」「できる」「つながる」という 3 つの能力を育成することを目標に掲げた点である。當作（2013）が述べるように外国語学習において文法・語彙の知識や運用能力は不可欠であるが，外国語教育においては「言語領域」に多くの注意が払われすぎてきたとも言える。外国語教育を通して単に情報伝達，情報交換ができる能力を育成するだけでなく，社会のなかでさまざまな人々とつながりを持ちながらコミュニティに参加し，

1　M大学の日本語教員養成課程は日本文学科に設置された最低修得単位 50 単位以上の主専攻の課程である。課程修了者で日本語教師となった者の勤務先は，海外の大学，高校，国内の大学，高校，日本語学校などである。

社会の発展に貢献できる人物を育成しようとする「めやす」の考え方は，外国語教育全般に重要な視点を提供している。日本語教育現場においてもコミュニケーション能力の育成が重視されるようになって久しいが，特に初級段階においてはまず文法・語彙の知識を与え，それが学習者の頭のなかに入ってから使う練習をさせる，言語領域の「わかる」と「できる」を中心とした教育が行われることが多い。それでは，言語，文化，グローバル社会の領域における「つながる」力を育てる日本語教育実践とはどのようなものだろうか。M大学において日本語教員養成に携わっている筆者[2]は，この課題を履修生とともに実際に体験しながら模索していきたいと考えた[3]。しかし当時M大学には留学生が少なく，履修生が日常的に日本語学習者（以下，学習者）と交流することが難しい状況にあった。「つながる」を重視する「めやす」の日本語教員養成課程の授業への導入は，まず履修生が学習者とつながりを持ち，学び合う場を作ることから始まった。

　以下，本稿では「めやす」に基づいた二つの実践の事例を報告する。一つは履修生が海外の学習者とつながり，交流学習を行った事例であり，筆者が作成した単元案に基づく実践である。もう一つの事例は履修生が国内のボランティア日本語学習支援の場で実施した実践であり，単元案の作成者は履修生である。それぞれ実践の概要，活動手順，履修生の学びの結果について報告し，最後に2018年3月に文化審議会国語分科会より新たに提示された「日本語教育人材の養成・研修の在り方について（報告）」を踏まえて日本語教員養成課程における「めやす」の活用の可能性と課題について述べていきたい。

2　2013年度の（公財）国際文化フォーラム主催「外国語学習のめやすマスター研修」を受講した。
3　「めやす」は中国語と韓国語の教育を出発点としているが，その枠組みを使って実践が行える範囲はこれらの言語に限るものではない。第1章（山崎）を参照。

2 事例 1：履修生と韓国の学習者をつなげる交流学習プロジェクト

2-1　事例 1[4] の概要と活動手順

　ここでは，M大学の履修生（3年生，16名）と韓国S大学の日本語作文クラスの学習者（3年生，24名）間における交流学習プロジェクトを報告する。メールやSNS，郵便物の交換など遠隔的な交流の方法を取り入れながらの交流学習は2014年4月から5月までの約2か月間にわたり行われ，同年9月にはM大学の履修生側が韓国研修に出かけ，交流相手のS大学の学習者と協働で「韓国文化探訪リサーチ」という一日間のプロジェクトワーク（以下，PW）が行われた。

　本プロジェクトは筆者が作成した単元案と3×3＋3分析表，ルーブリックによる評価表[5]をもとに実施された。この単元案などは韓国の大学における日本語教育現場で実施することを想定して作成したものである。表2に単元目標とプロジェクトの概要を示す。

> 単元目標：日本に住む日本人大学生に向けておすすめの韓国ツアープランを作成し，パンフレットにまとめてみよう。
>
> 概要：韓国S大学の日本語クラスの受講生（以下，KS）が，日本M大学の日本人大学生（日本語教員養成課程の履修生，以下 JS）を対象に，韓国へ来た際に役に立つ韓国案内パンフレットを作成し，プレゼントする。KSとJSは混合のグループを作り，メールやSNSで自己紹介をし合う。KSはJSが韓国のソウルを訪れた際にどんな場所に行きたいかをリサーチし，手作りのツアープランを考案する。その案についてSKYPEを使用してKSとJSが話し合い，KSは微調整をしてパンフレットの内容を決め，作成する。KSはパンフレットをJS

4　日本語教員養成課程の3年次必修科目「日本語教育発展演習Ⅰ」（前期15回）の授業内で実施した。CEFR，JF日本語教育スタンダードの概要に加えて「めやす」の目指す言語教育のあり方，カリキュラムデザインについて学びながら，韓国の学習者との交流学習を行った。

5　「めやすWeb　3×3＋3」のWEBサイトでこれらの資料がすべて公開されている。http://www.tjf.or.jp/meyasu/support/handai-A/sawabeyuko/post-7.php

> に送り，フィードバックをもらい，それを踏まえて完成発表会をクラス内で実施する。さらに，そのパンフレットを PDF 化して学科のホームページにも掲載する。9 月には，JS が韓国研修でソウルを訪れ，KS とともに一日間の韓国文化探訪リサーチというプロジェクトワークを実施する。

表 2　交流学習の単元目標と概要

　本プロジェクトにおいて履修生が遂行した課題は，次のようなものである。
・自己紹介シートの作成とメールでの送付。
・SKYPE でのツアープラン紹介の際に，学習者側が参照できる日本語表現をまとめた資料の作成と送付。
・学習者が作成したパンフレットの草稿を読んで，日本語の自然さ，正確さ，わかりやすさなどを確認し，フィードバックを送付。
・完成版のパンフレット（写真 1）を読んで，感想，フィードバックを送付。

　これらは授業において筆者が課題として履修生に課したものであったが，これ以外にも SNS やメールを通じて日常的に履修生が韓国の学習者と近況報告を含めた会話のやり取りをしている様子がうかがえた。韓国研修は日本語教員養成課程のカリキュラム外の学外活動で参加に強制力はないが，パンフレット作成活動に参加した 3 年生のうち 9 名が参加し，交流学習の相手校である S 大学の学習者と直接会って，グループに分かれ一日間の PW を行った。事前にグループでソウル市内の訪問する場所と文化探訪のテーマを相談し，PW の当日は半日，グループで訪問先に行った。そこでテーマに基づく調査をし，夕方に全体で集合してリサーチ結果をグループごとに発表する（写真 2）というものであった。

写真 1　完成したパンフレット

写真 2　発表会の様子

2-2 履修生による活動の振り返り
2-2-1 アンケートの分析結果

ここでは履修生 16 名の振り返りアンケートおよびインタビュー文字化資料と，このうち韓国研修に参加した 9 名の振り返りのレポートの記述内容から履修生が得た気づきの内容について報告する[6]。アンケートの質問項目は 10 項目で，「全然そう思わない」を 1，「とてもそう思う」を 5 として 5 件法で回答を求めた。また，アンケートの最後には自由記述欄を設け，本活動の良かった点や改善が必要な点などについて自由にコメントするように求めた。

質問項目	全然そう思わない 1	あまりそう思わない 2	どちらとも言えない 3	そう思う 4	とてもそう思う 5	4＋5の割合(%)
1. グループのメンバーとメールの交換をしたことは活動を行う上で良かった	0 (0.0)	0 (0.0)	1 (6.3)	5 (31.3)	10 (62.5)	93.8
2. スカイプセッションを行ったことは活動を進める上でよかった	0 (0.0)	0 (0.0)	1 (6.3)	5 (31.3)	10 (62.5)	93.8
3. スカイプセッションのための資料作成は，グループのメンバーと話し合って一生懸命取り組んだ	0 (0.0)	1 (6.3)	2 (12.5)	6 (37.5)	7 (43.8)	81.3
4. スカイプセッションをして資料が学習者の役に立っていると思った	0 (0.0)	0 (0.0)	1 (6.3)	10 (62.5)	5 (31.3)	93.8
5. パンフレット原稿の添削活動は，グループのメンバーと話し合って一生懸命取り組んだ	0 (0.0)	0 (0.0)	1 (6.3)	5 (31.3)	10 (62.5)	93.8
6. パンフレットの完成版を見て，自分たちが行ったフィードバックが役に立っていると思った	0 (0.0)	0 (0.0)	0 (0.0)	10 (62.5)	6 (37.5)	100
7. ソウルツアーのパンフレットは，自分が実際に旅行するときに役に立つと思う	0 (0.0)	0 (0.0)	0 (0.0)	5 (31.3)	11 (68.8)	100

---

6 本プロジェクトにおける参加者の学びを履修生側の視点から分析したものに澤邉・相澤（2015），韓国の学習者側の視点から分析したものに相澤・澤邉（2015）がある。事例 1 は澤邉・相澤（2015）の分析対象に韓国研修レポートを加え，分析結果に加筆・修正を加えたものである。写真 1，表 3 は澤邉・相澤（2015）より転記した。

8. 交流学習を通して，日本語学習者について新しい発見や学びがあった	1 (6.3)	0 (0.0)	1 (6.3)	6 (37.5)	8 (50.5)	87.5
9. 交流学習を通して，日本語について新しい発見や学びがあった	0 (0.0)	0 (0.0)	3 (18.8)	8 (50.0)	5 (31.3)	81.3
10. 交流学習を通して，日本語の授業方法について新しい発見や学びがあった	0 (0.0)	1 (6.3)	6 (37.5)	7 (43.8)	2 (12.5)	56.3

表3　プロジェクト後のアンケート結果（N = 16）　＊（　）内は％

　アンケートの結果からは、履修生が本活動に対して概ね肯定的な評価をしていることがうかがえた。特に注目したいのは「6. パンフレットの完成版を見て，自分たちが行ったフィードバックが役に立っていると思った」と「7. ソウルツアーのパンフレットは，自分が実際に旅行するときに役に立つと思う」の二つの項目について履修生全員が「そう思う」と回答していることである。学習者が履修生のために作成してくれた成果物の内容に対する評価，満足度が非常に高いことがわかる。また，その成果物作成の過程において履修生が学習者とつながり，随時ツアーの内容や日本語の文章についてフィードバックを行っていたことが有用なパンフレットの完成につながったと評価しており，自分たちが果たした役割についても肯定的に捉えていることがうかがえた。

2-2-2　自由記述欄のコメント及びインタビューの分析結果

　振り返りアンケートの自由記述欄の記載内容およびインタビューの文字化資料をもとにそれぞれの記述を，KJ法（川喜田，1970）を援用して分析した。その結果，パンフレットの作成過程をサポートする活動に関して【交流の楽しさ】【不安から安心へ】【協働での作業を通した学び】【日本語・外国語学習についての学び】【日本語を教えるために必要なスキル】【スケジュールの問題】の6つのカテゴリーに分類された。また，韓国研修における学習者との直接対面によるPWに関しては【自文化・他文化の発見】【学習者の日本語学習に対する意欲】【コミュニケーションと言語学習】【日本語教師に求められる資質・能力】の4つのカテゴリーに分類された（図1）。

パンフレット作成のサポート

【交流の楽しさ】	【不安から安心へ】
外国人との初めての親密な交流／メール，SNS，スカイプの活用機会／交流パートナーとの出会い／日本に関心を持ち，意欲的に日本語を学ぶ学習者への好感／学習者から感化される自分	自身の力量不足からの不安／複雑な日韓関係に起因する不安 ↓ 自身がしたフィードバックが活かされている実感／学習者の日本語能力の高さ／日本の学生との共通点の認識と親近感

【日本語・外国語学習についての学び】	【協働での作業を通した学び】	【日本語を教えるために必要なスキル】	【スケジュールの問題】
客観的に日本語を見る視点の獲得／日本語や言語についての再考機会／日本語の誤用への気づき／韓国語についての発見／自らの外国語学習の振り返り	ペアワークの利点への気づき／ペアでの協力による最大限のフィードバック	日本語を説明する難しさの実感／適切なフィードバックの仕方の工夫	話し合いの時間の不足／ペアでの時間の調整困難

  学習者との対話交流（韓国研修）

【自文化・他文化の発見】	【学習者の日本語学習に対する意欲】	【コミュニケーションと言語学習】	【日本語教師に求められる資質・能力】
自分の持つ文化への気づき／似ているようで異なる韓国文化への気づき	日本語の勉強に対する意欲の高さに対する驚き／学習者の学習動機や進路希望への関心	若者言葉を使用する学習者への驚き／日本語能力の高さ／韓国語を勉強する必要性の認識	知識・歴史理解の重要性の認識／学習者理解の必要性

図1　履修生のコメント分析とカテゴリー化

　これらの結果は以下のように解釈することができる。まず，履修生たちは学習者とつながる活動に対して少なからず不安を感じていた。それは自身の日本語のフィードバックが学習者の活動に与える責任の大きさや，日本語教育の力量不足，歴史的，政治的に複雑な日本と韓国の関係に起因するものであった。

しかし実際に学習者とつながり，活動を進めるにつれ，徐々に【不安から安心へ】と変化していった。履修生は日本や日本語を意欲的に学ぶ学習者の声を聴き，ともに語り合うなかで【交流の楽しさ】を知った。また，自身が履修生のグループメンバーと協働で懸命に行った日本語の文章へのフィードバックが学習者に役立っている実感を持ち，経験の少ない自分でも日本語のサポートができていると認識するようになったのである。韓国と日本の学期のずれの関係[7]から作業の時間は余裕がないものになり【スケジュールの問題】はあったが，【日本語・外国語学習についての学び】，【協働での作業を通した学び】を得，【日本語を教えるために必要なスキル】を自らの経験をもとに考えられた本活動は，「相手だけでなく，自分のためにもなる活動」だと履修生たちが振り返ることのできるものになったと言える。これに加えて韓国研修参加者は，学習者と直接対面し，一日ともに過ごし，PWを遂行するなかで，【学習者の日本語学習に対する意欲】がどのようなものなのかを肌をもって感じ，コミュニケーションのために必要な日本語や韓国語など【コミュニケーションと言語学習】に対する意識を高めていた。さらに，実際に海外に出て学習者と自分たちが持つ文化について語り合うことにより，【自文化・他文化の発見】が促され，自文化を客観視する視点を獲得していった。そうしたなかで【日本語教師に求められる資質・能力】について具体的な気づきを得ていったと言える。

　このように，履修生が本活動を通して得た気づきや学びは多様であった。本活動は海外の日本語教育，学習者とつながる体験を得ながら日本語教師に必要な知識，技能，関係構築の態度を身につける一つの方策になったのではないかと思われる。しかし一方で，履修生の振り返りからはカリキュラムデザインの観点に立ったコメントがほとんどなかったことから，本活動が授業をいかにデザインし，実施するかという面についての気づきを促したとは言い難い。このことは，アンケートの「10. 交流学習を通して，日本語の授業方法について新しい発見や学びがあった」という項目において「そう思う／とてもそう思う」

---

[7] 韓国の大学は3月に学期が始まる。6月中旬に前期の授業が終了するため，4月から6月の2か月間という限定された期間での交流学習となった。

と考えた履修生の割合が56.3%で他の項目に比べ低いことからもうかがえる。本活動において履修生は日本語を教えるというよりも，学習者が日本語を使うにあたってアドバイスをする参加者という位置づけであったため，実践者としての視点に立ち，活動を評価することは困難であったと思われる。授業デザインや方法についての学びを促すためには，学習者とつながりを持つ学習活動に参加し，参加者としての自分の役割を振り返るだけでなく，どのような小さな体験でもよいので自ら授業デザインをし，実施し，その実践を振り返るプロセスが必要であることが見えてきた。

3 事例2：国内の日本語学習サポート現場における実践

3-1 事例2の概要と活動手順

事例2は，M大学の履修生（3年生，9名）が2016年後期の授業[8]で「めやす」に基づく単元案を作成し，それぞれ宮城県内の学習者を対象とした日本語サポートの現場において実施したものである。M大学では2016年10月に「日本語教育における『外国語学習のめやす』研修会」が開催された[9]が，履修生たちはこの研修会に参加して「めやす」に関する講演と実践報告を聴き，現職の日本語教師とともに行われたワークショップを通して「めやす」に基づく単元案の作成の仕方を学んだ（写真3）。一日間の研修会の後，履修生は授業のなかで，自身がボランティアとして関わっているそれぞれの日本語サポートの現場で実践可能な単元案（3×3＋3

写真3 「めやす」ワークショップ

---

[8] 日本語教員養成課程の3年次必修科目「日本語教育発展演習Ⅱ」（後期15回）内で行った。
[9] 第一部（基調講演及び実践報告）に55名，第二部（ワークショップ）に34名の参加者があった。http://web.mgu.ac.jp/jl/news/2164.html

分析表およびルーブリックによる評価表を含む）を作成した。2016年度の履修生は研修会以前からボランティアとして外国人児童，高校留学生，大学留学生を対象とした日本語サポート活動をしていた。単元案の作成は履修生が協働で行うこととし，外国人児童生徒を対象とした実践を考えるグループA，高校留学生を対象とした実践を考えるグループB，大学留学生を対象とした実践を考えるグループCの3つのグループが編成された。単元案はグループAが2つ，グループBとグループCはそれぞれ1つずつ作成した。その後クラス内で単元案に基づく実践計画を発表し，ディスカッションを経て，各現場で実践を試みた。授業の最終回では各現場の実践報告会を実施し，報告レポートが提出された。

授業回数と所要時間	目標	内容
1回目 90分	「めやす」が目指す外国語教育のあり方，概要が理解できる。	「めやすWeb」で紹介されている単元案に基づいた活動をクラス内で一部実施する。オリジナルの単元案を参照しながら，3×3＋3分析表にどのように記載されているか，自分ならばどう記載するかを考える。
2回目 「めやす」研修 第一部 2時間30分 第二部 2時間30分	・「めやす」の概要をJFスタンダードとの比較の視点から理解できる。 ・日本語教育分野での実践例から自身の授業との関連を考えることができる。 ・単元案の作り方，3×3＋3分析表の作り方を理解することができる。	第一部）「めやす」に関する基調講演「『外国語学習のめやす』とは何か」（山崎直樹氏），実践報告「日本語教育における『外国語学習のめやす』」（田中祐輔氏）を聴く。 第二部）現役の日本語教師と履修生との混合のグループにおいて，モデル単元案の3×3＋3分析表を分析し，学習目標を実現するための授業デザインを考案する。グループのアイデアを共有する。
3回目 90分	想定する学習者を対象として学習目標を設定し，学習シナリオを作成することができる。	ボランティアで教えている現場ごとにグループ（A～C）に分かれ，それぞれの対象者の課題やニーズを考えながら単元案のテーマ，学習目標，学習シナリオ（案）を作成する。
4回目 90分	3×3＋3分析表を理解し，単元案の3×3＋3分析表を作成することができる。	グループ内の話し合いを踏まえて，学習シナリオにもとづく3×3＋3分析表（案）を作成する。

5回目 90分	ルーブリックの作り方を理解し，考案した単元案のルーブリックを作成することができる。	グループ内の話し合いを踏まえて，考案した単元案のルーブリックによる評価表（案）を作成する。
6回目～ 8回目 各90分	クラス内で単元案を発表し，ディスカッションを踏まえて修正案を考えることができる。	グループA～Cによる学習者の背景紹介，単元案，3×3＋3分析表，ルーブリック評価表の発表とクラス内におけるディスカッションを行う。
各日本語サポート現場における実践 （冬休み前後あるいは冬休みの期間を利用して教材の準備・活動の実施）		
9回目 90分	自らの実践についての流れと学習者の様子，良かった点や改善すべき点をわかりやすく報告することができる。	各グループ20分＋質疑応答10分の実践報告会を実施する。
10回目 （学外）	自らの実践を振り返り，レポートを作成することができる。	作成した単元案，3×3＋3分析表，ルーブリックによる評価表を添付し，実践報告と振り返りのレポートを作成する。

表4　「めやす」を参照した日本語サポート実践の手順

3-2　履修生が作成した単元案の概要

表5は履修生が作成した単元案の概要である。

グループ（人数）	サポート対象，人数，レベル[10]	内容	活動の概要
グループA （2人）	外国人児童 15人程度 レベル1～3	文集作り	小学校の1年間の生活を振り返る日本語の作文を書き，全員の分を集めて文集を作成する。
	外国人児童 1人 レベル1～3	名刺作り	自分を周りの人に紹介するための名刺を作成する。書き入れる内容やデザインは自由。名刺交換のマナーも学び，実際に交換する。

---

[10] 「めやす」の言語運用能力指標（レベル1～4）による。単元案を作成する際には「めやす」のコミュニケーション能力指標で示されている話題とレベルを参考にしている。「めやす」ではクラスの言語運用レベルを設定してそのなかから学習目標とする指標を選択することを基本としつつも複数の言語運用レベルから指標を選択することも推奨している。履修生が作成した単元案のレベルが複数あるのは，複数の言語運用レベルから指標を選択しているためである。

グループB (3人)	大学留学生 (台湾出身) 2人 レベル4	日本の正月体験とレポート作成	日本の正月についてインターネットや本などで調べ、実際に年賀状を書いたり、初詣に行ったり日本の正月に関することを体験する。さらに日本の正月と台湾の正月を比較したレポートを日本語で作成し、日本人学生、大学教員に渡してコメントをもらう。
グループC (4人)	高校留学生 3人 レベル1～2	国のお菓子レシピ紹介	出身国のお菓子のレシピを日本語で作文し、そのレシピに従い実際に食品栄養学科の学生や先生とともに調理実習（出身国のお菓子と日本のお菓子）を行う。完成したレシピをWEB上のレシピサイトに投稿し、関係した人たちにもレシピをプレゼントする。

表5　履修生が作成した単元案の概要

　グループAの2人の履修生は一年前からそれぞれ異なる外国人児童生徒の学習支援ボランティアのグループに所属し活動していた。一人は週に一回15名前後の生徒が一つの教室に集まり、グループ単位で学習支援を行うタイプのボランティア活動をしている。この履修生は、教室に通う児童が、国籍、学年、日本語運用レベルがそれぞれ異なるために、うまくコミュニケーションがとれず、人間関係が希薄になりがちであるという問題を感じていた。そのため、文集を作ることで自分を見つめるとともに同じ教室に通うクラスメイトのことを知り、新たな人間関係を構築するきっかけになることを意図してこの単元案を作成した。もう一人の履修生は週に一回、マンツーマンで外国にルーツを持つ小学生の日本語および教科指導を行っている。「名刺作り」の単元案を作成したのは、自身が小学校高学年の時に授業において名刺を作った経験に着想を得たものであった。自分を他者に紹介するための名刺を作り、他者と交換するという活動は、児童の自己理解、アイデンティティ形成、他者とのつながりの構築を目指したものだった。

　グループBの3人の履修生はM大学に交換留学している2人の台湾人留学生の日本語サポート活動を半年前から行っていた。留学生が日本のさまざまな場所に行き、さまざまな体験をしたいと常日頃語っていたことから、時期的にふさわしい「正月」をテーマに据えた単元案を作成した。年賀状を書き、初詣

に出かけ，日本と台湾の正月を比較するレポートを書き，日本人学生や教員に読んでもらいコメントをもらって，レポートの内容を振り返るというプロジェクトだった。日本の正月の過ごし方について情報収集する際に日本人学生や日本に住む人々に積極的に関わり，コミュニケーションをとることや，比較の観点を入れたレポートを書くという作業を通して留学生のアカデミックな日本語能力を高めるということも狙いに含まれていた。

　グループCの4人の履修生たちは一年前から高校留学生の日本語サポート活動を行っており，高校留学生を対象とした「国のお菓子レシピ紹介」という単元案を作成した。留学生の国のお菓子のレシピをネット上のレシピ紹介サイトに投稿するというものである。このテーマを設定した理由としては，留学生がそれぞれ異なる国から来ていることを活かし，互いの文化を紹介し理解し合える内容にしたいと考えたことがあった。また，留学生はコミュニケーション範囲が学校とホームステイ先の家庭という限られた範囲であることに鑑みて，インターネットを活用して社会とのつながりを持たせる狙いがあった。

3-3　履修生による活動の実践と振り返り

　履修生はそれぞれの活動の場でこの単元案に基づき授業を実践した（写真4）。授業内でその報告会を行った後，振り返りのレポートを作成した。ここでは，履修生が書いたレポートの記述内容から，「めやす」に基づく授業実践を行う上で，何を達成し，あるいは評価できると感じたか，また，何を課題として感じたかに焦点を当てて結果を報告する。表6にその要約を示す。

写真4　グループCによる実践
　　　　国のお菓子レシピの作成と調理実習

	達成できた／評価できる点	課題として残った点
グループA 文集作り	・楽しくのびのびと活動に取り組めていた。 ・この活動をきっかけに輪に入って話し，新たな人間関係の構築につながっていた。	・大人数，多様なレベルの子どもに対応すること。
グループA 名刺作り	・得意な図工という教科と連携できた。 ・年少者の学習活動に有効なアクティビティだった。	・マンツーマンの支援において，社会とのつながり，21世紀スキルを組み入れた活動にしていくこと。
グループB 日本の正月体験とレポート作成	・留学生がすべての課題をこなし，日本と台湾の正月の違いをレポートにまとめることができた。 ・他の文化と比較する思考を持つことができた。 ・留学生たちが積極的に作業をし，楽しみながら取り組むことができた。	・評価までやり遂げること。 ・計画通りに実行する力や指導する力を高めること。 ・成果物（年賀状やレポート）の共有の場を作りだすこと。 ・社会の人々とつながる活動にすること。
グループC 国のお菓子レシピ紹介	・留学生たちが食品栄養学科の学生たちに自発的に話しかけるなど，交流がうまくいった。 ・他者とのつながりを取り入れ，学習者の成長につなげることができた。	・グローバル社会領域の「つながる」を達成すること。 ・活動手順をサポーターでしっかり共有して連携しながら計画通り行うこと。

表6　履修生たちの実践振り返り（要約）

　履修生はそれぞれ異なる現場において実践を行ったが，各現場において参加者たちが楽しく積極的に活動に参加していたと述べ，その姿から今回試みた活動の意義を実感している様子が見られた。教室外の他者との交流（例1），他教科との連携がうまくいき，学習者の意欲が高まったことを評価する声もあった（例2）。

例1　今回は学習者と接点もなく，日本語教育を学んでいるわけでもない学生や先生との交流があったため，内心サポート側は心配していた。しかし，実際調理に入ってみると，レシピを日本語で説明したり，食品栄養学科の先生や学生の言っていることも理解し，相談をしたりしていて，その姿に驚いた。

<グループC＞

例2　実際に名刺を作成するときには「図工」の教科が得意であることもあってレイアウトにはこだわりを持って完成品はカラフルで華やかなものに仕上がった。日本語を活かすだけでなく，得意教科を取り入れることによって，学校で学習してきたことも活かすことができた。そうしたことで，作成した名刺は成果物として何重もの意味を持つものになったし，学習者の意欲も自然に高まった。＜グループA＞

　一方で履修生が課題として掲げたのは，計画的な実行（例3），協働で実施する際の連携（例4）などの運営面に関すること，学習者と社会をつなげる授業デザイン（例5）や評価に関すること（例6）であった。

例3　当初の計画通りに全員で初詣に行くことができなかった。留学生はそれぞれ初詣に行ったが，そこで神職さん，巫女さん，参拝に来た方に声をかけ，話を聞いてみるなどできればよかった。＜グループB＞

例4　サポートメンバー同士での連携が難しかった。もう少しメンバーの間で内容の把握や話し合いができたらよかった。＜グループC＞

例5　サポートがマンツーマンであったため，学習者とサポーターだけの活動になり，そのため実践共有の場がサポーターと家庭のみと限られてしまった。さらに，「名刺」は個人情報ということで成果物をネットなどにあげることも難しく，グローバル社会的な「つながり」を作るのは至難の業であった。こうした少人数で「めやす」のアクティビティを行うためには「共有の場」を設けること，拡充することが重要になってくるだろう。＜グループA＞

例6　今回，評価を試しに行ってみたが難しいと感じた。「めやす」において評価は「学習者と教師の共同作業」とあり，学習者の成長に必要なものであるとわかった。自己評価を取り入れることは学習者の自律性を高める上でも非常に重要だと思う。これからの活動に活かしていきたい。＜グループC＞

　履修生によるこれら各現場における授業実践は1時間から5時間という限られた時間数のものであった。しかし履修生は各現場における課題やニーズを踏まえ，日程，時間数，場所，人数など実現可能性を十分に考慮しながら単元

案を作成し，実施し，その活動を振り返り次の実践につなげる気づきを得るというプロセスを経験することができた。事例2は履修生が実践者として学習者の学ぶ意欲を高め，社会と学習者をつなげる実践とはどのようなもので，いかに実現できるかを総合的に考える試みになり，事例1とは異なる質の学びを促進するものになったと考える[11]。

4 日本語教員養成課程における「めやす」活用の可能性と課題

　2018年3月，「日本語教育人材の養成・研修の在り方について（報告）」が文化庁の文化審議会国語分科会より提示された。多様な背景を持つ外国人の受け入れ，海外における日本語学習ニーズの高まりといった社会背景の変化を受け，これまで大学などの日本語教員養成課程が基本的な指針としてきた「平成12年教育内容」を見直し，新しく日本語教育人材の活動分野や役割ごとに求められる資質・能力，それに応じた教育内容等を示したものである。この報告書において日本語教師【養成】に求められる資質・能力は「知識」「技能」「態度」に整理され，「技能」としては「1. 教育実践のための技能」「2. 学習者の学ぶ力を促進する技能」「3. 社会とつながる力を育てる技能」の三つが挙げられた。ここで改めて本稿で報告した履修生の学びとこれらの技能とを関連づけて考えてみると，これら三つの技能をバランスよく高めるために「めやす」が役立つものになるという可能性を示すことができる。

　たとえば「3. 社会とつながる力を育てる技能」については「学習者が日本語を使うことにより社会につながることを意識し，それを授業実践に生かすことができる」（p.20）という資質・能力の説明が記載されている。これは「社会とつながりのある活動」としての日本語教育実践が意識づけられた事例2の履修生の学びの内容と関連づけられる。「社会とつながる力を育てる技能」

---

[11] 履修生のなかには「めやす」の実践を通して「学習者と教師の共同作業」としての「評価」について関心を持ち，次年度の卒業論文のテーマに据えた者もいた。卒業後，年少者日本語教育の現場で教える日本語教師となった者のなかには，「めやす」の考え方を参考に学習者と社会とつながりを持たせるための実践を模索し続けている者もいる。

というのはやや抽象的で捉えがたい面もあるが[12]が，「めやす」を参照することにより「学習者が社会とつながる力」を育てるための実践をより具体的に考えることができるようになるのではないかと考える。「つながりの実現」を重要な理念とし，3×3＋3という考え方の枠組みを提示しているからである。加えて「めやす」の実践リソース集である「めやすWeb」ではさまざまな外国語教育の活動現場での単元案が公開され，学習者と社会をつなぐことを目指す実践のさまざまな試みが共有されている。「学習者が社会とつながる」とはどのようなことか，日本語教育の現場で何ができるか，その先に何を目指すか，自分の頭で考えるための第一歩として「めやす」を参照し，具体的な実践を考える糸口として活用することには大きな利点があると考える。

報告書ではさらに，大学における45単位以上の日本語教員養成課程においては「体験，事例研究，問題解決学習など，主体的・協働的に学ぶ機会を取り入れることが求められる」（p.62）としている。事例1のような「履修生と学習者がつながる」実践，事例2のような「履修生が学習者と社会とをつなげる実践」は，履修生たちが実践の当事者となりながら主体的・協働的に学び合える機会となっている。「めやす」が育成することを目指す異文化間コミュニケーション能力，高度思考力，協働力などを含めた総合的コミュニケーション能力は，とりもなおさず日本語教師に求められる〈力〉でもある。日本語教育とはコミュニケーションの教育でもあるからである。「めやす」を参照した教育プログラムの実践は，履修生たちの日本語教師としての資質・能力を高めることに自然とつながっていくと思われる。

最後に課題を述べる。M大学の日本語教員養成課程のカリキュラムにおいては，このほかに日本語学校における日本語教育実習があり，日本語学校という教育現場で定められた日本語教育プログラムに基づいて日本語指導を行う実習を経験する。「めやす」を通じて得た学びを異なる日本語教育現場での

---

[12] 報告書において日本語教師【養成】に求められる資質・能力として「1. 教育実践のための技能」は6つ，「2. 学習者の学ぶ力を促進する技能」は3つの指標文が示されているのに対し，「3. 社会とつながる力を育てる技能」は1つでやや抽象的である。参考までに，日本語教師【初任】に求められる資質・能力は各活動現場（「生活者としての外国人」「留学生」「児童生徒等」）に合わせた「社会とつながる力を育てる技能」が記載されている。詳しくは報告書を参照されたい。

実践にいかにつなげ，活かしていくかを考えることは現実的な課題である。さらに言えば，本稿で報告した「めやす」に基づく実践は，国内外を含めすべて学校教育を受けている児童生徒や学生を対象としたものに限られている。多様な学習者に向き合う日本語教育の現状に鑑み，たとえば「生活者としての外国人[13]」を対象とした現場の場合はどうか，など対話を重ねながら考え続けていくことが必要である。日本語教員養成課程という場が少なくとも履修生同士，教員と履修生，学習者と履修生の間の対話の場となり，向き合う学習者のためのより良い日本語教育実践を考える場となることを目指したい。「めやす」はその対話の場において議論を活性化し，深化させる参照枠組みであり，重要なリソースの一つになり得ると考える。

謝辞

活動計画と実施，原稿執筆の段階においては，相澤由佳氏，早矢仕智子氏より貴重なコメントをいただきました。この場を借りてお礼を申し上げます。

---

[13]「生活者としての外国人」とは誰もが持っている「生活」という側面に着目して，日常的な生活を営むすべての外国人を指すものである（文化庁　文化審議会国語分科会，2018, p.12）。

16 南米の日本語教育と『めやす』

阪上彩子

1 はじめに

　日本と歴史的に関係が長く深いが，地理的に距離がある南米の日本語教育において，学習者の人間的成長を促し，21世紀に生きる力を育てることを目標とした「めやす」の教え方が適していることを主張する。まずは南米の日本語教育事情，日本との歴史，ペルーにおける日本語学習者の実態について論じる。次に南米の日本語教育においての「めやす」の導入のポイントについて述べる。最後に実際に行った南米での「めやす」研修について報告する。

2 南米の日本語教育の特徴

　南米の日本語教育は1890年代から始まった計画移住と密接な関係がある。日本に戻ったときのために子弟に教える「国語」としての日本語から始まり，継承語としての日本語，そして外国語教育としての日本語と大きく移行している。南米のすべての国について取り上げたいが，本稿では主にペルー，ブラジル，アルゼンチンに焦点を当てて紹介する。

2-1　南米と日本の歴史

　南米と日本の関係の歴史について，日本語教育の観点から述べる。日本と国交が樹立したのはペルーが1873年と最も早く，ブラジル，アルゼンチンと続く。その後1899年からペルーへの計画移住が始まり，その後1908年からブラジル，コロンビアと続く。根川（2013）によると，1920年には205,000

人がブラジルへ、17,000人がペルーへ移住したとされる。ブラジルでは子弟に対する教育のため1915年に日本人学校が設立され、ペルーでも1920年には首都リマに日本人学校が設立される。しかし第二次世界大戦では、敵対国となり、排日政策がとられる。根川（2013）によると、1938年にブラジルでは日本人学校294校が閉鎖を命令され、日本語の新聞も停刊されていったという。またペルーでも1940年に反日暴動が起こっており、日本語を話すことは禁止される。

第二次世界大戦後は、国交が回復し、ブラジルへの計画移住が再開する。アルゼンチンへは、戦前も5,000人ほど移住していたが、戦後本格的に計画移住が始まる（『アメリカ大陸日系人百科事典 — 写真と絵で見る日系人の歴史』）。

ペルーでも1947年に禁止事項が解かれ、日系人コミュニティや日本人学校が再び開設された。その後1990年にアルベルト・フジモリが大統領選挙に勝利するなど、ペルー社会において日系人は存在感を示していった。しかし第二次世界大戦中に日本語が禁止されていたことから、家庭での言語が日本語からスペイン語に代わっており、戦前のように日本の文化に執着するのではなく、ペルーの文化を取り入れ、日系ペルー人としてペルー社会に溶け込んでいった。ブラジルでは1963年にサンパウロ大学で日本語日本文学講座が開設され、その後リオデジャネイロ大学、パウリスタ州立大学、ブラジリア連邦大学でも開設される。高等教育機関でも日本語を学ぶことができ、さらに日本語教師養成のための講義も受講できるのが、ほかの南米の国と違う点である。

一方、1990年の日本の入国管理法改正を機に、貧しい南米の日系人は日本へ「デカセギ」に行った。2006年には、日本にブラジル人が312,979人、ペルー人が58,721人、アルゼンチン人が3,863人居住していた（法務省入国管理局『出入国管理統計年報』）。多くが「デカセギ」に行ってしまったため、現地の日系人コミュニティは加入人口が減り、ペルーの日本人学校では、それまで日系人しか入学を許可していなかったが、非日系ペルー人の入学も認めるようになった。

しかし2008年のリーマンショックで日本経済が悪化したことから、不安定

な職場で働いていた日系人の多くは，失業し，南米に帰らざるを得なくなった。日本の学校に通っていた子どもは，突然ペルーやブラジルに戻り，日本語とは異なる言語の学校に通うことになる。現地語を話すことができても，読んだり書いたりすることができないので，現地の学校についていくことができず問題になっている。これらの学生はペルーでは「ニホンガエリ」と呼ばれ，大きく問題になっていた。

2-2　南米の日本語教育の現状

　国際交流基金の『南米スペイン語圏日本語教育実態調査報告書』を基に，南米の日本語教育の現状について概観する。「日本語教育現状のグラフ」（p.21）より，南米の日本語学習者数が多い順に6か国を抽出し，さらに外務省のホームページより日系人の数を加え，表1に示した。なお現在南米には日系人が200万人弱いると推定されている。そのなかで最も多いのは，ブラジルで約150万人，次にペルーの10万人と続く。

　日本語学習者数は日系人の数の順位と類似しており，最も多いのは，ブラジルの22,993人，その次にペルーの4,074人と続く（表1参照）。機関数，教師数はブラジル，アルゼンチン，ペルーの順である。この3か国は日系人も多く継承語としての日本語を学ぶための日本人学校[1]が多く存在する。南米の日本語教育は，日系人の歴史と大きく関係があることがわかる。

　ペルーがアルゼンチンと比べて機関数が少ないのに学習者数が多いのは，ペルーはアルゼンチンより日本人学校の数が多く，日本人学校（初中等教育機関）で日本語が教えてられており，全学年の生徒が週1回か2回，外国語科目として日本語を学ぶからである。パラグアイも同じ状況である。

　計画移住が始まった時期で日本語教育の現状も異なる。ブラジル，ペルー，パラグアイは戦前の移住が多く，現在では3世と4世が活躍しており，日本語教師も3世と4世が多い。コロニーを形成しているブラジルやパラグアイ

1　ペルーでは，日系子弟のための教育のために開設された学校を「日本人学校」ではなく「日系人学校」と呼ぶが，ここでは「日本人学校」と揃える。

国	学習者数	機関数	教師数	日系人数
ブラジル	22,993	352	1140	1,500,000
ペルー	4,074	19	92	100,000
パラグアイ	3,725	15	70	10,000
アルゼンチン	3,571	42	192	65,000
ボリビア	489	6	36	11,350
チリ	1,078	8	47	2,600

『南米スペイン語圏日本語教育実態調査報告書2017』、外務省ホームページ

表1　南米の日本語学習者数・機関数・教師数・日系人数

では今でも家庭内言語が日本語のところもあるが，多くが家庭内言語は現地語となり，日本語が話せない人が増えた。それに対し，ボリビアとアルゼンチンは第二次世界大戦後に移住した人が多く，アルゼンチンやボリビアで積極的に活動するのは2世である。そのため，ボリビア，アルゼンチンの日系人は日本語を保持していると言える。ボリビアでは日系人が多いにもかかわらず，日本語学習者数が少ないのは，家庭内で日本語を話すため，「日本語」ではなく「国語」として学んでいるからではないかと推測する。

2-3　ペルーの日本語学習者の実態

南米の学習者機関調査より概況は把握できたので，より具体的な日本語学習者の実態を知るためにペルーでの調査を紹介する。

2-3-1　調査の内容

筆者は2015年3月からペルー日系人協会で半年勤務しており，そのときにペルーの日本語学習者を対象としてアンケート調査を行った。調査時期は，2015年4月〜8月である。アンケート項目は，国際交流基金が毎年調査している日本語学習者の項目を参考にした。以下の13項目である。

　（1）日本語学習期間
　（2）来日経験

（3）(2)で「ある」と答えた人に，日本滞在期間
（4）日本語学習の目的
（5）日本語力の自己評価
（6）日本語能力試験の資格の有無
（7）日本語の技能別難易度（聞く・話す・書く・読む）
（8）学習したい技能（聞く・話す・書く・読む）
（9）家庭での日本語使用時間
(10)家庭での日本語使用用途
(11)日系人対象に，日系何世か
(12)日系人対象に，日本人であるアイデンティティを持つかどうか
(13)日本に対するイメージ

2-3-2 調査対象者

　調査対象者1,009名の学習機関は，日本人学校が3校，大学が3校，その他日本語学校が8校である。

　年齢別に調査対象者数を表2，その割合を図1に示した。日系か非日系かの割合は図2示す。ペルーでは初中等教育機関で学ぶ学習者が多く，この調査でも20歳以下の学習者が76％を占めた。

2-3-3 調査の結果

　アンケート調査のうち，本稿では，(1)日本語学習期間，(2)来日経験，(3)日本滞在期間,(4)日本語学習の目的を取り上げる。(1)日本語学習期間は図3，(2)来日経験は図4，(3)日本滞在期間は図5，(4)日本語学習の目的は図6に示す。

　(1)の日本語学習期間は5年以上が33％と最も多く，次に6か月以内の21％，次に1年～2年と続く（図3参照）。学習期間が長い人が多い理由は，ペルーでは日本人学校の生徒が学習者数のなかで多く，日本人学校では11年間，義務で勉強するからである。

　(2)の来日経験は34％があると答えており（図4参照），来日経験がある

年齢	調査対象者数
〜15	485
16〜20	202
21〜25	134
26〜30	54
31〜39	24
40〜49	8
50〜59	6
60〜	2

表2　年齢別構成

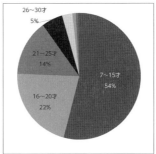

図1　調査対象者年齢別構成

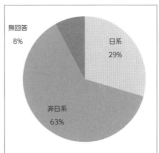

図2　日系かどうか

人のなかで，(3)の日本滞在期間は1か月以内が23%，5年以上が19%と続く（図5参照）。日本とペルーは地理的に遠く，簡単に行ける距離ではないのに，34%いるのは，日系を対象としたプログラムが多数存在し，そのプログラムを利用して数週間の日本滞在をするからである。また5年以上というのは，2008年のリーマンショック以前に日本に住んでいたことがあるからではないかと推測する。

　日本語学習の目的について，三つ以内の複数選択可として尋ねた。その結果を図6に示す。日本語学習の目的として最も多かったのは，「日本語そのものへの興味」（445人）である。次いで「漫画・アニメ・JPOPなどが好きだから」（336人），「日本への留学」（280人）となっている。この結果は，全世界の調査とほぼ同じである。「将来への就職」は全体の4位で，全世界の水準と比べても高い。また「母語または継承語だから」という理由も高いが，日系

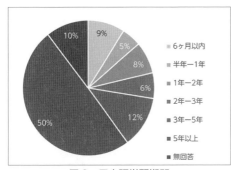

図3　日本語学習期間

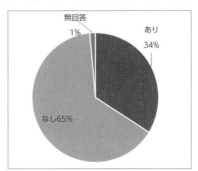

図4　来日経験

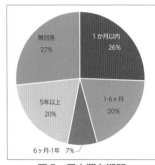

図5 日本滞在期間

の歴史を考えてももう少し多いことを予測していた。数では多くないが，機関の方針を理由とする人も多い。これは初中等教育機関で学ぶ学習者は，日本語を勉強したくて日本語を選択したわけではなく，日本語が必修科目だからだろう。筆者が日本人学校を見学したときも，小学校1年〜3年の児童は日本語のクラスに楽しそうに積極的に参加しているのだが，中学校になると，学習意欲がなくなっている様子を時々見かけた。日本と距離があり，日本へ行けるわけでもなく，日本語を勉強すると，受験や就職に有利になるわけでもないのであれば，日本語を学び続けるのは苦痛になるのかもしれない。そのため，機関の方針を選択しているともいえる。

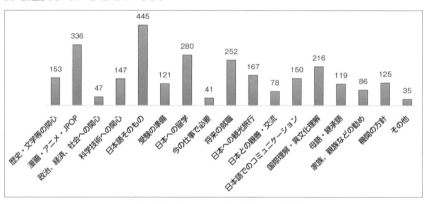

図6　日本語学習の目的（複数選択3項目以下）

3 南米における「めやす」研修

3-1 南米の日本語教育において「めやす」が適している点

筆者が南米の日本語教育において「めやす」が適していると主張する点を述

べる。南米では移民の歴史から各地に日本人学校が存在し、そこでは小学校1年生から日本語が教えられている。しかし、家庭内言語が日本語であった時代は、日本語を「国語」や「継承語」として教えられてきたが、現在は3世や4世の時代となり、家庭内言語が現地語に代わっており、日本に行くことも地理的に距離があり難しい[2]。そのような環境では、日本語を学ぶことだけを目標にするのではなく、日本語を学ぶことによって、日本の文化や自分の国の言語や文化を学び、そのことから人間的成長を促し、21世紀に生きる力を育てたい、これは「めやす」の教育目標と一致する。

ブラジルの年少者に対する日本語指導の現状について述べた柴原（2016）によると、課題解決のためには、認知発達と言語習得の二つを視野に入れた学習方法と、日系という文化的背景を共有する年少者と日本に興味を持つ日系以外の年少者がともに学ぶブラジルの環境に合った異文化理解能力の養成が必要であると述べられている。

この異文化理解能力を伸ばすことも、グローバル社会を理解することにつながる「めやす」の教え方ともつながる。

3-2　南米の日本語教育での「めやす」の利点

「めやす」は、教育理念も教育目標も確立しており、利用すべきポイントが多数あるが、筆者が南米の日本語教育において、「めやす」を参考にしてほしいポイントは以下の3点である。

(1) 異文化理解能力や21世紀型スキルを伸ばすためのカリキュラムを作っているかどうか振り返ることができる「3×3＋3」[3]を利用する
(2) 異文化理解能力21世紀型スキルを伸ばすプロジェクトワークを行うとき、大きな目標を個々の活動に落とし込むときに使う「目標分解表」[4]を利用

2　日系人に対する「継承語」「外国語」教育については、ブラジルのみであるが、福島・末永（2016）が言語政策の観点から論じられている。
3　「3×3＋3」については1章の山崎氏の論考を参照のこと。
4　「目標分解表」とは、「めやす」で提示された枠組みにもとづいて、学習プロジェクトを設計する際、役に立つツールで、詳しくは http://www2.itc.kansai-u.ac.jp/~ymzknk/bunkai/ を参照のこと。

する
(3) 異文化理解能力 21 世紀型スキルを伸ばすプロジェクトワークを行うとき，過去に同じようなプロジェクトワークはないか「めやす Web」[5]をチェックする

以下，詳しく説明する。

(1) 外国語を教えるときに，文法知識や文化の知識を一方的に教えることは難しくない。しかしそのインプットをアウトプットするために，どんな活動をすればいいか，さらに 21 世紀型スキルを活かした授業プランを組むためには，たとえば教室内のメンバーや教室外の人とつながるためにどんな活動をすればいいか日常の授業プランに入れることは難しい。それを考えるきっかけとなるのが「3×3＋3」である。これは，12 マスあるがすべて埋まる必要はない。しかし，異文化理解能力や 21 世紀型スキルを伸ばすためには自分の授業では何が足りていないか，この「3×3＋3」の表を使えば，空欄の部分を調べることによって省みることができる。

(2) 学習者中心で内容重視の活動を行う場合，大きな目標を設定できても，それを日常の学習活動にどう落とし込めばいいか授業設計を悩む場合が多い。また小テストなどの形成的評価もいつどうやって行えばいいかわからない。そこで，必要となるのが「目標分解表」である。大きな目標を達成するために必要な目標（中目標）を考え，次にその中目標を達成するために，どんな目標を立てればいいのかを考える。そしてその目標を日常の学習活動に落とし込む必要がある。

　この逆方向の発想は，文法積み上げ式など伝統的な教授法に慣れている人にとっては難しい。というのは文法積み上げ式の場合，たとえば存在文を教える場合，まず動詞「いる」「ある」を教え，それに対応する助詞を教える。そしてそれを使った文型「〜に〜があります，います」を練習する。それからさらに応用練習，たとえばインフォメーションギャップのある絵を使って，絵の違いを述べる練習を行う。このような順序で行われている。

---

5 「めやす Web」の URL　http://www.tjf.or.jp/meyasu/support/

しかし「目標分解表」は逆である。まず応用練習のようなタスクが大目標に来る。存在文の場合，例えば「学校を紹介しよう」という目標が最初に来る。それからそれを分解し，「学校についての語彙を知る」「存在文を言うことができる」「すらすらと読むことができる」などの目標がくる。つまり文法から教え始めることはなく，逆転の発想が必要なのである。

(3)「めやすWeb」では，「めやす」を利用した授業実践案やヒント，研修などの情報を提供している。学習者中心で内容重視の授業を行う場合，それを教える教科書や教具があるわけではなく，一から計画を立てなければならない。そうすると，授業準備に多くの時間がかかってしまう。そのため，似たようなプロジェクトワークが前に行われていないかを「めやすWeb」で探すといい。言語が違っていても，似たような授業プラン，「目標分解表」やルーブリックは参考になる。

3-3　南米での「めやす」研修

　実際に南米で行った「めやす」研修について報告する。筆者は2018年2月にアルゼンチン，ペルー，ブラジルで日本教育に従事している教員・大学院生を対象に「めやす」を知ってもらうことを目的としてワークショップを行った[6]。アルゼンチンは，社団法人在亜日本語教育連合会の協力を得てブエノスアイレスで，ペルーはペルー日本語教師会の協力を得てリマのラウニオン学校で，ブラジルはブラジリア大学と国際交流基金サンパウロ事務所の協力を得てブラジリア大学で行った。

3-3-1　アルゼンチンでのワークショップ

　2018年2月23日に社団法人在亜日本語教育連合会の協力を得て，アルゼンチンの首都ブエノスアイレスにある教連サロンで，めやすのワークショップを行った。アルゼンチンの最大の日本語教育機関である日亜学院の教師の参加

---

[6] アルゼンチンとペルーでは，本書の編者で，「めやす」マスター（ドイツ語）の田原憲和氏と共同で行った。どの研修も国際文化フォーラムの協力を得た。

が多く，参加者は計25名である。
(1) ワークショップの内容
① 「めやす」について簡単に講義
② 「めやす」を使った授業の実践報告
　筆者が実際に行った学校紹介のビデオプロジェクトを紹介した。
③ 「3×3＋3」に慣れるためのグループワーク
　韓国語の授業プランを提示し，そこから「3×3＋3」の内容を考える。
④ グループで授業プラン作成
　ワークショップの時間は5時間あったが，最初から作るのは時間がかかるので，めやすWebに掲載されていた授業プランをアルゼンチンの日本語教育に修正したシナリオ例を5例参考として紹介した。
⑤ 発表
　授業プランとその目標，「3×3＋3」をA0の大きさのポスターに書いてもらい，ポスター発表の形式で，お互いの授業プランを見に行った。時間が限られていたため，コメントは付箋紙に書いて貼るようにした。

(2) ワークショップ参加者が考えたプラン
・アルゼンチンの外遊びをしよう
・アルゼンチンの若者の週末の遊びをインスタグラムで紹介しよう
・秋の語彙リストを作ろう

(3) 所感
　さまざまな機関の教師を交えて4, 5人のグループに分けて，活動を行った。「めやす」の理念も理解してもらい，グループ内で和気あいあいと話し合って授業プランを考えてもらっていた。全体的に女性が多く，若い先生が多い印象を受けた。
　「アルゼンチンの外遊びをしよう」というプランは，学校で実際に実施され，日本人児童との交流会で日本とアルゼンチンの外遊びを紹介し合ったとのことである。
　日本語能力試験のN5より下のレベルになる「アルゼンチンときめき日本語

16 南米の日本語教育と『めやす』

写真1　グループでの話し合い　　写真2　ポスター発表

レベルテスト」があり，そのテストに合格するため，文型積み上げ型の授業が主流となっている。そのため，プロジェクトワークをカリキュラムに組み込むことは難しく，実践に結びつけることは難しそうであった。また紹介したときに，21世紀型スキルを強調したためか，IT技術を使うことを優先してしまったので，もう少し工夫が必要であった。

　1日のワークショップだったため，「目標分解表」を紹介する時間をカットし，「3×3＋3」のみの紹介になってしまい，大きな目標から日常の学習活動に落とし込む作業を理解してもらうのが難しかった。

　文型積み上げ式の授業が主流といっても，日本との交流活動などあるようなので，そのイベントと日常の授業をつなげるために，「目標分解表」を紹介することは必要であった。

3-3-2　ペルーでのワークショップ

　2018年2月26日，27日にペルーの首都リマにあるラウニオン学校にてワークショップを行った。ラウニオン学校やペルー日系人協会で教えている教師を含む23名の参加者が集まった。

(1) ワークショップの内容

　①「めやす」について簡単に講義

　②「めやす」を使った授業の実践報告（アルゼンチンと同じもの）

　③「目標分解表」に慣れるためのグループワーク

　　語彙リストを作るという授業プランを使い，「目標分解表」の空欄を埋める作業を行った。

④ グループでカリキュラム作成
　　アルゼンチンと同様，最初から作るのは時間がかかるので，めやすWebに掲載されていたプランをペルーの日本語教育に修正したシナリオを5例参考として紹介した。ペルーでは2日のワークショップだったため，シナリオ，「3×3＋3」，「目標分解表」についてもパソコンで作成してもらった。
　⑤ 発表
　　シナリオ，「3×3＋3」，「目標分解表」をプロジェクターで映し，隣のグループ同士で意見を交換した。
　⑥ まとめ，感想，アンケートを書く

(2) 参加者が作成したプラン
　・ペルー料理を日本語で紹介しよう
　・日本語で高校生の間で流行しているものを紹介しよう
　・日本語でペルーの有名人について紹介しよう

(3) 所感
　ラウニオン校は日本人学校であるが，国際バカロレア校に選ばれる進学校である。そのため，21世紀型スキルや人間的成長を取り入れたカリキュラムを組んでおり，プロジェクトワークや発表も常日頃行われている。そのため，参加者からの感想でも授業に使えそうだという意見が得られた。
　たとえば「日本語でペルーの有名人について紹介しよう」というプランは，実際にラウニオン校で行う予定のプロジェクトワークで，ペルーで著名な料理人トシロー氏について取り上げ，どのような生き方をしてきたかを調べてポスター発表するものだそうである。日本とペルーとの融合した料理がペルーでは流行しているが，日本は別のものと考えるのではなく，ペルーのなかにも日本が息づいていることを知って，身近なものだと知り，調査するのはとてもいいプランだと思った。
　ただプロジェクトワークと日常学んでいる日本語の授業活動が乖離することなく，日常の授業活動をすることによって，プロジェクトワークが達成できた

写真3　グループでの活動　　　写真4　グループ発表

と学習者が実感するカリキュラムを作る必要がある。そのためには，「目標分解表」を使うのが有効である。それを強く伝えたかったのだが，実際はシナリオを作成してから，「目標分解表」を作ってしまっていたため，「目標分解表」や「3×3＋3」とシナリオの整合性がないものも多く見られた。大きなプロジェクトワークであっても，緻密な計画を練るためには「目標分解表」が必要になってくるのだが，その重要性をもう少しうまく伝えられればよかったと反省している。

3-3-3　ブラジルでのワークショップ

2018年3月2日，3日とブラジルの首都ブラジリアにあるブラジリア大学においてワークショップを行った。ブラジリア大学言語センターの教師が多く参加し，計19名であった。

(1) ワークショップ内容

①「めやす」について簡単に講義

②「めやす」を使った授業の実践報告（アルゼンチンと同じもの）

③「目標分解表」に慣れるためにグループワーク（ペルーと同じもの）

④ グループでカリキュラム作成

　実際にめやすマスターが実践した授業プランをブラジリアの日本語教育に修正したシナリオを5例紹介する。

⑤ 発表

　授業プランをB0の大きさのポスターに書いてもらい，ポスター発表の

形式で，お互いの授業プランを見に行った。コメントは付箋紙を使った。
⑥まとめ，感想，アンケートを書く
(2) ワークショップ参加者が考えた授業プラン
・ブラジリアの観光地を案内する
・ブラジル料理を紹介する
(2) 所感
　ブラジリアでは，ブラジリア大学の卒業生の参加があった。参加者の多くは卒業したばかりで経験は少なかったとはいえ，大学で学んでいるので，「めやす」や21世紀型スキルへの理解は早かった。ただし，ほかの国と違って，日本人がまったくいなかったこともあり，こちらが伝える日本語のレベルについて意識しなければならなかった。最初は手探りでゆっくりと説明しながら進行した。なかには，日本語力がそれほど高くない参加者もいたが，配布資料の日本語の意味や参加者の発言などについて辞書で調べながら理解しようとしてくれた。

　グループワークは，日本語力が高い参加者がグループに1人いたので，その参加者がリードして進めていた。テーマは「ブラジリアの観光地を案内する」「ブラジル料理を紹介する」が選ばれている。2日目は欠席者も多く，人数が少ないグループもあり，完成が不安視されたが，どのグループも時間内に完成した。日本語の発表に不安を覚えるグループもあったが，どのグループも意見を出し合い，発表の時間も活気がある時間だった。

　教科書とカリキュラムが決められているなかで，プロジェクトワークをするのは難しいだろうし，今まで自分たちが習ってきた通りに教えたいと思う教師もいるだろうが，21世紀型スキルの必要性や，プロジェクトワークを実施する際に何に気をつければいいかということがわかってもらえたのならうれしい。

　参加者の感想として「目標分解表」を作るとき，大きい目標と個々のタスクはわかるが，大きな目標を分解して，中目標，小目標とを作るのが難しいという意見があった。これは，目標とCan-doリストと言葉が違うが，中島・末永（2018）の意見と一致する。中島・末永（2018）は，サンパウロ日本文化

写真5　グループ作業

写真6　講師によるフィードバック

センターで「子どもCan-do」の開発を開始したその経緯，理論的枠組み，構造とテンプレートおよび活用方法を報告している。Can-doリストを作るワークショップで「すべてのグループが小さいCan-do（文法や文型）から大きいCan-doを考えようと試み，大きいCan-doを後で付け足すグループもあった」という意見や「理念と授業に一貫性を持って大きいCan-doから小さいCan-doへの繋がりを考えることは複雑難解で，またそれぞれの枠に何を書けばよいのかがわかりにくい」という意見を紹介した。

4 おわりに

今後「めやす」の研修を続けていくための課題を挙げる。

(1) **参加者が実際に実践に結びつけられるように，ワークショップを工夫する。**

ワークショップで得たことをすぐに実践することは難しいが，実践できるように運営側がわかりやすく働きかける必要がある。そのために，カリキュラムマネージメントのアドバイスもしくは短期間で実践できるものをまず試してもらうなどの工夫が必要である。

(2) **「目標分解表」についてわかりやすく参加者に説明する。**

たとえば，シナリオを書く前に，まず「目標分解表」の作成から始めるように参加者に説明すること，それから大きな目標を小さな目標に分解することが難しいという意見が得られたので，それをわかりやすく理解できるようなグループワークを行うなどをする必要がある。

参考文献

＜めやす＞そのものについて

国際文化フォーラム（2012）『外国語学習のめやす 2012—高等学校の中国語と韓国語教育からの提言』，ココ出版．→最初に公刊された冊子。

国際文化フォーラム（2013）『外国語学習のめやす—高等学校の中国語と韓国語教育からの提言』，ココ出版．
→参照しやすくレイアウトなどを変更した版で，内容は上記とほぼ同じ。

国際文化フォーラム（2016）『外国語学習のめやす 2012—高等学校の中国語と韓国語教育からの提言（PDF版）』http://www.tjf.or.jp/pdf/meyasu_web.pdf
→ 2012年刊行の『めやす』のPDF版。

『外国語学習のめやす』http://www.tjf.or.jp/meyasu/
→〈めやす〉に関するさまざまな情報や冊子には収められていない「文化・グローバル社会領域の事象例と扱うポイント」などの資料が入手できる。

「めやす WEB 3×3+3」，http://www.tjf.or.jp/meyasu/support/
→〈めやす〉に基づいた授業プランや実践例が入手できる。

第1章

Byram, M. (2008) *From Foreign Language Education to Education for Intercultural Citizenship: Essays and Reflections*, Clevendon: Multilingual Matters.

Chastain, K. (1976) *Developing second-language skills: Theory to practice*, (2nd ed.) Chicago: Rand McNally College Publishing Company.

Council of Europe (2001) *Common European Framework of Reference for Languages: Learning, teaching, assessment*, Cambridge: Cambridge University Press. available at https://rm.coe.int/1680459f97

Duranti, A. (1997) *Linguistic anthropology*, Cambridge: Cambridge University Press.

Estaire, S. and J. Zanén (1994) *Planning Classwork: A task based approach*. Oxford: Heinemann.

Kramsch, C. (1993) *Context and culture in language teaching*, Oxford: Oxford University Press.

Littlewood, W. (1981) *Communicative language teaching: an introduction*, Cambridge: Cambridge University Press.

National Standards in Foreign Language Education Project (eds.) (1999) *Standards for Foreign Language Learning in the 21st Century*, Yonkers, N.Y., National Standards in Foreign Language Education Project.

Wiggins, G. and J. McTighe (2006) *Understanding by Design*, (Expanded 2nd ed.) N. J.,

Pearson Merrill Prentice Hall.
Willis, J. (1996) A *Framework for Task-Based Learning*, Harlow: Longman.
北出慶子（2010）「留学生と日本人学生の異文化間コミュニケーション能力育成を目指した協同学習授業の提案—異文化間コミュニケーション能力理論と実戦から」『言語文化教育研究』第9号（2），早稲田大学日本語教育研究センター言語教育研究会．
佐藤慎司・熊谷由理編（2014）『異文化コミュニケーション能力を問う—超文化コミュニケーション力をめざして』，ココ出版．
中村高康（2018）『暴走する能力主義—教育と現代社会の病理』，筑摩書房．
當作靖彦（2013）『NIPPON3.0の処方箋』，講談社．
西岡加名恵・田中耕治編著（2009）『「活用する力」を育てる授業と評価 中学校：パフォーマンス課題とルーブリックの提案』，学事出版．
平高史也（2006）「言語政策としての日本語教育スタンダード」『日本語学』第25巻13号，pp.6-17，明治書院．
松下佳代（2012）「パフォーマンス評価による学習の質の評価：学習評価の構図の分析にもとづいて」『京都大学高等教育研究』第18号，pp.75-114，京都大学高等教育開発推進センター．
松村昌紀編（2017）『タスク・ベースの英語指導—TBLTの理解と実践』，大修館書店．
山崎直樹（2013）「21世紀型スキルを視野に入れた外国語教育」『漢字文献情報処理研究』Vol.14, pp.114-123，漢字文献情報処理研究会．

第2章

梶浦直子（2017）「ドイツ語圏で出版された教科書の仕様における『教えやすさ』と『学びづらさ』—教員を対象とした調査の因子分析結果—」，藤原三枝子編『日本の大学におけるコミュニカティブなドイツ語の教科書—教師・学習者・使用の実践から考える—』，日本独文学会 (125).
拝田清（2012）「日本の大学言語教育におけるCEFRの受容—現状・課題・展望—」，科学研究費補助金基盤研究B 研究プロジェクト報告書「EUおよび日本の高等教育における外国語教育政策と言語能力評価システムの総合的研究」．
真嶋潤子（2007）「言語教育における到達度評価制度に向けて—CEFRを利用した大阪外国語大学の試み」『間谷論集』(1), 日本語日本文化教育研究会編集委員会．
真嶋潤子著（2010）「大学の外国語教育におけるCEFRを参照した到達度評価制度の実践—大阪大学外国語学部の事例を中心に」『外国語教育フォーラム』(4).
吉島茂・大橋理枝訳・編（2004）『外国語の学習，教授，評価のためのヨーロッパ共通参照枠』，朝日出版社．

第3章

葦原恭子・奥山貴之・塩谷由美子・島田めぐみ（2017）「高度外国人材に求められるビジネス日本語フレームワークの構築―直観的手法を中心に―」『琉球大学国際教育センター紀要』（1），pp.1-14，琉球大学グローバル教育支援機構国際教育センター．

有田佳代子（2006）「「教育学」としての日本語教育：その構築過程にある現況」『敬和学園大学研究紀要』15，pp.129-147，敬和学園大学人文学部．

市瀬俊介（2012）「国際交流基金の日本語教育政策転換について：「日本語教育スタンダード」の構築をめぐって」『神戸国際大学紀要』82，pp.61-73，神戸国際大学学術研究会．

伊東祐郎（2006）「評価の観点から見た日本語教育スタンダード」『日本語学』25(13)，pp.18-25，明治書院．

上野田鶴子（2008）「創立60周年に寄せて：日本語教育センター発足の頃」『国語研の窓』37，p.6，国立国語研究所．

大城朋子（2012）「米国の「外国語学習スタンダード」と日本語教育実習から：日本語教員養成への示唆」『沖縄国際大学日本語日本文学研究』17(1)，pp.1-31，沖縄国際大学文学部．

奥村三菜子・櫻井直子・鈴木裕子（編）（2016）『日本語教師のためのCEFR』，くろしお出版．

小澤伊久美（2001）「パラダイムの転換期にある日本語教育―教育学的見地から日本語教育を考える―」『ICU日本語教育研究センター紀要』10，pp.29-39，国際基督教大学日本語教育研究センター．

押尾和美・磯村一弘・長坂水晶（2013）「JF日本語教育スタンダードのCan-doデータベース」『日本語学』32(3)，pp.44-56，明治書院．

嘉数勝美（2005）「日本語教育スタンダードの構築―第1回国際ラウンドテーブルの成果から―」『遠近』6，国際交流基金，pp.36-41．

嘉数勝美（2006）「ヨーロッパの統合と日本語教育―CEFR（「ヨーロッパ言語教育共通参照枠」）をめぐって―」『日本語学』25(13)，pp.46-58，明治書院．

嘉数勝美（2008）「「国際交流基金日本語教育スタンダード」と日本語能力試験の改定（3）二〇〇九年から日本語能力試験は年二回実施に」『月刊日本語』21(6)，pp.44-47，アルク．

嘉数勝美（2009）「「JF日本語教育スタンダード」と生活者のための日本語教育―多言語化する国際社会における日本語教育の公共性とジレンマ―」『AJALT』32，pp.37-40，公益社団法人国際日本語普及協会．

嘉数勝美（2011a）『グローバリゼーションと日本語教育政策―アイデンティティとユニバーサリティの相克から公共性への収斂―』，ココ出版．

嘉数勝美（2011b）「「JF日本語教育スタンダード」がめざす日本語能力とは何か」『早稲田日本語教育学』9，pp.107-113，早稲田大学大学院日本語教育研究科・早稲田大学日本語

教育研究センター．

川嶋恵子・和栗夏海・宮崎玲子・田中哲哉・三浦多佳史・前田純子（2015）「日本語学習サイト「まるごと＋（まるごとプラス）」の開発―課題遂行と異文化理解を助けるウェブサイト―」『国際交流基金日本語教育紀要』11，pp.37-52，国際交流基金．

菊岡由夏・篠原亜紀（2017）「課題遂行を重視した教授法科目のコースデザイン―ノンネイティブ日本語教師を対象とした教師研修から―」『国際交流基金日本語教育紀要』13，pp.71-85，国際交流基金．

来嶋洋美・柴原智代・八田直美（2012）「JF日本語教育スタンダード準拠コースブックの開発」，『国際交流基金日本語教育紀要』8，pp.103-117，国際交流基金．

熊野七絵・伊藤秀明・蜂須賀真希子（2013）「JFS/CEFRに基づくJFS日本語講座レベル認定試験（A1）の開発」『国際交流基金日本語教育紀要』9，pp.73-88，国際交流基金．

工藤真由美（1999）『児童生徒に対する日本語教育のための基本語彙調査』，ひつじ書房．

国際学友会日本語学校(1961)『NIHONGO NO HANASHIKATA』(改訂3刷)，国際学友会．

国際交流基金（2009）『JF日本語教育スタンダード試行版』，国際交流基金．

国際交流基金（2010）『JF日本語教育スタンダード』，国際交流基金．

国際交流基金（2017a）『海外の日本語教育の現状―2015年度日本語教育機関調査より―』，国際交流基金．

国際交流基金（2017b）『JF日本語教育スタンダード【新版】利用者のためのガイドブック』，国際交流基金．

国際文化振興会（1944）『日本語基本語彙』，国際文化振興会．

国際文化フォーラム（2016）「「外国語学習のめやす」を振り返る」『CoReCa 2015-2016』，公益財団法人国際文化フォーラム．

国立国語研究所（2009）「日本語教育基本語彙データベース」．

阪本一郎（1958）『教育基本語彙』，牧書店．

塩澤真季・石司えり・島田徳子（2010）「言語能力の熟達度を表すCan-do記述の分析―JF Can-do作成のためのガイドライン策定に向けて―」『国際交流基金日本語教育紀要』6，pp.23-39，国際交流基金．

柴原智代（2007）「各国スタンダード作成の意義と日本の課題―ヨーロッパ，米国，オーストラリア及び中国，韓国の比較・分析―」『国際交流基金日本語教育紀要』3，pp.113-122，国際交流基金．

渋谷実希（2013）「タイの教育現場支援としてのJF日本語教育スタンダード導入―『あきこと友だちCan-doハンドブック』の作成―」『国際交流基金日本語教育紀要』9，pp.109-120，国際交流基金．

島田徳子（2010）「国際交流基金レポート (8) JF 日本語教育スタンダード（第2回）JF 日本語教育スタンダードの内容と活用方法」『日本語学』29 (8)，pp.76-91，明治書院.

島田徳子（2015）「日本語教育スタンダードの源流・現在・未来を探究する―誰のための，何のためのスタンダード?―」『日本語学』34 (12)，pp.44-54，明治書院.

衆議院（1948）『国立国語研究所設置法』（法律第二百五十四号）.

衆議院（1974）『文教委員会議録』（第四号）.

徐アルム（2014）「中級日本語学習者の作文を評価するための汎用性のある評価基準の作成―JF 日本語教育スタンダードに基づいて―」『言語・地域文化研究』20，pp.193-213，東京外国語大学大学院総合国際学研究科.

関崎友愛・古川嘉子・三原龍志（2011）「評価基準と評価シートによる口頭発表の評価―JF 日本語教育スタンダードを利用して―」『国際交流基金日本語教育紀要』7，pp.119-133，国際交流基金.

髙鳥まな・金田泰明（2008）特別記事「国際交流基金日本語教育スタンダード」と日本語能力試験の改定 (1)「国際交流基金日本語教育スタンダード」とは何か，『月刊日本語』21(4)，pp.44-47，アルク.

田中祐輔・川端祐一郎（2018）「戦後の日本語教科書における掲載語彙選択の傾向とその要因に関する基礎的定量分析」『日本語教育』170，日本語教育学会，pp.78-91.

田原憲和（2015）「ドイツ語授業における「めやす」概念を活用した「つながり」の学習効果の考察」『立命館高等教育研究』15，pp.85-99，立命館大学教育開発推進機構.

玉村文郎（2003）「「中級用語彙―基本 4000 語―」(4,043 語)〈「基本四千」〉」『日本語教育』116，pp.5-28，日本語教育学会.

東京外国語大学留学生日本語教育センター（2011）『JLC 日本語スタンダーズ』，東京外国語大学留学生日本語教育センター.

當作靖彦（2006）「アメリカにおける外国語教育学習基準」『日本語学』25 (13)，pp.34-45，明治書院.

當作靖彦（2013）『NIPPON3.0 の処方箋』，講談社.

独立行政法人日本学生支援機構日本語教育センター（2016）『JLEC 日本語スタンダード』.

長沼直兄（1931）『標準日本語讀本巻一』，開拓社.

長沼直兄（1955）『改訂標準日本語讀本』，長風社.

日本語教育学会（2018）『平成 29 年度文部科学省委託外国人児童生徒等教育を担う教員の養成・研修モデルプログラム開発事業―報告書―』.

日本語教育振興協会（1943）『日本語最高頻度語集』.

日本語能力試験企画小委員会出題基準作成会議編（1993）『日本語能力試験出題基準（外部

公開用)』, 国際交流基金.
日本政府観光局（2018）平成29年訪日外客数・出国日本人数.
波多野博顕（2018）「JF日本語教育スタンダードB1レベルの言語特徴についての検討：学習者による作文に基づいた分析」『Learner Corpus Studies in Asia and the World』3, pp.189-206, 神戸大学国際コミュニケーションセンター.
平高史也（2006a）「言語政策としての日本語教育スタンダード」『日本語学』25（13）, pp.6-17, 明治書院.
平高史也（2006b）「相互理解のための日本語―日本語教育スタンダートの構築をめざして―」『をちこち（遠近）』12, pp.49-53, 国際交流基金.
藤長かおる・磯村一弘（2018）「課題遂行を出発点とした学習デザイン―『まるごと 日本のことばと文化』中級（B1）の開発をめぐって―」『国際交流基金日本語教育紀要』14, pp.67-82, 国際交流基金.
藤長かおる・中尾有岐（2013）「JF日本語教育スタンダードを利用した「教師向け日本語講座」改善の試み」『国際交流基金日本語教育紀要』9, pp.89-107, 国際交流基金.
藤間貴子・水落いづみ・山本勇雄（2015）「カリキュラム・評価・教材開発「OJLEC日本語スタンダード」到達度調査よりみる使用言語別の特徴」『独立行政法人日本学生支援機構日本語教育センター紀要』11, pp.57-67.
藤間貴子・高木裕子・水落いづみ（2011）「OJLEC日本語スタンダードの構築に向けて」『独立行政法人日本学生支援機構日本語教育センター紀要』7, pp.80-88.
文化庁文化部国語課（2015）『平成27年度国内の日本語教育の概要』, 文化庁文化部国語課.
法務省入国管理局（2018）「平成29年末現在における在留外国人数について」（確定値）.
細川英雄（2007）「日本語教育学のめざすもの―言語活動環境設計論による教育パラダイム転換とその意味―」『日本語教育』132, pp.79-88, 日本語教育学会.
北海道大学国際本部グローバル教育推進センター（2016）『北海道大学日本語スタンダーズ』.
堀川晃一（2010）「国際交流基金レポート（7）JF日本語教育スタンダード（第1回）JF日本語教育スタンダードの開発と今後の展開」『日本語学』29（6）, pp.84-90, 明治書院.
真島知秀・山元淑乃（2017）「課題遂行能力の向上を重視した初級日本語学習―JF日本語教育スタンダード準拠ロールプレイテストによる評価結果―」『琉球大学国際教育センター紀要』(1), pp.39-52, 琉球大学グローバル教育支援機構国際教育センター.
松尾馨・濱田朱美（2006）「外国語の学習, 教授, 評価のためのヨーロッパ共通参照枠（CEFR）の日本語教育における活用―ドイツ・ベルリン州の中等教育日本語ガイドラインの例―」『日本語教育論集 世界の日本語教育』16, pp.155-168, 国際交流基金.
水上由美（2014）「『実践日本語教育スタンダード』を利用した 類義語リスト（形容詞編）

の作成」『實踐國文學』85，pp.1-20，実践女子大学．
水谷修（2002）「21世紀の日本語教育研究への期待」『総合的日本語教育を求めて』，国書刊行会，pp.3-5．
文部科学省(2015)「日本語指導が必要な児童生徒の受入状況等に関する調査（平成26年度）」の結果について．
山内博之（編），橋本直幸・金庭久美子・田尻由美子・山内博之（著）（2013）『実践日本語教育スタンダード』，ひつじ書房．
山元淑乃（2016）「文型積み上げ式シラバスによる初級日本語学習修了者の課題遂行能力―ロールプレイテストによる評価と質問紙調査の質的分析を通して―」『琉球大学留学生センター紀要』(3)，pp. 55-63，琉球大学留学生センター．
李徳奉（2006）「スタンダード策定の際の問題点」『日本語学』25 (13)，pp.26-33,明治書院．
劉琳（2018）「JF日本語教育スタンダードに基づき「総合日本語」授業における新たな教授法の試み」『日本語教育方法研究会誌』24 (2)，pp.6-7，日本語教育方法研究会．
Hoang Thi Mai Hong（2010）「特定課題研究報告 JF日本語教育スタンダードに基づく日本語会話テストの開発―中等教育における日本語学習経験者を受け入れるハノイ国家大学の試み―」『日本言語文化研究会論集』6，pp.183-210，日本言語文化研究会．

第4章

Alonso, C. et. al. (1994) *Los estilos de aprendizaje. Procedimientos de diagnóstico y mejora.* Bilbao: ICE Deusto-Mensajero.

Escandell Vidal, Victoria. (2018) "The Pragmatics Toolbox" in *L2 Spanish Pragmatics From Research to Teaching.* Ed. Dumitrescu, Domnita, Patricia Lorena Andueza. ed. London: Routledge. pp.15-32.

GIDE (2015) *Un modelo de contenidos para un modelo de actuación – Enseñar español como segunda lengua extranjera en Japón*, 言語運用を重視した参照基準「スペイン語学習のめやす」, 自費出版

M. Kawaguchi (2016) "Algunas observaciones de un gramático en torno a un modelo de contenidos para un modelo de acutuación" *Lingüística Hispánica* 39 pp.57-71.

Lewis, Michael (1993) *The Lexical Approach: The State of ELT and a Way Forward.* Language Teaching Publications.

Martínez Martínez, Inmaculada (2003) "Tecnologías de la comunicación y estilo de aprendizaje". ASELE, Actas de XIV. pp.444-457.

Martínez Martínez, Inmaculada (2001) *Nuevas perspectivas en la enseñanza-aprendizaje de ELE para japoneses : la conciniciación formal.* Tesis presentada a la

Universidad Complutense de Madrid, Facultad de Filología.

Mir, Montserrat (2018) "What research says, what textbooks offer, what teachers must do" in *L2 Spanish Pragmatics From Research to Teaching*. Ed. Dumitrescu, Domnita, Patricia Lorena Andueza. ed. London: Routledge. pp. 33-54.

VanPatten, Bill (2003) *From Input to Output. A teacher's Guide to Second Language Acquisition*. Boston: McGraw-Hill Humanities/Social Sciences/Languages.

落合佐枝 (2017)「日本における第二外国語としてのスペイン語授業のための「めやす」作り」泉水浩隆（編）『ことばを教える・ことばを学ぶ・複言語・複文化・ヨーロッパ言語共通参照枠（CEFR）と言語教育』行路社，pp.317-337.

第5章

アンティエ，エマヌエル（2014）「CEFRおよび母語からかけ離れた言語の教育と学習—日本の大学のフランス語教育を例に—」『言語文化論叢』18, pp.21-35, 金沢大学外国語教育研究センター.

Byram, Michael (1997) *Teaching and Assessing Intercultural Communicative Competence*. Clevendon: Multilingual Matters.

バイラム・マイケル著 (2011)「外国語教育から異文化市民の教育へ」(齊藤美野訳) 鳥飼玖美子他（編）『異文化コミュニケーション学への招待』, みすず書房.

Conseil de l'Europe (2001) *Cadre européen commun de référence pour les langues : apprendre, enseigner, évaluer*. Strasbourg: Conseil de l'Europe.

吉島茂・大橋理枝訳・編 (2004)『外国語の学習，教授，評価のためのヨーロッパ共通参照枠』, 朝日出版社.

Conseil de l'Europe (2018) *Cadre européen commun de référence pour les langues: apprendre, enseigner, évaluer. volume complémentaire avec de nouveaux descripteurs*. Strasbourg: Conseil de l'Europe.

「フランス語の学習指針」策定研究会 (2018)『フランス語の学習指針—日本の中等教育におけるフランス語教育のために—ver. 0.1—』, 自費出版.

古石篤子・茂木良治 (2016)「「フランス語の学習指針」策定のために—その理論的位置づけ—」『複言語・多言語教育研究』4, pp.70-86, 一般社団法人日本外国語教育推進機構（JACTFL）.

茂木良治 (2018)「日本のフランス語教育へのCEFRの影響について：受容状況と今後の展開に関する一考察—」, 泉水浩隆（編）『ことばを教える・ことばを学ぶ 複言語・複文化・ヨーロッパ言語共通参照枠（CEFR）と言語教育』, 行路社, pp.275-291.

茂木良治・森内悠佳子・菅沼浩子 (2017)「プロジェクト学習と評価ルーブリック」,『第30回獨協大学フランス語教授法研究会』, pp.27-29.

西山教行（2009）「『ヨーロッパ言語共通参照枠』の社会政策的文脈と日本での受容」『言語政策』5，pp.61-75，日本言語政策学会．

第6章

小村親英（2009）「日本語口答試験におけるダイナミック・アセスメントの試み」『関西外国語大学 留学生別科日本語教育論集』19，pp.1-19．

佐藤浩一（2013）『学習の支援と教育評価』北大路書房．

佐藤慎司・熊谷由理（2010）「アセスメントの歴史と最近の動向」佐藤慎司・熊谷由理編『アセスメント日本語教育』pp.1-17，くろしお出版．

佐藤慎司・高見智子・神吉宇一・熊谷由理（2015）『未来を創ることばの教育をめざして 内容重視の批判的言語教育（Critical Content-Based Instruction）の理論と実践』ココ出版．

田中耕治（2001）「監訳者による解説」Shaklee, B, D.（2001）．『ポートフォリオをデザインする（Designing and Using Portfolios）』田中耕治訳 pp.133-147，ミネルヴァ書房．

田中耕治（2008）『教育評価』岩波書店．

中川正臣（2014a）「韓国語表現指導におけるパフォーマンス評価の開発」『目白大学高等教育研究 20』，目白大学教育研究所．

中川正臣（2014b）『韓国語スピーキング教育におけるパフォーマンス評価の研究』（나카가와 마사오미（2014）" 한국어 말하기 수행 평가 연구）ソウル大学博士学位論文．

根津朋実（2006）『カリキュラム評価の方法—ゴール・フリー評価論の応用』多賀出版．

藤田伸子（2008）「「ゴールフリー評価」の可能性」『開発援助の評価とその課題』国際開発高等教育機構 pp.137-154．

三代純平・古賀和恵・武一美・寅丸真澄・長嶺倫子・古屋憲章（2014）「社会に埋め込まれた「私たち」の実践研究」『実践研究は何をめざすか—日本語教育における実践研究の意味と可能性』pp.91-120 ココ出版．

ダイアン・ハート著，田中耕治監訳（2012）『パフォーマンス評価入門—「真正の評価」論からの提案』ミネルヴァ書房．

G. ウィギンズ・J. マクタイ著，西岡加名恵訳（2012）『理解をもたらすカリキュラム設計』日本標準．

第7章

岡田涼（2012）「自己調整学習における他者」自己調整学習研究会編『自己調整学習 = Self-Regulated Learning：理論と実践の新たな展開へ』，北大路書房．

小玉重夫（2003）『シティズンシップの教育思想』，白澤社．

齊藤公輔・田原憲和（2013）「プロジェクト授業の実践と課題」関西大学外国語教育研究機

構『関西大学外国語教育フォーラム』第 12 巻，pp.135-146.
鹿毛雅治（2013）『学習意欲の理論 – 動機づけの教育心理学』，金子書房．
シャンク，D. H.・ジマーマン B. J.［塚野州一ほか訳］（2009）『自己調整学習と動機づけ』，北大路書房．
田原憲和（2015）「ドイツ語授業における「めやす」概念を活用した「つながり」の学習効果の考察」，立命館大学教育開発推進機構『立命館高等教育研究』第 15 号，pp.85-99.
玉木佳代子（2009）「外国語学習におけるプロジェクト授業 – その理論と実践 –」，立命館大学国際言語文化研究所『立命館言語文化研究』第 21 巻第 2 号，pp.231-246.
細川英雄（2016）「市民形成をめざす言語教育とは何か」，細川英雄・尾辻恵美・マルチェッラ・マリオッティ編『市民形成とことばの教育 – 母語・第二言語・外国語を超えて』，くろしお出版，pp.2-19.
Ryan, Richard & Deci, Edward (2009), Promoting self-determined school engagement: Motivation, learning, and well-being. In: Wentzel, Kathryn & Wigfield, Allan (Eds.) *Handbook of motivation at school.* Routledge, New York. pp.171-195.

第 8 章

アレン玉井光江（2016），「内容を重視した外国語教授法—CBI と CLIL—」，ARCLE REVIEW No.10, pp.53-63, ARCLE.
池田真（2011），「CLIL の基本原理」（第 1 章），「CLIL のシラバスと教材」（第 2 章），渡部良典・池田真・和泉伸一共編，『CLIL（内容言語統合型学習）上智大学外国語教育の新たなる挑戦 第 1 巻 原理と方法』pp.1-29，上智大学出版．
池田真（2012），「CLIL の原理と指導法」，和泉伸一・池田真・渡部良典共編『CLIL（内容言語統合型学習）上智大学外国語教育の新たなる挑戦 第 2 巻 実践と応用』第 1 章：pp.1-14，上智大学出版．
池田真（2016），「CLIL 活用の新コンセプトと新ツール」，池田真・渡部良典・和泉伸一共編，『CLIL（内容言語統合型学習）上智大学外国語教育の新たなる挑戦 第 3 巻 授業と教材』第 1 章：pp.1-26，上智大学出版．
池田真（2017a），「CLIL におけるトランスランゲッジング活用のモデル構築」，『英文学と英語学 = English literature and Language』53：pp.1-12，上智大学英文学科．
池田真（2017b），「言語能力から汎用能力へ — CLIL によるコンピテンシーの育成」，早稲田大学教育総合研究所監修，『早稲田教育ブックレット No.17 英語で教科内容や専門を学ぶ—内容重視指導（CBI），内容言語統合学習（CLIL）と英語による専門科目の指導（EMI）の視点から』pp.5-30，学文社．
奥野由紀子編著（2018），『日本語教師のための CLIL（内容言語統合型学習）入門』，凡人社．

佐藤慎司・熊谷由理編（2011），『社会参加をめざす日本語教育 社会に関わる，つながる，働きかける』，ひつじ書房．

佐藤慎司・高見智子・神吉宇一・熊谷由理編（2015），「内容重視の言語教育」再考，『未来を創ることばの教育をめざして 内容重視の批判的言語教育（Critical Content-Based Instruction）の理論と実践』第1章：pp.13-36，ココ出版．

ゾルタン・ドルニェイ著．米山朝二・関昭典訳（2005），『動機づけを高める英語指導ストラテジー 35』，大修館書店．

高見智子・熊谷由理・佐藤慎司・長谷川敦志・森岡明美（2015），「アメリカにおける内容重視の日本語教育」，佐藤慎司・高見智子・神吉宇一・熊谷由理編，『未来を創ることばの教育をめざして 内容重視の批判的言語教育（Critical Content-Based Instruction）の理論と実践』第3章：pp.72-121，ココ出版．

當作靖彦（2013），『NIPPON3.0 の処方箋』，講談社．

原田哲男（2008），「Content-Based Instruction（CBI）の理論と実践―日本の大学における英語リスニング指導を中心に―」，村田久美子・原田哲男編著『コミュニケーション能力育成再考 ヘンリー・ウィドウソンと日本の応用言語学・言語教育』，pp.151-180，ひつじ書房．

半沢蛍子（2017），「CBI/CLIL/EMI の再定義」，早稲田大学教育総合研究所監修，『早稲田教育ブックレット No.17 英語で教科内容や専門を学ぶ―内容重視指導（CBI），内容言語統合学習（CLIL）と英語による専門科目の指導（EMI）の視点から』，pp.31-45，学文社．

Angel M.Y.Lin（2016），*Language Across the Curriculum & CLIL in English as an Additional Language(EAL) Contexts Theory and Practice.* Springer.

Coyle, D., Hood, P and Marsh D. (2010), *CLIL: Content and Language Integrated Learning*, Cambridge University Press.

第 9 章

佐藤慎司・佐伯胖編（2017）『かかわることば―参加し対話する教育・研究へのいざない』，東京大学出版会．

當作靖彦（2013）『NIPPON3.0 の処方箋』，講談社．

松﨑真日（2016）「知識創造を目指した韓国語プロジェクト授業における学び―韓国語学習と協働を中心に―」，『福岡大学研究部論集』A: 人文科学編 Vol.15 No.2, pp.53-68.

松﨑真日（2018）「知識と運用を実践に結びつける韓国語スピーチ授業とその学び」，『福岡大学研究論集』A: 人文科学編 vol. 18 No.2, pp.121-131.

やまだようこ編（2000）『人生を物語る ―生成のライフストーリー』，ミネルヴァ書房．

ラルフ・フレッチャー＆ジョアン・ポータルピ著，小坂敦子・吉田新一郎訳（2007）『ライティ

ングワークショップ ―「書く」ことが好きになる教え方・学び方』, 新評論.
백미숙 (2014)『스피치』, 커뮤니케이션북스.

第 10 章

柴田隆・根岸徹郎 (2014)「外国語の『学習のめやす』をめぐる―考察」『専修大学外国語教育論集』第 42 号, pp.49-63, 専修大学 LL 研究室.

日本フランス語フランス文学会, 日本フランス語教育学会「フランス語教育実情調査報告書」(2019 年 2 月 7 日閲覧)

http://www.sjllf.org/iinnkai/?action=common_download_main&upload_id=161

「フランス語の学習指針」策定研究会 (2018)『フランス語の学習指針―日本の中等教育におけるフランス語教育のために―ver. 0.1―』, 自費出版.

中村啓佑・長谷川富子 (1995)『フランス語をどのように教えるか』, 駿河台出版社.

第 11 章

石井雄隆 (2015)「ライティング・フィードバックにおける学習者の選好に関する追行研究」, 早稲田大学大学院教育学研究科紀要別冊 22 号 -2, pp.117-127, 早稲田大学大学院教育学研究科.

樋口耕一 (2014)『社会調査のための計量テキスト分析―内容分析の継承と発展を目指して』, ナカニシヤ出版.

第 12 章

岩居弘樹 (2013)「音声認識アプリを活用したドイツ語発音練習の試み―ICT 支援外国語アクティブラーニングの実践報告」『大阪大学高等教育研究』1, pp.51-58, 大阪大学全学教育推進機構.

岩居弘樹 (2014)「音声認識アプリを用いたドイツ語発音学習の実践と検証」『大阪大学高等教育研究』2, pp.11-18, 大阪大学全学教育推進機構.

岩居弘樹 (2015)「ICT を活用した外国語アクティブ・ラーニング―iPad を活用したドイツ語初級クラスの例」『コンピュータ＆エデュケーション』39, pp.13-18, 一般社団法人 CIEC.

越中康治・高田淑子・木下英俊・安藤明伸・高橋潔・田幡憲一・岡正明・石澤公明 (2015)「テキストマイニングによる授業評価アンケートの分析―共起ネットワークによる自由記述の可視化の試み」『宮城教育大学情報処理センター研究紀要「COMMUE」』22, pp.67-74, 宮城教育大学情報処理センター.

樋口耕一 (2014)『社会調査のための計量テキスト分析―内容分析の継承と発展を目指して』, ナカニシヤ出版.

長谷川由起子（2013）:「日本の中等教育機関における英語以外の外国語教育の実情—「英語以外の外国語教育の実情調査」結果分析—」『九州産業大学国際文化学部紀要』第 55 号, pp.113-139, 九州産業大学国際文化学部.

パッツィ・M. ライトバウン, ニーナ・スパダ著, 白井恭弘・岡田雅子訳（2014）『言語はどのように学ばれるか—外国語学習・教育に生かす第二言語習得論』, 岩波新書.

内山祐平（2016）「アクティブラーニングの理論と実践」永田敬・林一雅編著『アクティブラーニングのデザイン—東京大学の新しい教養教育』, pp.15-39, 東京大学出版.

能登慶和（2015）「東京都立北園高等学校におけるドイツ語教育の実践と今後の展望」,『複言語・多言語教育研究』第 3 号, pp.69-81, 一般社団法人日本外国語教育推進機構（JACTFL）.

杉谷眞佐子（2016）「外国語教育と「考える力」—「提言」と「第 2 の外国語学習指導要領案」の特徴—」, 森住衛・古石篤子・杉谷眞佐子・長谷川由起子編著『外国語教育は英語だけでいいのか グローバル社会は多言語だ！』, pp.236-244, くろしお出版.

土屋耕治（2018）「ラーニングピラミッドの誤謬—モデルの変遷と"神話"の終焉へ向けて—」南山大学人間関係研究センター紀要『人間関係研究』17, pp.55-73, 南山大学人間関係研究センター.

参考資料

文部科学省初等中等教育局国際教育課：高等学校等における国際交流等の状況について（平成 12 年度〜 27 年度）.

国立教育政策研究所（2013）：社会の変化に対応する資質や能力を育成する教育課程編成の基本原理（教育課程の編成に関する基礎的研究報告書 5）.

文部科学省生涯学習政策局政策課（2017）：学校基本調査（平成 29 年度結果の概要）

OECD：Definition and Selection of Competencies (DeSeCo)

第 13 章

ウリガ・櫻井千穂（2012）「中国語版読書力評価ツール（B-DRA-C）の開発」, 真嶋潤子編著『平成 21 〜 23 年度科学研究費補助金報告書（基盤研究 (C) 課題番号：21610010）』, pp.69-76, 大阪大学大学院言語文化研究科.

カナダ日本語教育振興会（2000）『子どもの会話力の見方と評価—バイリンガル会話テスト（OBC）の開発—』, カナダ日本語教育振興会.

カミンズ・ジム著. 中島和子訳著（2011）『言語マイノリティを支える教育』, 慶應義塾大学出版会.

櫻井千穂・菊池寛子・高橋悦子・津村公博（2007）「日本在住の外国人児童のための継承

語教育プログラム―スペイン語・ポルトガル語を母語とする児童生徒を対象として―」『Workshop:The Development of Guided Reading Materials for K-G12 Children』, pp.149-151, 母語・継承語・バイリンガル教育（MHB）研究会.

櫻井千穂（2009）「母語教室の運営のあり方について―実践から見えてきたこと」『平成20年度新渡日の外国人児童生徒に関わる母語教育支援事業実践報告書』, pp.44-48, 兵庫県教育委員会母語教育支援センター校等連絡会.

櫻井千穂（2018）『外国にルーツをもつ子どものバイリンガル読書力』, 大阪大学出版会.

佐々木倫子（2003）「加算的バイリンガル教育に向けて―継承日本語教育を中心に」『桜美林シナジー』（第1号）, pp.23-38, 桜美林大学大学院国際学研究科.

ダグラス昌子（2006）「年少者のための継承日本語教育におけるプロジェクトアプローチを使った合同授業のデザイン」,『JHL Journal』Vol.1, pp.1-66, American Association of Teachers of Japan（全米日本語教育学会）.

田慧昕・櫻井千穂（2017）「日本の公立学校における継承中国語教育」『母語・継承語・バイリンガル教育（MHB）研究』第13号, pp.132-155, 母語・継承語・バイリンガル教育（MHB）研究会.

中島和子編著（2010）『マルチリンガル教育への招待―言語資源としての外国人・日本人年少者』ひつじ書房

中島和子・櫻井千穂（2012）『対話型読書力評価』（JSPS科研費基盤研究（B）21320096（代表 中島和子）報告書）, 桜美林大学言語教育研究所.

文部科学省（2018）「学校基本調査（平成30年度）」
http://www.mext.go.jp/b_menu/toukei/chousa01/kihon/kekka/k_detail/1407849.htm （2019.1.05. 取得）

文部科学省（2017）「日本語指導が必要な児童生徒の受け入れ状況等に関する調査（平成28年度）」の結果について.
http://www.mext.go.jp/b_menu/houdou/29/06/1386753.htm （2018.8.30. 取得）

Cummins, Jim (2009). Fundamental Psycholinguistic and Sociological Principles Underlying Educational Success for Linguistic Minority Students. In T. Skutnabb-Kangas, R. Phillipson, A. K. Mohanty, & M. Panda (eds.), *Social Justice through Multilingual Education*. (pp.19-35). Bristol: Multilingual Matters.

Katz, Lilian G. (1994). *The Project Approach. ERIC Digest*. Champaign, IL: ERIC Clearinghouse on Elementary and Early Childhood Education.

Landry, Rodrigue & Allard, Réal (1991). Can Schools Promote Additive Bilingualism in Minority Group Children? In Lillian Malavé & Georges Duquette (eds.)

Language, Culture and Cognition: A Collection of Studies in First and Second Language Acquisition. pp.198-231 Clevedon, Avon: Multilingual Matters.

Newell, J. Ronald (2003). *Passion for Learning: How Project-Based Learning Meets the Needs of 21st Century Students*. R & L Education.

Skutnabb-Kangas, Tove (1981). *Bilingualism or Not: The Education of Minorities. Clevedon*: Avon: Multilingual Matters.

第 14 章

佐藤慎司・熊谷由理編（2011）『社会参加をめざす日本語教育―社会に関わる、つながる、働きかける』、ひつじ書房．

久保田賢一（2003）「構成主義が投げかける新しい教育」、『CIEC 会誌 15』、コンピュータ & エデュケーション、pp.1-12、一般社団法人 CIEC．

久保田賢一（2012）「知識基盤社会の大学教育」、『大学教育をデザインする―構成主義に基づいた教育実践―』、久保田賢一・岸磨貴子編、晃洋書房、pp.1-13．

佐藤学（2014）「対話的コミュニケーションによる学びの創造」、『言語教育実践　イマ×ココ―現場の実践を記す・実践を伝える・実践から学ぶ No.2』、ココ出版．

中川正臣（2016）「学習者は交流学習を通じて何を学んでいるのか―学習者の自己評価から学習の意義を探る」、『朝鮮語教育―理論と実践』、Vol.11、pp. 69-88、朝鮮語教育学会．

第 15 章

相澤由佳・澤邉裕子（2015）「日本人大学生との交流を取り入れた作文授業―『外国語学習のめやす』に基づいた実践報告」、『日語日文學研究』95（1）、pp.377-400、韓國日語日文學會．

川喜田二郎（1970）『続・発想法―KJ 法の展開と応用』、中公新書．

澤邉裕子・相澤由佳（2015）「日本語教員養成課程履修生は海外の日本語学習者との交流学習を通して何を学んだか―『外国語学習のめやす―高等学校の中国語と韓国語教育からの提言』に基づいた教育実践から」、『日本文学ノート』50、pp.43-61、宮城学院女子大学日本文学会．

當作靖彦（2013）『NIPPON3.0 の処方箋』、講談社．

文化庁文化審議会国語分科会 (2018)『日本語教育人材の養成・研修の在り方について（報告）』

めやす WEB　3×3+3「韓国オーダーメイドツアー作り」、公益財団法人国際文化フォーラム．
http://www.tjf.or.jp/meyasu/support/handai-A/sawabeyuko/post-7.php

第 16 章

アケミ・キクムラ＝ヤノ編、小原雅代他訳（2002）『アメリカ大陸日系人百科事典―写真と

絵で見る日系人の歴史』, 明石書店.

河上加苗（2009）「ペルーの「日本帰り」と呼ばれる子どもたちからことばの教育を考える」, 川上郁雄（編著）『海の向こうの「移動する子どもたち」と日本語教育』, 明石書店, pp.60-83.

高阪香津美（2011）「日系ブラジル人生徒の帰国後の就学状況」,『ことばの世界』3号, pp.59-67, 愛知県立大学高等言語教育研究所.

国際交流基金（2017）『南米スペイン語圏日本語教育実態調査報告書2017』.
http://fjsp.org.br/lingua-japonesa/pesquisa-de-dados/

柴原智代（2016）「ブラジルの年少者に対する日本語指導の現状と課題」,『国際交流基金日本語教育紀要』12号, 国際交流基金, pp.89-96.

鳥羽美鈴（2012）「ペルー社会における日本文化の伝承」,『関西学院大学先端社会研究所紀要』8号, pp.43-53, 関西学院大学先端社会研究所.

中島永倫子・末永サンドラ輝美（2018）「ブラジル初等教育の「子どもCan-do」―「人を育てる」日本語教育をめざして―」,『国際交流基金日本語教育紀要』14号, 国際交流基金, pp.19-34.

根川幸男（2013）「第二次世界大戦前後の南米各国日系人の動向―ブラジルの事例を中心に」,『立命館言語化研究』25巻1号, pp.137-154, 立命館大学国際言語文化研究所.
http://www.ritsumei.ac.jp/acd/re/k-rsc/lcs/kiyou/pdf_25-1/RitsIILCS_25.1pp.137-154NEGAWA.pdf

日比谷潤子（1997）「二世の言語変容」, 柳田利夫編『リマの日系人―ペルーにおける日系社会の多角的分析』, pp.75-95, 明石書店.

福島青史・末永サンドラ輝美「言語政策理論におけるブラジル日系人の日本語教育の諸論点―ブラジル日系人の言語の計画のために」, pp.13-40, 本田弘之・松田真希子（編）（2016）,『複言語・複文化時代の日本語教育』, 凡人社.

執筆者紹介

山崎直樹(やまざき　なおき)
関西大学外国語学部
「外国語学習のめやす」作成プロジェクトメンバー
著書に『辞書のチカラ』(好文出版，2005 年，共編著)，論文に「「権威」の要らない言語学習の可能性：ICT と学習者オートノミー」『漢字文献情報処理研究』第 18 号（2018 年），「自然言語解析技術の発達が外国語教育にもたらすもの」『漢字文献情報処理研究』第 16 号（2015 年）など。

齊藤公輔(さいとう　こうすけ)
中京大学国際教養学部
著書に『プロジェクト授業の設計と運営―ドイツ語教育の現場から』(大阪公立大学共同出版会，2016 年，共編著)，『想起する帝国』(勉誠出版，2017 年，編著)など。

田中　祐輔(たなか　ゆうすけ)
東洋大学国際教育センター
著書に『現代中国の日本語教育史―大学専攻教育と教科書をめぐって』(国書刊行会，2015 年)，(第 32 回大平正芳記念賞特別賞受賞)，『日本語教育への応用』(朝倉書店，2018 年，共著)，論文に「戦後の日本語教科書における掲載語彙選択の傾向とその要因に関する基礎的定量分析」『日本語教育』第 170 号（2018 年，共著）など。

大森　洋子(おおもり　ひろこ)
明治学院大学教養教育センター
論文として「"tener lápiz" vs "tener un lápiz" 生成語彙論からのアプローチ」（2017），『カルチュール』第 11 号，明治学院大学教養教育センター紀要，'Los verbos nombres verbales + suru en japonés y los verbos de apoyo en español' "Actas del XXV Congreso Internacional de la ASELE: la enseñanza de ELE centrada en el alumno", 2014, pp.731-737., ¿Cómo explicar la polisemia de las preposiciones en el lexicón generativo? Una propuesta para la enseñanza del español desde la teoría lingüística.', "La enseñanza del español como LE/L2 en el siglo" XXI, 2013.

茂木　良治(もぎ　りょうじ)
南山大学外国語学部
論文に「日本のフランス語教育への CEFR の影響について―受容状況と今後の展開に関する一考察―」『ことばを教える・ことばを学ぶ―複言語・複文化・ヨーロッパ言語共通参照枠（CEFR）と言語教育』(行路社，2018 年) pp.275-291，「「フランス語の学習指針」策定のために―その理論的位置づけ」『複言語・多言語教育研究』第 4 号（2017 年，共著），pp.70-86，「短期留学によるフランス語学習態度の変容」『アカデミア文学・語学編』第 99 号（2016 年），pp.67-89 など。

池谷尚美(いけや　なおみ)
横浜市立大学などでドイツ語の講師を務める。
韓国語、中国語、ドイツ語の多言語プロジェクト学習に取り組み、「めやす Web」で 授業案を公開している。論文に「ドイツ語授業におけるデータベースソフトウェア活用の可能性」『立命館高等教育研究』第 13 号（2013 年，共著），pp.155-168。

中川正臣（なかがわ　まさおみ）
城西国際大学国際人文学部
「外国語学習のめやす2012」作成プロジェクトメンバー
論文に「教室と社会をつなげる交流学習実践コミュニティは 何を目指すのか―外国語教育における＜拡張型交流学習＞の可能性―」『日本語教育研究』第44号（2018年，共著），pp.115-133,「学習者は交流学習者を通じて何を学んでいるのか―学習者の自己評価から学習の意義を探る―」『朝鮮語教育―理論と実践―』第11号（2016年），pp.70-89,『韓国語スピーキング教育におけるパフォーマンス評価の研究―日本の大学生の学習者を対象に―』（2014年）ソウル大学博士学位論文など。

田原憲和（たはら　のりかず）
立命館大学法学部
著書に『プロジェクト授業の設計と運営―ドイツ語教育の現場から』（大阪公立大学共同出版会，2016年，共編著），論文として「再履修クラスにおける復習用動画の活用と学習行動への影響―授業内学習と授業外学習をつなぐために」『e-Learning教育研究』第12号（2018年），pp.13-22,「ドイツ語における「めやす」概念を活用した「つながり」の学習効果の考察」『立命館高等教育研究』第15号（2015年），pp.85-99など。

植村麻紀子（うえむら　まきこ）
神田外語大学アジア言語学科
「外国語学習のめやす」作成プロジェクトメンバー
論文に「21世紀型スキルの養成と中国語教育―「つながる」をキーワードに」『中国語教育』第10号（2012年），著書に『中国語コミュニケーション［入門・初級］』（Jリサーチ出版，2016年），『中日辞典 第3版』（小学館，2016年，編集委員），『高校生からの中国語2』（白帝社，2011年，共著）など。

松﨑　真日（まつざき　まひる）
福岡大学人文学部
著書に『한국어 문장 연결 연구』（図書出版疎通，2013年），論文に「知識創造を目指した韓国語プロジェクト授業における学び―韓国語学習と協働を中心に―」『福岡大学研究部論集』15巻2号（2016年），「문법항목 '(으)ㅂ시다' 의 교재 기술과 사용 양상 연구」한국어교육 20권 2호（2009年）など。

野澤　督（のざわ　あつし）
大東文化大学外国語学部
2018年NHKラジオ講座「まいにちフランス語入門編」講師を務める。
著書に『フランス語の学習指針―日本の中等教育におけるフランス語教育のために―ver. 0.1―』（自費出版，2018年，共著），『コフレ　フランス語基礎単語集』（朝日出版社，2019年，共著）など。

村上　陽子（むらかみ　ようこ）
関西学院大学人間福祉学部
著書に『そのまま使えるスペイン語フレーズブック』（ICBパブリッシング，2016年），論文に「初級スペイン語授業におけるライティングの試み」『言語と文化』第21号（2018年）pp.77-93,
　"Sobre la estrategia metacognitiva y motivacional de la actividad《examen pequeño》en clase de ELE en Japón". Lingüística y Literatura, no.69. 2016. pp. 387-397 など。

能登　慶和（のと　よしかず）
獨協医科大学，東京都立北園高等学校
著書に『ドイチュ・マイスター』（同学社，2012年，共著），『さあ、ドイツ語を話そう！』朝日出版社，2013年，共著），論文に「東京都立北園高等学校におけるドイツ語教育の実践と今後の展望」『複言語・多言語教育研究』第3号（2015年），pp.69-81,「医学部におけるドイツ語教育―複言語教育の視点から」『獨協医科大学基本医学年報』第5号（2016年，共著），pp.71-82など。

鈴木冴子（すずき　さえこ）
埼玉県立伊奈学園総合高等学校

依田幸子（よだ　さちこ）
北海道札幌国際情報高等学校

柳　素子（やなぎ　もとこ）
大阪府立門真なみはや高等学校
実践報告に「小学校段階における中国語教育の実践―低学年（1，2年）の授業を中心に」（2012年），『中国語教育』第10号，pp.251-70，論文に〈日本高中教学法的改善―针对每个学生的灵活性教学法〉（2013），《第十一届国际汉语教学研讨会论文选》，pp.589-99，高等教育出版社，〈对在华日本小学低学年的主题式汉语教学方案设计〉（2017），《第十二届国际汉语教学研讨会论文选》，pp.124-28，外语教学与研究出版社など。

櫻井千穂（さくらい　ちほ）
広島大学大学院教育学研究科
著書に『外国にルーツをもつ子どものバイリンガル読書力』（大阪大学出版会，2018年），『ことばで社会をつなぐ仕事―日本語教育者のキャリア・ガイド―』（凡人社，2019年，共編著），『母語をなくさない日本語教育は可能か―定住二世児の二言語能力―』（大阪大学出版会，2019年，共著）など。

澤邉　裕子（さわべ　ゆうこ）
宮城学院女子大学学芸学部
著書に『隣国の言語を学び、教えるということ―日韓の高校で教える言語教師のライフストーリー』（ひつじ書房，2019年），『言語一般（ユーキャン日本語教師養成講座テキスト4）』（ユーキャン，共著），『귀로 쏙쏙 일본어 리스닝 초급』（多楽園，2014年，共著），『귀로 쏙쏙 일본어 리스닝 중급』（多楽園，2014年，共著）など。

阪上　彩子（さかうえ　あやこ）
関西学院大学国際学部
論文に「日本語授業におけるディベート活動の実践報告」『関西学院大学高等教育研究』8号（2018年），pp.41-50，「話しことばにおける接続助詞「し」の使用実態」『日本語・日本文化』第43号（2015年）pp.123-135，「話し言葉における「そして」の指導法」『神戸大学留学生センター紀要』第20号（2014年）pp.61-74など。

他者とつながる外国語学習をめざして
「外国語学習のめやす」の導入と活用

2019年4月30日　第1刷発行

編著者　田原憲和
発行者　前田俊秀
発行所　株式会社 三修社
　　　　〒150-0001 東京都渋谷区神宮前 2-2-22
　　　　TEL　03-3405-4511
　　　　FAX　03-3405-4522
　　　　振替　00190-9-72758
　　　　http://www.sanshusha.co.jp/
　　　　編集担当　永尾真理

DTP　　　藤原志麻
装幀　　　長田年伸
印刷・製本　錦明印刷株式会社

© 2019 Printed in Japan ISBN978-4-384-05927-4 C1080

JCOPY 〈出版者著作権管理機構 委託出版物〉
本書の無断複製は著作権法上での例外を除き禁じられています。複製される場合は、そのつど事前に、出版者著作権管理機構（電話 03-5244-5088 FAX 03-5244-5089 e-mail: info@jcopy.or.jp）の許諾を得てください。